노자를 이렇게 읽었다

동양
고전
다시
읽기
01

노자를
이렇게
읽었다

如是我讀

———
송항룡 지음

사람의무늬

❖ 서문

노자를 이렇게 읽었다
如是我讀

『노자』는 81편의 노래가 실려 있는 노래집이다. 시집이라 해도 무방할 것이다. 『노자』를 우리말로 옮겨 놓은 번역서는 수없이 많다. 그러므로 이제 또 하나의 번역물에 해당하는 이 글을 내놓는다는 것이 실로 부질없는 일이라는 것을 잘 안다. 그럼에도 굳이 이런 책을 내는 까닭은 노자의 노래가 아무리 잘 번역된 것이라 할지라도, 번역만으로는 쉽게 다가오지 않는 부분이 많아 이 글이 혹여 그 이해에 도움이 되지 않을까 하는 생각에서였다.

『노자』의 내용은 '무위(無爲)'와 '자연(自然)', 이 두 마디로 요약된다고 할 수 있다. 노자철학을 무위자연의 사상이라고 하는 까닭이 여기에 있다. 81편의 노래는 모두 무위와 자연을 읊고 노래한 것이다.

인사(人事)와 관련해서는 물러남·겸손·허심·질박함으로 이야기가 되고, 마주 서는 인식대상으로는 표상세계와 표상 밖의 세계로 유명(有名)과 무명(無名), 만물과 실상, 곧 기(器)와 박(樸)으로 설명된다. 81편의 노래 하나하나가 모두 그렇다.

 그러나 노자철학의 핵심은 자연(自然)이다. 자연은 '나는 나로서 있다'는 말이다. 풀은 풀로서 있고 나무는 나무로서 있다는 말이다. 그것이 '스스로 있는 자'라는 자연이다. 그리고 그 자연은 존재하고 있는 모든 것이란 '다르게 있는 것'이라는 뜻이기도 하다. 동일성과 보편성을 부정하고 있는 말이라고 할 수 있다. 동일성과 보편성은 인간의 사념(思念) 속에 있는 것이요, 사실로서 실재(實在)하고 있는 것은 아니다. 그 실재는 '지금 바로 여기', 사념 밖에 사실로서만 현존

(現存)하고 있다. 이 현존실재가 노자철학의 실질적인 기반이 된다. 이것이 이른바 도(道)다. 그 도를 철학적 과제로 이끌어 냈을 때 시간과 공간 그리고 언어가 문제된다.

다시 말해서 사념 밖의 것을 사념 안으로 끌어들였을 때, 또는 언어 밖의 것을 언어 안으로 끌어들였을 때 생겨나는 문제들, 이것이 노자가 검토하고 있는 현실의 문제라고 할 수 있다. 이 현실은 다름 아닌 인간이 살아가고 있는 삶의 현장이다. 이 삶의 현장을 말하고 있는 것이 바로 『노자』다.

이 글은 오래 전에 『동아시아 문화와 사상』이라는 학술지에 처음 쓰기 시작한 것이다. 그러나 10여 회에 걸쳐 연재하다가 중단되었다. 정년 후 그 나머지를 채워 이제야 끝을 맺는다. 1장에서 19장까지는 그때 씌어진 것이고, 나머지 20장에서 81장까지 62편은 이후에 쓴 것이다.

나는 강단에서는 주로 노자, 장자를 강의해 왔다. 그리고 글이나 논문도 모두 그에 관한 것들을 써 왔다. 그러나 비록 독후감의 형식이라 할지라도 노자 전체를 다루어 본 것은 이번이 처음이라고 할 수 있을 것이다. 장자에 관하여는 전에 『장자를 이렇게 읽었다』라는 제목으로 다루어 본 일이 있다. 장자 내편(內篇)인 7편만을 다룬 것으로, 그것이야말로 완전히 독후감으로 씌어진 것이다. 『장자를 이렇게 읽었다』는 물론이거니와 『노자를 이렇게 읽었다』라는 이 책도 전문학자들보다는 노자, 장자에 관심을 가진 일반 독자들을 생각하고 쓴 글이라는 점을 밝혀 두고 싶다.

2012년 가을,

宋恒龍 記

목차

상편

제1장 말이 있어 세상이 열린다 •14
제2장 세상은 살아 있다 •21
제3장 성인을 받들지 말라 •27
제4장 앎의 지평을 열어 가는 일이다 •32
제5장 천지는 간섭하지 않는다 •38
제6장 생명의 문을 현빈이라 한다 •44
제7장 하늘과 땅은 짝이 없다 •47
제8장 물 흐르듯이 살라 •54
제9장 이것이 하늘의 길이다 •57
제10장 하늘문은 빗장이 없다 •61
제11장 무는 무엇이고 유는 무엇인가 •65
제12장 저것을 버리고 이것을 취하라 •69
제13장 주려고도 받으려고도 하지 말라 •73
제14장 난의 향기를 귀로 맡아 보라 •77
제15장 겨울 냇물을 건너 보았는가 •81
제16장 허정의 자리가 복이다 •85
제17장 백성은 임금이 있는 줄도 모른다 •89
제18장 이름을 얻으려 하지 말라 •92

제19장 네 본래의 모습으로 돌아가라 •97
제20장 배우지 말라 •100
제21장 도의 얼굴은 모습이 없다 •104
제22장 겸손하면 온전함을 얻을 수 있다 •109
제23장 나무는 자라고 강물은 흐른다 •112
제24장 삶을 수단으로 삼지 말라 •116
제25장 스스로 있는 자가 자연이다 •119
제26장 초연함과 진중함이 삶의 뿌리다 •123
제27장 선행은 행한 자국이 없다 •126
제28장 자연으로 돌아가라 •130
제29장 천하는 신물이다 •134
제30장 억지를 버림이 자연이다 •138
제31장 전쟁은 이겼더라도 슬퍼하라 •141
제32장 이름이 있게 되면 이름으로 쓰인다 •144
제33장 외물에 흔들리지 말라 •147
제34장 도는 물과 같다 •150
제35장 맹물이 말라 간다 •153
제36장 자벌레가 몸을 구부리는 것은 •158
제37장 무욕으로 돌아가라 •162

하편

제38장 도덕이 땅에 떨어졌다고 하지 말라 •168
제39장 하나는 수가 아니다 •175
제40장 박에다 옷을 입힌 것이 만물이다 •181
제41장 티끌 하나가 무량세계다 •188
제42장 수는 2와 3으로 시작한다 •192
제43장 무가 틈 없는 곳으로 들어간다 •199
제44장 필요한 만큼만 가지고 살아가라 •203
제45장 자연은 그저 자연일 뿐이다 •207
제46장 가치와 필요를 혼동하지 말라 •211
제47장 세상 사는 일을 먼 곳에서 찾지 말라 •215
제48장 있는 대로를 그대로 두라 •218
제49장 마음을 머물게 하지 말라 •223
제50장 인생은 아름답다 •227
제51장 모든 것을 그대로 두라 •232
제52장 시와 종을 알면 그르침이 없다 •237
제53장 나라를 말하고 국익을 내세우지 말라 •242
제54장 생명이 발산하는 존재의 빛깔이 우주다 •245
제55장 아기의 마음으로 돌아가라 •248
제56장 말에 갇히지 말라 •251
제57장 간섭하지 말라 •256
제58장 가는 복을 붙들려 하지 말라 •259
제59장 농사는 하늘을 섬기는 일이다 •262

제60장 백성을 함부로 다루지 말라 •265

제61장 큰 나라와 작은 나라가 서로를 섬겨야 한다 •268

제62장 천하에서 귀한 존재는 도다 •271

제63장 하려고 하지도 말고 일을 벌여 놓지도 말라 •274

제64장 모든 일에 억지를 부리지 말라 •278

제65장 안다는 것이 무엇인가 •282

제66장 낮은 자세로 살라 •286

제67장 세상에는 지녀야 할 세 가지 보배가 있다 •289

제68장 드러나지 않게 하라 •292

제69장 전쟁은 슬퍼하는 쪽이 이긴다 •295

제70장 값지고 소중한 것은 생활 속에 있다 •298

제71장 앎은 살아 있어야 한다 •302

제72장 버릴 것은 버리고 취할 것은 취하라 •306

제73장 하늘그물은 성글기 그지없으나 •309

제74장 죽는 일이 무섭지 않게 되면 못하는 일이 없게 된다 •312

제75장 정치는 간섭하지 않는 일이다 •315

제76장 약한 것이 강한 것을 이긴다 •318

제77장 남는 것을 덜어 부족한 것을 보태 주라 •321

제78장 세상에서 물보다 부드럽고 유연한 것은 없다 •325

제79장 원한을 사지 말고 살라 •328

제80장 이상국가를 말하다 •330

제81장 말은 사실을 표현하는 것이나, 말이 사실은 아니다 •333

상편

【제1장】

말이 있어 세상이 열린다

말로 나타내면 살아 있는 말이 아니요, 이름을 붙여 부르면 그 이름은 살아 있는 이름이 아니다. 말(이름)이 없을 때가 존재자의 처음이요, 말(이름)로서 있게 되는 것이 만물이다. 그러므로 말이 없을 때는 존재의 처음과 마주 서는 것이나, 말을 하게 됨으로써 만물과 마주 서게 된다. 이 둘은 본래의 자리에서는 동일한 것이나 나와서는 만물로 존재하나니, 그 본래의 자리를 어둠이라 한다. 어둡고 어둠이 만물마다 가지는 본래의 자리이다.

道可道 非常道 名可名 非常名 無名天地之始 有名萬物之母 故常無欲以觀其妙 常有欲以觀其徼 此兩者 同出而異名 同謂之玄 玄之又玄 衆妙之門

『노자』 1장은 말로써 시작한다. 말이 있어 세상이 열리고 말이 있어 구분과 분별[徼]의 세계와 마주 설 수 있다. 모든 존재하는 것은 말의 세계에서만 문제 삼을 수 있다. 그러므로 모든 것은 말로서 존재한다. 말로서 존재하는 것이 만물이다. 말은 한없는 존재자를 창조해 낸다. 이것이 '유명만물지모(有名萬物之母)'이다. 나무라는 말이 있어 나무가 있고, 풀이라는 말이 있어 풀이 있다. 산이라는 말이 있어 산이 있고, 물이라는 말이 있어 물이 있다. 하늘과 땅, 비, 구름, 돌, 바위 등이 그렇게 있다. 모든 것이 다 그렇게 있다. 그렇게 존재한다. 말로서 존재한다. 말이 곧 존재이다. 그러므로 말이 없으면 아무것도 없다. 아무것도 존재하지 않는다. 이것이 '무명천지지시(無名天地之始)'이다. '천지'는 모든 것(존재)이라는 말이요, '시(始)'는 처음이라는 것이니 처음은 없음[無]이란 말과 같다. '태초에는 아무것도 없었다'의 처음이다. 아무것도 없을 때를 '처음'이라 하는 것이다. 그러므로 '천지지시(天地之始)'는 아무것도 없다는 뜻이다. 말이 없을 때는 아무것도 없다. 이것이 '무명천지지시(無名天地之始)'이다. 그러다가 말이 있어 하나하나 있게 된다. 모든 것이 있게 된다. 이것이 '유명만물지모(有名萬物之母)'이다. '모(母)'는 낳는다·창조한다는 뜻이니, '만물지모(萬物之母)'는 만물을 낳아 있게 한다는 것이다.

'유명'과 '무명'은 『노자』 1장의 핵심이다. '유명'은 말이 있어 곧 존재자의 세계가 열린다는 것이요, '무명'은 말이 없어 아직 존재자의 세계가 열리지 않았다는 것이다. 그것을 '유욕(有欲)'과 '무욕(無欲)'으로 받아 '요(徼)'와 '묘(妙)'로 나타내고 있는 것이 '유욕이관기요(有欲以觀其徼)' '무욕이관기묘(無欲以觀其妙)'라는 구절이다. 유욕은 말이 있다는 뜻으로 유명과 같은 것이요, 무욕은 말이 없다는 뜻으로 무명과 같은 것이다. 그리고 '관기요'는 존재자의 세계가 열린다는 것이니 '만물지모'가 그것이요, '관기묘'는 존재자의 세계가 열리지 않고 있다는 것이니, '천지지시'가 그것이다. '요'는 구별·구분 또는 차이·분별이라는 의미로서, 존재자로서 자기한정을 가지는 만물이라는 뜻이요, '묘'는 어떠한 구별도 분별도 존재자로서의 아무런 자기한정도 갖지 않는다는 것으로, 존재자가 아니라는 뜻이다. 이것을 '현(玄)'이라 하기도 한다. '현'이나 '묘'는 모두 존재자가 아니라는 것이다. 말이 아니라는 것이기도 하다. 왜냐하면 말은 구분이요 규정이요 존재자로서의 자기한정을 가지는 것이기 때문이다. 그것을 '의미(意味)'라 하기도 한다. 모든 말은 의미를 가진다. 그러므로 의미 없는 말은 있을 수가 없다.

의미는 존재다. 말로서 존재한다는 것은 의미로서 존재한다는 것이다. 그러므로 모든 존재자는 의미가 있으며 의미 없는 존재자는 있을 수가 없다. 이러한 존재를 '요'라 하고 만물이라고 하는 것이다. 하나하나의 의미체가 만물이요 존재자의 세계이다. 그러나 '묘'와 '현'은 어떠한 의미체도 아니다. 그러므로 존재자가 아니다. '무명천지지시'라는 까닭이 여기에 있다. '무명'은 '무욕'으로 어떠한 의미체도 가지지 않는다는 것이니, '현'과 '묘'가 바로 그 무욕과 무명이다. 그러므로 '현'과 '묘'를 '무'라고도 한다. '천지지시'가 바로 그 '무'이다.

『노자』 1장의 핵심은 '유명'과 '무명'이지만 가장 문제가 되고 있는 것은 '묘'와 '현'이다. '묘'는 표현 밖의 것이라는 것이요 '현'은 아무런 구별도 갖지 못한다는 것이니, 모두 언어 밖의 것이라는 말이다. 언어 밖의 것, 그것을 언어 안으로 끌어들이는 데서 '묘'와 '현'은 문제가 된다. 그러나 언어 안으로 끌어들인 것이기는 하지만 '묘'와 '현'은 의미체가 아니요, 의미체가 아닌지라 말(개념)이 아니다. 의미 없는 말은 있을 수 없는 것이기 때문이다. 그러므로 '묘'와 '현'의 의미를 찾고 그것이 어떤 존재인가를 생각하려는 것은 크게 잘못된 것이라고 하지 않을 수 없다. 왜냐하면 그것은 말이 아니요 존재자가 아니기 때문이다. 있다·없다의 규정 속에 들어가는 것도 아니요, 존재·비존재의 어느 하나를 드러내는 것도 아니다. '묘'와 '현'이 가지는 문제가 여기에 있다고 하겠다.

『노자』 1장은 말, 곧 언어 안에서만 모든 것을 문제 삼을 수 있다는 것을 제시하고 있는 것이다. 그리고 언어 밖의 것을 언어 안으로 끌어들일 때 그 언어(존재)의 문제는 언어 밖의 것과는 무관하다는 것을 말하고 있는 것이다. 그것이 '동출이이명(同出而異名)'이라는 것이다. 여기서 '동'은 언어 밖의 것이라는 것이요 '이명(異名)'은 언어 안에 들어온 것을 말함이니, '동출이이명(同出而異名)'은 모든 것을 언어 안으로 끌어들였을 때 문제가 된다는 말이다. 그리고 언어 밖의 것 그것은 문제 밖에 그대로 남아 있다. 그것이 '동위지현(同謂之玄)'이라는 말이다. '현'은 '현'으로 남아 있다. 그것이 '현지우현(玄之又玄)'이다. 이 '현'을 노자는 '도'라고 했다. 그러므로 '도'는 언어 밖의 것으로서 유·무로도 어떤 존재규정도 내릴 수 없다. '도'는 '도'로서 언어 밖에 언어와는 무관한 것으로 있을 뿐이다. 이것이 '도가도비상도(道可道非常道)' '명가명비상명(名可名非常名)'이라는 말이다. '도가도(道可道)'와 '명가명(名可名)'은 언어의 세계라는 것이요, '상도(常道)' '상명(常名)'은 언어 밖에서 언제나 그대로 사실로서 살아 있다는 말이다. 이것을 '도'라고도 한다. 그러므로 '도'를 '무명'이라고도 하고 '묘'라고도 하고 '현'이라고도 했다. 이 모든 것은 의미체가 아니다. 의미체가 아닌지라 말(개념)이 아니다. 말 아닌 말이라고 할 수 있다. '무언지언(無言之言)'이다. 굳이 말한다면 그렇다는 것이다. '비상도(非常道)' '비상명(非常名)'이 그러한 뜻이다.

　『노자』 1장은 언어의 세계를 말하고 있는 것이다. 언어의 세계야말로 존재자의 세계요, 그리고 거듭 새로운 존재자를 내 앞에 마주 세우는 존재의 창출이다. 말이 있어 존재가 있게 된다. 그것이 '유명만물지모'라는 것이요, '동출이명'이라는 것이다. 노자는 이러한 존재의 창출을 '유생어무(有生於無)'라고도 했다. '유'는 다름 아닌 유명이요, '무'는 무명으로 '도'요 '묘'요 '현'이다. 그러므로 '유생어무'는 말로서 모든 것이 존재한다는 것이다. 말이 곧 존재자라는 것이기도 하다. 그것을 '만물생어유(萬物生於有)'라고도 하였다. '만물생어유'는 다름 아닌 '유명만물지모'라는 말이다. '유', 곧 말에서 만물(존재자)이 있게 된다[生]는 뜻이다.

『노자』에 있어서 말[有名]은 모든 의미체, 표현되는 모든 것을 이르고 있다. 존재자로서 드러나고 있는 모든 것이 말이다. 이러한 존재자의 세계 또는 말의 세계를 유명의 세계라고 한다. 그리고 무명의 세계는 언어 밖의 것으로, 그것은 존재자의 세계가 아니며 존재자의 세계가 아닌지라 우리와 상관없는 문제 밖의 것이다. 그것이 다름 아닌 '묘'요 '현'이다. '묘' '현'은 그 어떠한 것으로도 문제 삼을 수 없다는 것이다. 바로 이러한 점을 밝혀 주고 있는 모든 것은 유명(말)의 세계요, 무명(도)의 세계가 아니다. 그러므로 노자철학은 '도'에 있는 것이 아니라, 말(존재)에 있음을 분명히 하고 있는 것이 바로 이 1장이라고 할 수 있다. '도'는 무명이므로 어떠한 문제 안으로도 끌어들일 수 없기 때문이다.

불교철학에서도 문제 삼을 수 있는 것은 공(空)의 세계가 아니요, 색(色)의 세계라고 할 수 있다. '색'이 그 철학의 본질적인 내용을 있게 하는 것이요, '공'은 아무런 내용을 갖지 못한다. 내용을 가지면 그것은 이미 '공'이 아니기 때문이다. 그러므로 불교는 '색'을 규명하는 철학이지 결코 '공'을 규명하는 철학이 아니다. 노자철학이 '도'를 문제 삼고 있는 것이 아니라 말을 문제 삼고 있다는 뜻이 바로 이 점에 있다고 하겠다. '도'는 문제 밖에 있는 것이기 때문이다. 『노자』에 있어서 '도'는 아무런 의미가 없다. 의미가 있다면 그것은 이미 '도'가 아니다. '도가도비상도'가 바로 그것을 드러내고 있는 말이다.

이제 이러한 『노자』 1장의 입장을 분명히 하면서 『도덕경』을 한 장 한 장 읽어나가 보기로 한다.

태초에는 아무것도 없었다. 그러다가 말이 있어 세상이 열리고 만물이 생겨났다.

【제2장】

세상은 살아있다

아름다운 것은 미운 것과 함께하고 선한 것은 불선한 것과 함께한다. 있는 것과 없는 것이 그러하고 쉬운 것과 어려운 것이 그러하다. 길고 짧은 것이 그러하고 높고 낮은 것이 그러하다. 소리와 울림이 그러하고 앞과 뒤가 있는 것이 그러하다. 그러므로 성인은 한 편에 서는 일이 없으며 말 하나에 붙들리는 일이 없다. 만물을 만들고도 말하지 아니하고 생하고도 내 것이라 여기지 않으며 무슨 일을 하든지 자랑하는 일이 없다. 공을 이루어도 그 공에 머무르지 않는다. 머무르지 않는지라 그 공이 그에게서 떠나지 않는다.

天下皆知美之爲美 斯惡已 皆知善之爲善 斯不善已 有無相生 難易相成 長短相較 高下相傾 音聲相和 前後相隨 是以聖人處無爲之事 行不言之敎 萬物作焉而弗辭 生而弗有 爲而不恃 功成而弗居 夫唯弗居 是以不去.

말이 있어 천하가 열린다. 하늘이란 말이 있어 하늘이 있게 되고, 땅이라는 말이 있어 땅이 있게 된다. 산이 있고 물이 있고 나무가 있고 풀이 있어 만물이 있게 된다. 이렇게 말이 있어 세상이 열리고 존재하는 것이 생겨나(드러나) 우리 앞에 마주 선다. 내 앞에 마주 선다. 존재하는 모든 것은 이렇게 있다. 이렇게 있는 것을 1장에서는 '유명의 세계'라고 했다. 2장은 바로 그 '유명의 세계'를 말하고 있다.

　'유명의 세계'는 있고 없음의 유·무가 생겨나고, 고하·장단이 있게 되고, 전후·좌우가 있게 된다. 아름다운 것과 미운 것, 선한 것과 악한 것, 어렵고 쉬운 것이 있는가 하면 음(音)과 성(聲)이 있게 된다. 이 모든 것은 말이 있어 있게 된다. 말은 표현으로서 가지는 의미체로 존재한다. 모든 존재하는 것은 다 드러나 있는 의미체이다. 그러므로 존재는 곧 말이다. 말로서 존재하는 것이 만물이다. 존재자의 세계이다. 2장은 바로 이 존재자의 세계를 이야기한다. 말은 의미의 세계인지라 존재자는 의미로서 존재한다. 그 의미로서 존재하는 것을 만물이라고 한다. 의미 아닌 것으로 존재하는 것은 없다. 그러므로 존재하는 것은 다 의미를 가진다. 바로 그 의미로서 존재하고 있는 것을 설명하고 있는 것이다. 말로서 존재하고 있는 것을 가리키고 있는 것이다.

말로서 존재하고 의미체로서 있게 되는 존재자의 세계는 머물러 있고 고정되어 있으며, 규정과 자기한정을 가지며 차별로, 구별로서 있는 존재이다. 그러므로 죽어 있는 존재자라고 할 수 있다. 우리가 마주하고 있는 세계는 모두 이 죽어 있는 세계이다. 그러나 말로서 있고, 의미체로서 있는 이 죽어 있는 존재자의 세계는 실재하는 본래의 세계는 아니다. 본래의 세계는 1장에서 이야기되고 있는 '묘' 또는 '현'이라고 하는 세계, 그 어떠한 것으로도 문제 삼을 수 없는 언어 밖의 것으로서, '도의 세계'라고 하기도 한다. 이 실재하는 본래의 세계로부터 말·언어의 세계로 끌어들인 존재가 일상으로 마주하고 있는 존재자의 세계이다.

　그러나 이 말로 끌어들인 존재자의 세계가 실재하는 본래의 세계인 '도' '무명'은 아니라 하더라도, 즉 죽어 있는 세계라 하더라도 우리는 그 세계를 떠나서 살 수는 없다. 나무가 있고 풀이 있으며 산이 있고 물이 있다. 이 모든 것은 말로서 의미체로서 우리 앞에 마주 서 있다. 나무는 가지와 푸른 잎을 가지고 하늘을 향해 서 있다든지, 산은 거대한 바위와 흙덩이로 솟아 있다든지, 물은 계곡에서 흐르며 있다든지 하는 의미를 가지고 마주 서 있다. 한 점 떠가는 구름조각이 그렇게 있고 풀 한 포기 꽃 한 송이가 그렇게 있다. 우리 앞에 마주 서 있는 존재자들이 그렇게 있고, 그렇게 의미체로서 있는 것을 '만물'이라고 하고, '유명의 세계'라고 하는 것이 그것이다. 유명의 세계는 개념의 세계요, 말의 세계요, 경험의 세계요, 표상(表象)의 세계이다. 우리가 살아가고 있는 존재자의 세계가 이러한 세계이다.

어느 누구도 이러한 세계를 벗어나 살 수는 없다. 득도한 사람이라고 하여 이 세계를 떠나 사는 사람이 아니요, 깨달은 사람(성인)이라고 하여 다른 세상에 가 살고 있는 것이 아니다. 우리 앞에 마주 서 있는 것, 그것은 그들 깨달은 자에게도 마찬가지로 마주 서 있는 것이다. 우리 앞에 마주 서 있는 나무는 그들에게도 나무요, 크고 작고 높고 낮으며 모양과 색깔을 가진 의미체로서 마주 서 있는 것이다. 성인의 눈이라 하여 꽃이 나무로 보이는 것이 아니요, 깨달은 사람이라고 하여 새소리가 바람소리로 들리는 것이 아니다. 우리가 듣고 보고 마주 서 있는 것은 말로서 있고 개념으로서 있고 표상으로서 있다. 이것은 성인에게서나 우리에게서나 마찬가지다. 성인이라고 하여 범인이 못 보는 것을 보는 것이 아니요, 못 듣는 것을 듣는 것이 아니다. 다만 성인은 고정된 의미와 가치로 묶어 세우지 않을 뿐이다. 이것이 '처무위지사(處無爲之事)'요 '행불언지교(行不言之敎)'라는 말이다. '무위(無爲)'는 고정·주착(住着)하지 않는다는 말이요, '불언(不言)' 또한 한 개념, 한 의미로만 남아 있지 않는다는 말이다. 쉽게 말하여 살아 있는 것으로 본다는 말이다. 아름답다, 밉다, 선하다, 악하다라는 가치가 한 가지로 있지 않고, 즉 죽어 있지 않고 살아 있는 것이요, 유무·난이·고하·장단·전후·좌우 등의 존재양상도 한 모습(의미)으로 있지 않고 살아 있다는 말이다. 비교하는 데 따라 그 모습과 가치는 달라지고, 생각하는 데 따라 그 각각의 존재의미가 달라진다. 이것은 한 번 비교하고 한 번 생각한 것으로 머물지 않고 거듭 새로운 것으로 마주 세워 나간다는 말이다.

그러나 이 새로운 것이 개념 밖의 것이거나 경험 밖의 것을 말하고 있는 것은 아니다. 모든 존재하는 것은 의미로서 존재하고 말로서 존재하는지라 그 또한 개념의 세계요, 말의 세계요, 경험의 세계요, 표상의 세계이다. 다만 하나의 개념, 하나의 표상으로 머물러 고정시킨 채로 있는 것이 아니라, 살아 있는 개념, 살아 있는 표상으로 마주 세운다는 것이다. 여기서 '살아 있는 개념'이란 모든 존재자를 살아 있는 의미체로 마주 세운다는 말이다. 살아 있는 말(의미)로서 존재하는 것이 우리가 살아 있는 세계라는 것이다.

밤에 가는 길은 낮에 가는 길보다 멀어진다. 좋은 사람과 함께 있을 때와 싫은 사람과 함께 있을 때도 시간은 달라진다. 시간과 공간도 살아 있다. 꽃 한 송이가 가지는 색깔과 모양도 밤에 보는 것과 낮에 보는 것이 다르다. 아침에 보는 것과 저녁에 보는 모습이 다르다. 이렇게 다른 것으로 마주 서는 것은 다른 의미체로 존재하기 때문이다. 이렇게 다른 의미체로 있는 것이 살아 있는 말의 세계요, 존재자의 세계요, 우리가 살고 있는 세계라는 것이다. 이것이 '처무위지사'요 '행불언지교'이다. '무위'는 살아 있다는 말이요, '불언'은 한 가지로 있지 않다는 말이다.

여기서 살아 있는 말의 세계, 존재자의 세계라 하는 것은 한 가지 의미체로 고정불변하게 머물러 있는 것이 아니라 거듭 새로운 의미체(존재)로 내 앞에 마주 선다. 그러므로 기존의 의미체(존재)는 부서지고 새로운 의미체가 내 앞에 마주 선다. 이렇게 하는 것이 '처무위지사'요 '행불언지교'이다. '무위'는 기존의 의미체를 탈출해 새로운 의미체를 만들어 간다는 것이요, '불언'은 죽어 있는 개념으로 마주 세우지 않는다는 말이다. 거듭 새로운 존재자를 창조해 간다는 말이다. 새로운 세계를 열어 나간다는 말이다. 이것이 『노자』 2장이 말하고 있는 뜻이다.

모든 것은 상대적으로 있다. 한 쪽만을 들어 생각하지 말라.

【제3장】

성인을 받들지 말라

잘난 사람을 받들지 않는다면 경쟁하지 않을 것이요, 보화를 귀하게 여기지 않는다면 도둑질하는 일이 없을 것이요, 욕심낼 일이 없다면 사람의 마음이 혼란스럽지 않을 것이다. 그러므로 성인이 나라를 다스리면 백성들의 마음은 소박하고 배부르며, 마음결은 부드럽고 몸은 건강하게 된다. 사람들이 지혜를 버리고 욕심 없이 살아가게 하면 나라는 저절로 다스려질 것이다.

不尙賢 使民不爭 不貴難得之貨 使民不爲盜 不見可欲 使民心不亂 是以聖人之治 虛其心 實其腹 弱其志 强其骨 常使民無知無欲 使夫智者不敢爲也 爲無爲則無不治.

세상은 어진 사람을 떠받들고 재주 있는 사람을 부러워한다. 그리하여 어진 사람이 되려고 하고 재주 있는 사람이 되려고 한다. 여기서 경쟁이 생긴다. 얻기 힘든 재화를 귀하게 여긴다. 누구나 갖고 싶어 한다. 여기서 훔칠 마음이 생긴다.

　성인을 떠받들지 않고 현인을 칭찬하지 않는다면 다투어 경쟁하는 일이 일어나지 않을 것이요, 얻기 힘든 금은보화를 귀하게 여기지 않는다면 그것을 훔치려는 도둑이 생겨나지 않을 것이다. 그러므로 성인은 쓸모 있는 사람이 아니요, 금은보화는 필요한 물건이 아니다.

　성인은 사람의 마음을 들뜨게 하고 영혼을 흔들고 피곤하게 만든다. '이렇게 살아야 한다' '이런 사람이 되어야 한다'라는 틀을 만들고 굴레를 씌워 제대로 살아가는 길을 막는다. 선악·시비를 갈라놓고 비교·판단하는 힘을 길러 경쟁으로 치닫게 한다. 경쟁은 모든 것의 희생을 요구한다. 나 한 사람이 이기기 위해서는 다른 많은 사람이 희생되어야 한다. 열 사람이 다 일등을 한다면 그것은 일등이 아니다. 이긴 것이 아니다. 경쟁은 우열을 가르고 승패를 가져오게 한다. 승자는 하나요 패자는 많기 마련이다. 이것이 경쟁의 논리다. 경쟁은 발전을 가져오고 기쁨과 행복을 가져오는 것으로 알고 있지만 좌절과 슬픔과 희생을 가져다 주는 것이다. 성인은 이러한 경쟁만을 부추기다 간 사람일 뿐이다. 성인이 없다면 어진 이가 되려고 경쟁하는 사람이 없을 것이다. 경쟁이 없다면 좌절도 슬픔도 희생도 없을 것이다. 누구를 흠모해 좇아가는 일도 앞질러 먼저 가려는 마음도 없을 것이다. 우열도 승자도 패자도 없을 것이다. 그저 자기로서의 자기가 걸어가는 길만이 있을 뿐이다. 남의 인생이 아닌 자기 인생만이 있을 뿐이다. 누구와 비교할 것도 우열을 가릴 것도 없는 것이다. 남은 내가 아닌지라 남을 따라갈 것도 없는 것이요, 저 사람의 인생이 나의 인생이 아닌지라 저 사람의 인생을 흉내낼 것도 없을 것이다. 누구와 경쟁할 것도 다툴 것도 없다.

    비교하지 말라. 비교하는 데서 우열이 갈라지고 경쟁이 생기고 희생이 생긴다. 성인이 나타나 비교하는 일이 생기고 떠받듦이 생기고 이기려는 경쟁의 마음이 생겼다. 성인은 경쟁에서 이긴 사람에 불과하다. 그러나 그 한 사람의 성인이 되기 위해 얼마나 많은 사람이 형편없는 사람이 되고 희생되어야만 했는가. 남을 희생시키지 않고 유명한 사람이 될 수는 없다. 그러므로 성인이나 유명한 사람을 떠받들 필요는 없다. 그러한 사람이 되려고 마음먹을 것도 없다. 그들은 자기가 살아남기 위해 남을 희생시킨 사람이기 때문이다. 성인은 이 세상에 많은 해를 끼치고 간 사람이요, 이로움을 준 일은 거의 없다고 장자는 말하고 있다. 죽지 않아도 될 사람이 성인의 가르침 때문에 죽어간 사람이 얼마나 많은가. 순교자들이 그러한 사람들인 것이다. 성인의 가르침이 아니면 자기학대 속에 고뇌와 슬픔으로 살아가지 않아도 될 것을 얼마나 많은 사람이 영혼을 파멸하고 핍박하다 갔는가. 고행만을 일삼다 간 사람들이 그러한 사람일 것이다. 모두 성인 때문에 희생된 사람들이다. 사람에게는 우열이 없다. 우열을 만들어 경쟁으로 치닫게 하지 말라. 이것이 '불상현 사민부쟁(不尙賢 使民不爭)'이라는 말이다.

얻기 힘든 재화는 우리에게 필요한 것이 아니다. 금은보화가 살아가는 데 무슨 필요가 있는 것인가. 필요한 것은 우리와 늘 함께하고 있는 것들이요, 얻기 힘든 물건들이 아니다. 공기와 물 그리고 배를 채울 한 공기 음식이 필요한 것이다. 이러한 것들은 늘 우리와 함께하고 있는 것이다. 공기와 물이 없으면 살 수가 없고 먹을 것이 없으면 하루를 지탱할 수가 없다. 그러나 금은보화는 없어도 살 수가 있다. 그러므로 그것은 필요한 것이 아니다. 그럼에도 그것을 귀하게 여기고 가지고 싶어하는 까닭은 무엇인가. 얻기 힘든 물건이기 때문이다. 얻기 힘든 것은 필요한 것이 아니다. 필요한 것이 아닌지라 없어도 살 수가 있는 것이다. 필요한 것은 공기와 물처럼 늘 우리와 함께 있는 것들이다. 그러나 이것을 훔치려는 사람은 없다. 필요 없는 것, 없어도 살 수 있는 것, 그것들을 사람들은 탐을 내고 원하고 가지려고 한다. 귀한 것이라고 여기기 때문이다. 그러나 필요 없는 것이고 보면 얻기 힘든 것이라 하여 귀하게 생각할 필요가 없다. 귀하게 생각하지 않는다면 탐하려 하지 않을 것이요, 가지려고 원하지도 않을 것이다. 탐하지 않으니 도둑질할 일도 없어진다. 이것이 '불귀난득지화 사민불위도(不貴難得之貨 使民不爲盜)'라는 말이다.

가치와 경쟁에 매달리는 것을 욕심이라고 한다. 가치와 경쟁은 필요한 것이 아니다. 필요한 것은 가치가 없다. 공기와 물이 가치가 있던가. 비교하는 일이 없으면 경쟁이 없다. 하늘과 땅이 경쟁을 하던

가. 필요치도 않은 것을 귀하다 하여 가치에 매달리고, 비교할 일이 아닌 것을 비교하여 남보다 앞서가려고 경쟁을 한다. 이러한 욕심이 마음을 어지럽게 한다. 마음을 비워라. 비교 판단하는 지혜를 버려라. 그것이 허심(虛心)이요, 무지(無知)다. 금은보화를 귀하게 여기지 않는 것이 허심이요, 경쟁으로 나아가지 않는 것이 무지다. 그러한 것은 다 필요하지 않은 것이기 때문이다. 필요하지 않은 것에 매달리는 것이 욕심이다. 욕심을 버려라. 이기려고 하지 말라. 그것이 허심이요, 약지(弱志)이다. 필요한 것은 늘 우리와 함께 있다. 늘 함께 있는 것에 자족할 줄 아는 것이 무욕(無慾)이요, 실복(實腹)이다.

어진 이를 받들지 말라. 얻기 힘든 물건이라 하여 금은보화를 귀하게 여기지 말라. 현인이나 성인은 그렇게 쓸모 있는 사람이 아니요, 금은보화는 필요한 물건이 아니다. 쓸모없는 사람을 받들고 필요 없는 물건을 귀하게 여기는 것은 경쟁심을 일으키고 도둑질을 하게 만든다. 이것은 모두 비교 판단하는 데서 생기는 것들이다. 비교 판단하는 것을 '지(知)'라고 한다. 지를 한껏 내세우는 사람을 재주 있는 사람이라 하고 현인이라 하고, 마음의 억지를 고집하는 사람을 성인이라고 한다.

지를 내세우지 말라. 억지를 부리지 말라. 이것이 『노자』 3장이 말하고 있는 뜻이다.

지혜와 욕심을 버려 경쟁으로 치닫게 하지 않으면 나라는 절로 다스려질 것이다.

【제4장】

앎의 지평을 열어 가는 일이다

도는 비어 있으나 끊임없는 작용을 한다. 그것은 연못 같아 깊이를 알 수 없으나 만물이 그 속에서 나온다. 지혜를 없애고 욕심을 버려 아무 것도 드러내지 않으나 만물과 함께하고 있다. 어떤 흔적도 없기에 있는 것도 같고 없는 것도 같아 그 정체를 알 수가 없으나, 만물이 그것으로부터 있게 되는 것이다.

道沖而用之 或不盈 淵兮似萬物之宗 挫其銳 解其紛 和其光 同其塵 湛兮似或存 吾不知誰之子 象帝之先.

우리는 무엇을 알 수 있는가. 하늘을 보라. 비는 그치고 무지개마저 걷어간 활짝 열린 여름 하늘을 보라. 무엇이 있는가. 구름 한 점이 떠가다 없어진다. 구름은 어디서 오는가. 와도 온 곳이 없고 가도 간 흔적을 찾을 길이 없다. 있는 것은 오직 하늘뿐, 구름만이 홀로 그 위에 있었다 없었다 하면서 온갖 모양을 만들어 갈 뿐이다.

우리가 안다는 것이 이와 같다. 사과 한 알을 바라본다. 밤에 보는 색깔이 다르고 낮에 보는 색깔이 다르다. 빨간 사과라고 하나 낮에 보았을 때 그러한 것이요, 밤에 보면 검붉게 보인다. 보는 사람의 시력에 따라 달리 보이기도 한다. 안경을 쓰거나 현미경을 통해 보면 또 달리 보인다. 어느 때 어느 사람이 본 색깔을 사과의 참색깔, 본래의 색이라 해야 하는 것인가. 빨간 사과라고 하나 그것은 낮에 보았을 때의 색깔이요, 그것이 사과 본래의 색깔이라고 할 근거는 아무 데도 없다. 낮에는 낮에 보이는 대로의 모습이 있을 뿐이요, 밤에는 밤에 보이는 대로의 모습이 있을 뿐이다. 어느 모습이 사과의 본래 모습인지는 알 수가 없다. 그러나 어느 것 하나 사과의 모습 아닌 것이 없다. 보이는 대로가 다 사과의 모습이요 색깔이다. 낮에 보이는 것도 사과의 모습이요, 밤에 보이는 것도 사과의 모습이다. 네 눈에 보이는 것도 사과의 모습이요, 안경을 쓴 내 눈에 보이는 것도 사과의 모습이다. 보이는 대로가 다 사과의 모습이요 색깔이다. 사과의 모습은 시시각각으로 다르게 있는 것이요, 보는 사람에 따라 시력에 따라 다르게 있는 것이다. 무한히 늘 새롭게 다르게 있는 것이다. 이것이 '도충이용지(道沖而用之)'라는 말이다. 사과 본래의 색깔, 실재하는 모습은 알 수 없다는 것이 '도충(道沖)'이라는 말이다. 그러나 그 때문에 무한히 많은 모습으로 색깔로서 늘 새롭게 다르게 마주 선다는 것이 '용지(用之)'라는 말이다.

색깔만이 아니라 모든 존재하는 것, 사실로서 실재하는 것은 그것이 어떤 모습으로 어떻게 있는 것인지를 우리는 알 수가 없다. 알 수 있는 것은 우리 눈에 보이고 우리 귀에 들리고 우리 손에 만져지는 것뿐이다. 이렇게 앎의 세계에 들어와 있는 모든 현상을 '만물(萬物)'이라고 하고, 알 수 없는 실재의 사실을 '도(道)'라고 한다. 보이는 대로의 사과 모습을 만물이라고 한다면, 무엇인지 모르는 채로 남아 있는 사과 본래의 모습을 도라고 할 수 있다. 도는 알 수 없는 모든 것의 실재자를 말한다. 그리고 그 실재자를 바탕으로 하여 눈에 보이고 귀에 들리고 손에 만져지는 것으로 우리 앞에 마주 서는 것이 만물이다. 그러므로 만물은 모양이 있고 색깔이 있고 길이가 있고 크기가 있고 부피가 있고 무게가 있다. 그러나 이러한 것들은 눈·귀·코 등 우리의 오관(五官, 경험)에 의해 만들어진 것들이요, 실재하는 본래의 것들은 아니다

본래의 것은 알 수가 없다. 이 알 수 없는 것을 도라고 한다. 성인(聖人)의 말이 기록된 책을 경(經) 또는 성경(聖經)이라고 한다. 이 성

경은 현실성을 가지고 늘 새롭게 읽힌다. 그 뜻과 의미는 언제나 현실 속에 생명을 가지고 살아 있다. 생명은 언제나 새로운 모습으로 자기 현시(現示)를 하면서 존재한다는 말이요, 살아 있다는 말은 과거나 미래로서 있다는 것이 아니요, 현재 '지금 바로 여기'에 있다는 말이다. 그러므로 경은 고전으로서 읽히고 있는 것이 아니며, 또는 미래의 예언서로서 읽히고 있는 것도 아니다. 지금의 나, 바로 이 현실로서 읽히고 있는 것이다. 즉, 성경은 어느 시대나 늘 새롭게 읽히면서 베스트셀러가 되고 있는 것이다. 그 까닭은 무엇인가. 그 이유가 어디에 있는가.

 기독교인들은 하나님의 뜻이자 예수 그리스도의 말이 기록된 책을 성경이라고 한다. 그 성경이 옛날 교회에서가 아니라 지금의 교회에서도 그대로 읽히고 있다. 지난 고전으로서가 아니라 오늘의 현실 속에 살아 있는 것으로 읽힌다. 그 살아 있는 생명, 성경의 생명은 무엇인가. 물론 무엇이 하나님의 뜻이요, 무엇이 그리스도의 사랑인지는 알 수가 없다. 알 수 있는 것은 성경을 통해 내 마음에 이루어지는 나의 뜻이요, 나의 사랑일 뿐이다. 그러므로 성경을 읽되 그 뜻은 사람 마음마다 다르게 와 닿는 것이요, 시대마다 다르게 가 닿는 것이다. 우리는 이렇게 와 닿아 이루어지는 나의 마음, 나의 사랑을 알 뿐이요, 정작 하나님의 뜻, 그리스도의 사랑은 그것이 무엇인지 알 수 없다. 성경이 하나님의 뜻, 그리스도의 사랑을 기록한 것이라지만, 우리는 그 기록된 말의 본래 뜻을 알 수가 없다. 알 수 있는 것은 다만 그 말을 통해 만들어지는 나의 생각, 나의 마음을 확인하는 일일 뿐이다. 그러므로 성경에 대한 어느 누구의 말도 설령 목사나 어느 유명한 신학자의 해석이라 할지라도 그것이 성경 본래의 뜻(하나님의 뜻)일 수 없다. 그것은 다만 그 목사 그 신학자의 마음에 와 닿아 이루어진 그의 생각, 그의 뜻일 뿐이다. 그러므로 어느 누구도 성경은 이렇게 읽어야 한다, 이렇게 해석해야만 하나님의 뜻이다라고 강요해서는 안 된다. 그것은 자기 뜻이요, 하나님의 뜻, 즉 성경 본래의 뜻은 아니기 때문이다.

성경 본래의 뜻(하나님의 뜻)은 알 수가 없다. 그러나 성경이 있는 한 그에 담긴 하나님의 뜻은 있을 것이다. 다만 그것을 알 수 없을 뿐이다. 그러나 그 알 수 없는 하나님의 뜻이 있어 사람마다 와 닿는 내 마음의 뜻이 열린다. 하나님의 뜻은 언제나 살아 있는 새로운 생명으로만 있는 것이요, 어느 한 사람의 생각이나 설명·해석의 형태로 묶여 있는 것이 아니다. 살아 있는 생명으로서 있는 것, 그것이 곧 하나님의 뜻이요 진리요 도이다. 생명을 무어라고 할 수 있겠는가. 늘 새롭게 있는 모습을 어떻게 한 모습으로 묶어 이것이라 할 수 있겠는가. 늘 새롭게 있는 것 그것이 하나님의 뜻이요 진리요 도이다.

도는 알 수 없는 것이다. 알 수 없는지라 있는 것도 같고 없는 것도 같다. 그러나 그 알 수 없는 것이 있어 알 수 있는 만물의 세계가 열린다. 그것이 '만물지종(萬物之宗)'이라는 말이요, '상제지선(象帝之先)'이라는 말이다. 도를 알려고 하지 말라, 알면 그것은 도가 아니요, 그것은 만물이다. 그러나 도를 알려고 하지 않으면 만물의 세계가 열리지 않는다. 앎의 지평이 열리지 않는다. 그러므로 우리가 도를 문제 삼는 것은 도를 알기 위해서가 아니라, 앎의 지평을 열어 가기 위해서다. 그 앎의 지평이 다름 아닌 우리의 현실이요, 바로 나의 현실이다.

도는 지혜로써 알 수 없으나 모든 것의 바탕이 되고 있으며,
만물은 그것으로부터 생겨난다.

【제5장】
천지는 간섭하지 않는다

천지는 간섭하는 일이 없어 만물을 자기대로 자라게 한다. 성인은 간섭하는 일이 없어 백성을 자기대로 살아가게 한다. 하늘과 땅 사이는 하나의 풀무통과 같다. 텅 비어 있으나 그 속에서 바람이 나온다. 움직이면 움직일수록 더더욱 나온다. 간섭함(말)이 많으면 자주 막힌다. 간섭하지 말고 그대로 두라.

天地不仁 以萬物爲芻狗 聖人不仁 以百姓爲芻狗 天地之間 其猶槖籥乎 虛而不屈 動而愈出 多言數窮 不如守中.

대장간에서 풀무질을 한다. 바람이 나온다. 잡아당겨도 나오고 밀어 넣어도 나온다. 움직일수록 더더욱 나온다. 풀무는 속이 비어 있다. 그 비어 있는 곳에서 바람을 일으키고 바람은 불꽃을 튀긴다. 불꽃은 생명을 가지고 타오른다. 그리고 무쇠를 녹여 온갖 조화를 만들어낸다. 바람이 없다면 불꽃은 생명을 잃게 되고 무쇠는 무쇠대로 남아 조화를 잃게 된다. 생명은 비어 있는 데서 나오고, 비어 있는지라 온갖 조화가 그 속에서 이루어진다. 풀무는 속이 비어 있다. 비어 있는지라 나와도 다 나오는 일이 없고, 퍼내도 다 퍼냄이 없다. 끊임없이, 다함이 없이 바람이 나온다. 이것이 '허이불굴(虛而不屈)'이요, '동이유출(動而愈出)'이다.

비어 있는 것 중에 가장 크게 비어 있는 것이 하늘과 땅 사이이다. 천지지간은 그대로 하나의 풀무통과 같다. 그래서 온갖 생명을 받아 만물이 존재한다. 풀무통이 비어 있어 바람이 나오고 또 나오듯이 하늘과 땅 사이가 비어 있어 새로운 생명이 존재하고 또 존재한다. 비어 있다는 것, 그것은 물상(物象)과 같은 한 모양으로 있는 존재자가 아니라 나날이 새롭게 존재하는 생명이라는 말이다. 물상적 존재자는 채워져 머물러 존재하는 것이지만, 생명은 머물러 있는 것이 아닌지라 한순간도 공간 속에 채워져 형상을 가지고 존재하는 것이 아니다. 그러므로 비어 있다는 것은 물상적 존재로 있는 것이 아니요, 생명으로 존재하고 있다는 말이다. 그것이 또한 '허이불굴'이요, '동이유출'이다. 끊임없이 새롭게 존재하면서 다함이 없다. 생명으로서 존재한다는 말이다. 생명이야말로 천지간에 실재하는 참존재요, 그 때문에 만물의 세계가 전개되고 앎의 지평이 열린다.

　무당이 굿을 할 때 짚으로 초용(草俑)을 만들어 모신다. 그러다가 굿을 마치고 나면 그 초용을 거리에 버리고 거들떠보지도 않는다. 이 길거리에 버려진 초용을 '추구(芻狗)'라고 한다. 추구는 그 만물을 버리고 돌보지 않는다는 말이다. 하늘과 땅은 만물을 추구로 여긴다. 하늘이 만물을 낳고 땅이 그 만물을 키운다. 그러나 간섭하지 아니한다. 간섭하지 않는지라 만물은 스스로 자라 스스로 존재한다. 어느 나무, 어느 풀 한 포기가 누구의 간섭을 받아 자라던가. 그들 스스로 자라, 그들 스스로 존재하다가 간다. 풀은 풀대로 자라고, 나무는 나무대로 자란다. 소나무는 소나무대로 자라고, 참나무는 참나무로 자란다. 누가 시켜서 그렇게 자라는 것이 아니요, 누구의 간섭을 받아 그렇게 자라는 것이 아니다. 그래서 온갖 나무가 있고 온갖 풀이 있어, 풀마다 풀로서 자라고 나무마다 나무로서 자란다. 누구의 간섭을 받아 자란다면 참나무가 소나무처럼 되려고 할 것이요, 오랑캐꽃이 민들레처럼 피려고 할 것이다. 냉이꽃도 있고 씀바귀꽃도 있으며 강아지꽃도 있고 달맞이꽃도 있다. 개암나무가 있는가 하면 오리나무도 있고, 물푸레나무가 있는가 하면 떡갈나무가 있다. 온갖 풀, 온갖 나무가 스스로 자라 그렇게 자기 모습으로 존재한다. 하늘과 땅은 만물을 낳고 기르되, 이렇게 크고 저렇게 자라라고 간섭하지 않는다. 천지는 만물을 간섭하지 않는다. 사랑하지 않는다. 버린 물건처럼 거들떠보지 않는다. 추구로 여긴다. 그래서 온갖 풀이 자기로서 존재하다 간다.

  천지는 불인(不仁)하고 성인도 불인한다. 그리하여 천지는 만물을 추구로 여기고, 성인은 백성을 추구로 여긴다. 불인은 사랑하지 않는다는 말이요, 간섭하지 않는다는 말이다. 사랑[仁]은 좋은 것 같지만 간섭함이요, 욕심이요, 억지를 부리는 일이다. 부모가 자식을 사랑하는 일도 알고 보면 욕심이요, 간섭이요, 임금이 백성을 사랑하는 것도 알고 보면 억지요, 간섭이다. 그리고 욕심이다. 그러므로 성인은 백성을 사랑하지 않는다. 천지가 만물을 사랑하지 않는 것과 같다. 사랑하지 않는지라 만물은 스스로 자라 존재하고, 사랑하지 않는지라 사람들은 스스로 자기 길을 찾아 살아간다. 부모가 자식을 사랑하지 않는다면, 간섭함이 없다면, 그림 공부할 사람이 의학 공부를 하지 않을 것이요, 나라를 다스린다는 사람들이 백성을 사랑하지 않는다면, 간섭함이 없는지라 전쟁에 끌려 나가 죽지 않아도 될 것이다. 사랑은 억지요, 간섭이다. 그리고 욕심이다. 욕심을 부리는지라 불효하는 아들이 있게 되고, 억지로 다스리는지라 나라에는 전쟁이 있게 된다. 성인은 사람을 사랑하지 아니한다. 사랑하지 않는지라 어부가 산으로 들어가지 않을 것이요, 대장장이가 풀무질하는 손길을 멈추지 않을 것이다. 사람마다 다 자기 하는 일이 있어 스스로 자족하고 살아갈 것이다. 농부는 씨앗을 뿌리고 어부는 그물질을 한다. 이것이 자기가 하는 일이다. 스스로 사는 일이다. 여기에 간섭이 있고 억지가 있고 보면 스스로 사는 나의 삶은 없어지고 나의 삶이 아닌 다른 사람의 삶을 흉내내다 갈 뿐이다.

　만물은 다 다르게 자라, 다 다르게 존재하다 간다. 이것은 하늘과 땅이 간섭하지 않기 때문이다. 사람이 다 다르게 태어나 다 다른 모습으로 있는 것은 스스로 자기로서 존재하라는 데 있다. 그러나 간섭을 한다. 부모가 자식을 간섭하고, 스승이 제자를 간섭하고, 나라가 백성을 간섭하고, 성인이 영혼을 간섭한다. 그것을 사랑이라고 하나 사랑은 억지요, 간섭이다. 그리하여 자식은 자식으로 자라지 못하고, 제자는 제자로서 깨우치지 못하고, 백성은 백성으로서 살아가지 못하고, 사람은 사람으로서 자기의 삶을 찾아가지 못한다. 이렇게 해야만 옳고 저렇게 해서는 그르고, 이렇게 살아야만 하고 저렇게 살아서는 안 된다고 억지를 부리고 간섭을 하기 때문이다. 교육이라는 것이 그렇고, 정치라는 것이 그렇고, 성인의 가르침이라는 것이 그렇다. 하나의 잣대를 만들고 다 그 잣대대로 살라고 한다. 사람마다 다 다른데 다 한 모양으로 살라고 한다. 이 억지를 부리는 것이 사랑이다. 그리고 그것이 말로써 드러난다.

　말이 많아지면 간섭이 많아진다. 그것이 '다언삭궁(多言數窮)'이다. 그러므로 말을 하지 않는 것이 좋다. 그것이 '불여수중(不如守中)'이다. '수중(守中)'이란 간섭을 받지 않는 자기로서 서 있는 자리를 말한다. 나는 나로서 존재함을 말한다. 부모님 말대로 자라고 스승의 가르침대로 살아가면 이 세상의 질서는 무너진다. 사람마다 자기 몫의 삶이 없어지기 때문이다. 이 세상이 무너지지 않는 것은 성인의 가르침대로 살아가기 때문이 아니라 사람마다 스스로 자기 몫으로 살아가기 때문이다. 성인의 목소리가 클수록 세상의 질서는 무너졌던 것이요, 나라를 잘 다스리려는 때일수록 국가는 혼란해지고 백성은 고달팠던 것이다. 간섭이 많아지고 억지가 많아졌던 때문이다. 그것을 사랑[仁]이라고 하는 것이다. 그러므로 어설픈 성인은 사랑을 말하지만 참다운 성인은 사랑을 말하지 않는다. 간섭하지 않는다. 그리하여 사람마다 자기 자리에서 자기의 삶을 살아가게 한다. 그 삶을 방해하지 않는 것이다.

천지(天地)가 불인(不仁)하는 것처럼 성인도 불인한다. 천지간이 하나의 커다란 풀무통으로 그 속에서 만물이 생성하는 것처럼 성인의 마음도 비어 있어 사람마다 제 삶의 자리에서 살아갈 수 있게 한다. 어설픈 성인은 많고 참다운 성인은 없어 세상은 간섭하는 일로만 가득 차 있다. 그리하여 사람들은 자기 설 자리를 잃고 방황하는 것이다.

천지는 풀무통과 같아 한없이 만물을 생하나 스스로 자라게 할 뿐 간섭하지 않는다.

【제6장】

생명의 문을 현빈이라 한다

자연의 신비한 작용은 끝남이 없으니, 이를 일러 오묘한 생명[玄牝]이라고 한다. 이 오묘한 생명은 천지(天地) 본래의 모습이다. 생명의 작용은 끊임없이 이어져 멈추는 일이 없으니 아무리 써도 지치는 일이 없다.

谷神不死 是謂玄牝 玄牝之門 是謂天地根 綿綿若存 用之不勤.

대장간의 풀무가 비어 있어 바람이 나오고 또 나오는 것처럼, 산과 산 사이가 비어 있는 계곡에는 물이 흐르고 나무와 풀이 자라 온갖 생명의 조화가 일어난다. 생명의 숨소리가 들린다. 생명은 신비롭다. 이것을 '곡신(谷神)'이라고 한다. 나무는 잎이 났다 떨어지고 풀 포기는 한 해를 못 넘기고 말라 버리나 생명은 한없이 이어진다. 죽지 않는다. 계곡은 비어 있으나 온갖 조화가 그 안에서 일어나고, 고요하며 머물러 있는 것 같으나 어느 생명 하나 머물러 있는 것이 없다. 일어나고 또 일어나도 조화는 다 일어나는 일이 없고, 태어나고 또 태어나도 생명은 다 태어나는 일이 없다. 조화도 끊임없이 일어나고 생명은 다함이 없이 존재한다. 이것을 '현빈(玄牝)'이라고 한다. 현빈은 어미 소가 새끼를 낳듯이 낳고 또 낳아도 다함이 없다는 것이요, 생명이 신비롭다는 말이다. 신비로운 존재가 생명이라는 말이다.

생명은 보이지 않는다. 만져지지도 드러나지도 않는다. 그러므로 알 수가 없다. 알 수 없는지라 없다고도 할 수 있으나 생명이 있어 나무가 자라 열매를 맺고 풀이 자라 꽃을 피운다. 온갖 조화가 일어난다. 하늘에서는 솔개가 날고 물속에서 고기가 뛰는 것도 생명이 있어서 그리한다. 그러나 생명은 볼 수가 없다. 솔개를 보고 물고기를 볼 뿐이지, 그 생명은 보지 못한다. 안다는 것도 솔개가 나는 것을 알고 물고기가 노니는 것을 알 뿐, 생명을 아는 것이 아니다. 나무는 알 수 있으나 나무의 생명은 알 수 없는 것이요, 풀이 자라 꽃을 피우는 것은 알 수 있으나 풀의 생명은 알 수가 없다. 생명은 형체도 소리도 냄새도 조짐도 없다. 만져도 만져지지 않고, 보아도 보이지 않는다. 그러나 그것 때문에 만물이 있다. 그리하여 신비하다고 한다. 신비한 생명, 그것이 '현빈'이라는 것이다.

현빈은 생명이 나오는 문, 생식기 자궁을 말하기도 한다. 자연의 생식기요 자궁이다. 낳고 또 낳는 생명의 신비 자연의 신비가 현빈이다.

만물은 끊임없이 생성하면서 이어진다.
그 끊임없는 생명의 신비를 현빈(玄牝)이라 한다.

【제7장】

하늘과 땅은 짝이 없다

하늘과 땅이 장구한 까닭은 스스로를 내세워 경쟁하지 않고 살아가기 때문이다. 성인 또한 스스로를 내세우지 않는지라 성인이 될 수 있다. 그러므로 나를 버리는 데서 참 나를 이룰 수 있다.

天長地久 天地所以能長且久者 以其不自生 故能長生 是以聖人後其身而身先 外其身而身存 非以其無私邪 故能成其私.

하늘은 언제부터 하늘이며 땅은 언제부터 땅이던가. 하늘은 늘 있어 왔으며 땅은 태곳적부터 오늘에 이르고 있다. 그래서 '천장지구(天長地久)'라고 한다.

천(天)은 장(長)하고 지(地)는 구(久)하다. 무엇 때문인가. 하늘은 하늘로서 있고 땅은 땅으로서 있기 때문이다. 하늘과 비교할 또 하나의 하늘이 있는 것이 아니요, 땅과 경쟁할 또 하나의 땅이 있는 것이 아니다. 비교할 것이 없고 경쟁할 것이 없는데 내세울 일이 무엇이 있으며 뽐내어 자랑할 일이 무엇이 있으랴. 천이 장하고 땅이 구한 것은 이 때문이다. 장(長)하다는 말은 누구와 비교해 장하다는 말이 아니요, 구(久)하다는 말은 누구와 견주어 구하다는 말이 아니다. 비교할 데가 없는데 누구보다 얼마나 장하다는 것이며 견주어 대어 볼 상대가 없는데 누구보다 얼마나 구하다는 것인가. 길고 짧은 것은 비교하는 데서 생기는 일이요, 오래 가고 오래 가지 않는 것 또한 견주어 대비하는 데서 오는 것이다. 비교할 것이 없고 견주어 대어 볼 상대가 없는데 무엇이 장하고 무엇이 구할 것인가. 장하다 해도 장할 것이 없고 구하다 해도 구할 것이 없다.

하늘과 땅은 짝이 없다. 짝이 없는지라 하늘이 또 있는 것이 아니요, 땅이 또 있는 것이 아니다. 그래서 하늘은 하늘로서 있고 땅은 땅으로서 있다. 천이 장하고 지가 구한 것은 이 때문이다. 천지가 장생(長生)할 수 있는 것은 이 때문이다. 비교할 대상이 없고 경쟁할 상대가 없다. 이것이 짝이 없다는 말이다. 비교는 둘 이상이 되어야 비교되는 것이요, 경쟁은 더 많이 있어야 경쟁이 되는 것이다. 하늘은 둘이 있는 것이 아니라 하나가 있는 것이요, 땅도 여러 개 있는 것이 아니라 땅 하나로서 있다. 하나로 있는데 비교할 무엇이 있으며 둘이 아닌데 누구와 더불어 경쟁할 수 있을 것인가.

  비교 경쟁하는 일은 하는 일이 같을 때 일어나는 것이다. 하늘이 하는 일과 땅이 하는 일이 다르다. 그러므로 하늘과 땅은 비교하는 일이 없으며, 하늘과 땅은 경쟁하는 일이 없다. 하늘이 하는 일을 땅이 하려고 하지도 않고, 땅이 하는 일을 하늘이 하려고도 하지 않는다. 무엇이 하늘 하는 일을 하는 것이 있어 비교할 것이며, 무엇이 땅 하는 일을 하는 것이 있어 땅과 경쟁해 이기려는 것이 있겠는가. 비교 경쟁하는 일은 내가 하는 일을 버리고 남이 하는 일을 하려는 데서 생긴다. 하늘이 하늘 하는 일을 버리고 땅이 하는 일을 하려고 해 보라. 하늘과 땅은 경쟁할 것이요, 비교해 우열을 갈라 놓을 것이다. 어디 하늘과 땅이 우열이 있던가. 하늘 하는 일이 다르고 땅이 하는 일이 다르기 때문이다. 하늘은 하늘 하는 일이 있고 땅은 땅이 하는 일이 있다. 모든 것이 그렇게 있다. 모든 존재하는 것이 그렇게 있고 그렇게 있는지라 우열은 있는 것이 아니다. 풀 한 포기가 나무 한 그루보다 덜 소중한 것이 아니요, 붕(鵬)새가 구만 리 장천을 오른다 하나 봉호지간(蓬蒿之間)을 나는 초료(鷦鷯)보다 더 뛰어날 것도 없다. 명령(冥靈)이 조균(朝菌)보다 오래 사는 것도 아니요, 혜고(蟪蛄)가 대춘(大椿)보다 잠깐 살다 가는 것도 아니다. 사는 일이 다르고 하는 일이 다르기 때문이다. 다른지라 비교할 성질의 것이 아니며, 비교할 성질의 것이 아닌지라 우열이 있거나 오래 산다, 오래 살지 못한다의 구별도 있는 것이 아니다. 모든 존재하는 것이 그렇게 있다. 우열로 있는 것이 아니요, 호오(好惡) 장단(長短)으로 있는 것이 아니다. 그러므로 비교하는 일이 없고 경쟁하는 일이 없다.

이렇게 있는 것을 장자는 '제물(齊物)'이라고 했다. 제물은 모든 존재하는 것이 다 자기 존재이유를 가진다는 것이요, 어느 누구도 그 존재이유를 대신할 수 없다는 말이다. 그러므로 풀 한 포기가 나무를 대신할 수 없는 것이요, 명령이 오래 산다 하나 하루살이[朝菌]를 대신 살아 줄 수는 없는 것이다. 모든 존재하는 것은 '대신'이라는 것이 없다. 대신이 없는지라 그 존재는 스스로 그 존재일 수밖에 없다. 그것이 다름 아닌 자기 존재이유다. 비교·경쟁은 이 자기 존재이유를 이탈·망각하는 데서 오는 것이다.

그 이탈을 노자는 '유위(有爲)'라고 하였다. 유위는 다름 아닌 비교 판단하는 우열의 경쟁으로 몰고 가는 것을 의미한다. 그리고 이탈하지 않는 것 또는 그 이탈로부터 다시 자기 존재이유로 돌아가는 것을 '무위(無爲)'라고 한다. 그리하여 '무위자연(無爲自然)'이라고 한다. 자연은 스스로 자기로서 존재한다는 것이니 다름 아닌 자기 존재이유의 바탕 위에 선다는 말이다. 하늘이 자연으로 있고 땅이 자연으로 있으며 풀 한 포기 나무 한 그루가 자연으로 있다. 자기로서 있다.

그러므로 비교하는 일이 없고 경쟁하는 일이 없다. 오리가 자기 다리가 짧다 하여 학의 다리를 부러워하던가 비교하는 일이 있던가. 그래서 오리는 늘 오리로서 있을 수 있고 학은 늘 학으로서 있을 수 있는 것이다. 하늘이 하늘로서 있는 것도 그 때문이요, 땅이 땅으로서 있는 것도 그 때문이다. 이것을 '천장지구'라고 하고 장생할 수 있다고 하는 것이다. '장생'은 오래 산다는 것이 아니요, 자기가 자기로서 살아간다는 말이다. 자기 존재이유의 바탕 위에서 스스로 존재한다는 말이다. 곧 자연이라는 말이다. 이렇게 존재하는 까닭을 '불자생(不自生)'이라 하기도 했다. 불자생은 자기 존재이유를 이탈하지 않는다는 뜻이니 무위와 같은 말이라고 할 수 있다. '자생(自生)'은 경쟁한다는 뜻으로 유위와 같은 말이다.

 자연은 아름답다. 풀은 풀로서 존재하고 나무는 나무로서 존재한다. 풀이 나무가 되려 하고 나무가 풀이 되려 한다고 해 보라. 계곡에는 물이 흐르고 등성이로는 짐승이 기어오른다. 물고기가 나무에 기어오르려 하고 산새가 물속에 둥지를 틀려고 한다 해 보라. 살구꽃에 복숭아가 열리고 개암나무 가지에 밤송이가 달린다 해 보라. 소나무는 솔방울이 달려서 소나무요, 잣나무는 잣송이가 달려서 잣나무다. 머루가 있고 다래가 있다. 싸리나무가 있고 떡갈나무가 있다. 큰 나무가 있는가 하면 작은 나무가 있고 봄에 피는 꽃이 있는가 하면 가을에 피는 꽃이 있다. 어느 것 하나 스스로 있지 않은 것이 없다. 이렇게 있는 것이 자연이다. 자연은 모든 존재하는 것이 자기 존재이유를 가지고 자기로서 있는 것이다. 어느 풀 한 포기가 대신 자라 주고 어느 꽃 한 송이가 대신 피어 주는 꽃이 있던가. 존재하는 까닭 존재하는 이유에는 대신이라는 것이 없다. 그래서 한가지로 있는 것이 아니요, 만물로서 있는 것이다. 이 만물로서 있는 것이 자연이다. 풀 한 포기가 그래서 있고 나무 한 그루가 그래서 존재한다. 풀 한 포기가 자연이요, 나무 한 그루가 자연이다.

 인간도 마찬가지다. 사람마다 자기 존재이유를 가지고 태어나는 것이다. 그러므로 네가 사는 이유와 내가 사는 존재가치가 같지 않다. 같지 않은지라 너의 삶을 내가 대신할 수 없는 것이요, 나의 삶을 네가 대신할 수 있는 것이 아니다. 자식의 삶을 부모가 대신 살아 줄 수는 없는 것이요, 아무리 효자라도 노모의 죽음을 대신할 수는 없는 것이다. 이것은 사랑과 효심이 부족해서가 아니라 존재이유가 다르기 때문이다. 이 존재이유, 자기 존재이유의 바탕 위에서 사는 사람이 성인(聖人)이다. 그러나 그렇게 사는 사람은 드물고 그렇게 살지 않는 사람이 많다. 그래서 다투고 경쟁하고 싸우고 분쟁한다. 남의 삶을 부러워하고 남의 삶을 끌어다 나의 삶을 삼으려 한다. 나의 삶을 남의 삶과 같이 하려고 한다. 나의 인생이 남의 인생과 같을 바에야 저 사람이 대신 살아 주고 있는데 구태여 나까지 살아갈 필요가 있으랴. 내가 사는 것은 나의 인생은 누구도 대신할 수 없고 다른 사람과 다른 삶일 수 있기 때문이요, 힘들어도 내가 살아갈 가치가 있는 것이 아니던가. 내가 사는 이유가 여기에 있다. 나의 존재가치가 여기에 있다.

 나는 하나밖에 없지 않은가. 누구도 대신할 수 없는 삶이 나에게 있지 않은가. 얼마나 소중한 삶이며 엄숙한 존재이유인가. 이 존재이유를 알고 자기 삶을 살자는 것이 '능성기사(能成其私)'이다. 나는 나로서 살지 않으면 안 된다는 말이다. 하늘이 하늘로서 있고 땅이 땅으로서 있듯이 나는 나로서 있어야 한다는 말이다.

하늘과 땅은 모든 것을 이루되 스스로를 내세우는 일이 없다.
자연으로 있는 것이 모두 그렇다.

【제8장】

물 흐르듯이 살라

잘산다는 것은 물 흐르는 것같이 사는 것이다. 물은 만물을 이롭게 하면서도 다투는 일이 없으며 항상 남들이 싫어하는 낮은 자리에만 처한다. 도를 따라 사는 것이 이와 같다. 거처할 자리를 알아서 처하고 마음은 맑은 연못같이 하고 사랑으로 대하고 믿음으로 말을 하고 바름으로 다스리며 일은 능력껏 하고 때를 알아 움직인다. 그리고 남과 더불어 다툼이 없으니 허물이 있을 리 없다.

上善若水 水善利萬物而不爭 處衆人之所惡 故幾於道 居善地 心善淵 與善仁 言善信 正善治 事善能 動善時 夫唯不爭 故無尤.

물 흐르듯이 인생을 살아가라. 물은 누구를 만나도 맞서는 일이 없으며 고집하는 일이 없다. 그러므로 다투는 일이 없으며 앞서 가려고 경쟁하는 일도 없다. 웅덩이를 만나면 쉬어 가고 벼랑을 만나면 뛰어내린다. 이것이 '선지(善地)'다. 웅덩이를 뛰어넘고 벼랑을 거슬러 올라간다고 해보라. 웅덩이는 웅덩이가 아니요, 벼랑은 벼랑이 아니고 만다. '선지'는 잘 알아서 거기에 맞게 처하는 것을 말한다.

물은 낮은 곳을 좋아한다. 그곳이 제자리인 줄을 안다. 그러므로 내려앉고 또 내려앉는다. 아래로 아래로 내려간다. 그러면서 풀뿌리를 적시고 나무뿌리를 감싸면서 만물을 자라게 한다.

물은 '나'라는 것이 없다. 자기 모습, 자기 얼굴 도무지 자기라는 것이 없다. 흙을 던지면 흙탕물이 되고 쥐고 흔들면 흔드는 대로 출렁인다. 네모난 곳에 담으면 네모나고 둥근 그릇에 담으면 둥글어진다. 천 가지 만 가지가 다 물의 모습이요, 물이 하는 일이다. 이를 '동선시(動善時)'라 한다. 꽃은 아무 때나 피는 것이 아니요, 열매는 아무 때나 열리는 것이 아니다. 씨 뿌리고 거둬들이는 일이 그래서 때가 있는 것이다. 개구리가 부스스 눈을 뜨고 용사(龍蛇)가 땅속 깊은 곳에서 잠을 잔다. 붕새가 나는 것을 보라. 삼 년을 웅크리고 앉았다가도 한번 날면 구만 리 장천을 오른다. 이것을 '동선시'라고 한다. 내가 이 세상에 온 것은 때가 되어서 온 것이요, 이제 가는 일도 때가 되어서 가는 것이다. 태어나는 일도 죽어 가는 일도 내가 원해서 왔다가 내가 싫어서 가는 것이 아니다. 때에 맡겨 평안한 것을 '안시(安時)'라 하고 '선시(善時)'라고 한다. 나라는 것, 자기라는 것이 없다는 말이다.

 때에 맡겨 편안한 것이 물이다. 그래서 수평(水平)이다. 수평이 모든 것의 척도가 된다. 그것이 수준(水準)이다. 수평이요, 수준이다.

 마음의 수평은 허심(虛心)이다. 허심은 '나'라는 것, '자기'라는 것이 없는 마음이다. 그러므로 거(居)하되 선지(善地)할 수 있고, 여(與)하되 선인(善仁)할 수가 있다. 선하다는 것은 거스름 없이 응한다는 말이요, 거스름이 없는지라 부딪칠 일이 없는 것이다. 마음이 평안한 것이다. 마음이 평안한 것을 '허심'이라 하고, 물이 평안한 것을 '수평'이라고 한다. 수평은 만물을 재는 척도요, 허심은 삶을 살아가는 척도다. 이를 노자는 '도'라고 했다.

물 흐르듯이 살면 허물이 없다. 살아가는 일에 억지가 없도록 하라는 말이다.

【제9장】

이것이 하늘의 길이다

가득 채우는 것은 덜 채움만 못하고 예리한 것은 오래 간직할 수가 없다. 금(金)과 옥(玉)을 가득 쌓아 놓고는 지켜 낼 수가 없고 부(富)와 귀(貴)를 누리고서는 허물없기가 힘들다. 공(功)을 이루었거든 떠나라. 그것이 하늘의 도(道)다.

持而盈之 不如其已 揣而梲之 不可長保 金玉滿堂 莫之能守 富貴而驕 自遺其咎 功遂身退 天之道.

얼었던 동토(凍土)가 풀리면 대지가 기지개를 켠다. 새싹은 지각을 뚫고 올라온다. 생명의 소리가 들린다. 개구리는 붙었던 입이 벌어지고 뱀의 눈꺼풀이 풀린다. 흙은 부드러워지고 나뭇가지는 물이 올라 잎도 피기 전에 망울부터 터트린다. 누가 그렇게 하는가. 봄이 그렇게 한다. 그렇게 하고는 봄은 물러간다.

　봄은 꽃을 피우되 그 꽃을 자기 것이라 고집하지 아니한다. 그저 떠난다. 미련 없이 떠난다. 그리하여 여름이 오고 열매를 맺고 나무는 자라서 성목을 이룬다. 꽃을 피운 것이 자기 공(功)이라 하여 봄이 머물러 있으면 열매를 맺지 못할 것이요, 열매를 맺게 한 것이 자기 공이라 하여 여름이 떠나지 않고 머물러 있으면 여물지 못할 것이다. 가을이 그렇고 겨울이 또한 그렇다. 열매를 맺으면 여름은 떠나야 가을이 와서 여물 것이요, 다 여물었으면 가을은 떠나야 겨울이 와서 갈무리를 할 수 있을 것이다.

　공을 이루었으면 물러나야 한다. 할 일을 다 했으면 떠나야 한다. 이것이 '공수이신퇴(功遂而身退)'라는 말이다.

　천도(天道)는 다른 것이 아니다. 겨울이 가고 봄이 오는 것이 천도요, 여름이 가고 가을이 오는 것이 천도다. 오는 것은 가기 위하여 오는 것이요, 오기만 하고 갈 줄을 모른다면 천도가 아니다. 천도는 가고 오는 것일 뿐 머물러 가지는 것이 없다. 이것이 '생이불유(生而不有)'라는 말이다. 봄이 새싹을 나게 하되 새싹이 자기의 소유는 아니요, 꽃을 피우되 그 공을 내세워 그것을 자기 것이라 우겨서는 안 된다. 떠나야 한다. 공을 이루었으면 떠나야 하고 물러나야 한다. 물(物)을 생(生)하였으면 물러나 간섭하지 말아야 한다. 앞에서 천지불인(天地不仁)이라 한 것도 바로 그러한 간섭을 하지 않는 것이 천도라는 것을 가리킨 말이라고 할 수 있다.

꽃 한 송이가 피고 지는 것은 필 때가 되어서 피는 것이요, 질 때가 되어서 지는 것이다. 필 때가 되었는데도 피지 않으려 한다면 그것은 억지요, 천도가 아니다. 사람이 나고 죽는 것도 마찬가지다.

노자가 죽었을 때 그의 친구는 문상을 가서 울지도 않고 이렇게 말하였다.

"선생이 세상에 온 것은 올 때가 되어서 온 것이요, 이제 죽은 것은 갈 때가 되어서 가는 것일 뿐, 무엇을 기뻐하고 슬퍼할 것이 있으랴."(장자)

이것이 사는 일이요, 죽는 일이다. 죽고 사는 것이 천도다. 살기만 하고 죽지 않는다면 사는 것이 아니요, 오기만 하고 가지 않는다면 오는 것이 아니다. 오고 가는 것이 길이요, 왔다 돌아가는 것이 길이다. 살고는 죽는다. 이것이 인생이다. 인생은 나그네요, 살고 죽는 것은 길이다. 이 길이 도요, 이 인생이 천도다. 하늘의 길이다. 하늘의 길인지라 꽃도 피었다 떨어지고 인생도 태어났다 돌아간다. 만물이 이 길을 걷고, 사람도 이 길을 걷는다. 모든 존재하는 것들이 이 길을 걷는다. 그래서 '하늘 길'이라 한다. '천도'라고 한다.

슬프다. 한 생을 살고도 죽지 않으려는 사람들이 있으니 가련하지 아니한가. 그 가련한 사람들을 위해 요즘은 생명공학에 매달리는 일도 딱하기만 하다.

봄은 꽃을 피우고는 물러간다. 그래서 여름이 온다.
이루고는 물러나는 것이 하늘의 도다.

【제10장】

하늘문은 빗장이 없다

영혼을 순일(純一)하게 가질 수 있겠는가. 어린아이처럼 천진난만할 수 있겠는가. 티 없이 깨끗한 마음을 지닐 수 있겠는가. 무위(無爲)로써 나라를 다스릴 수 있겠는가. 부름에 따라 천문(天門)을 열고 닫을 수 있겠는가. 아는 것이 없이 세상을 훤하게 밝힐 수 있겠는가. 모든 것을 이루고도 소유하지 않고 자랑하지 않고 나서지 않는다면 높은 덕에 이른 것이라고 할 수 있다.

載營魄抱一 能無離乎 專氣致柔 能嬰兒乎 滌除玄覽 能無疵乎 愛民治國 能無知乎 天門開闔 能爲雌乎 明白四達 能無爲乎 生之畜之 生而不有 爲而不恃 長而不宰 是謂玄德.

천문은 하늘의 문이다. 하늘의 문에는 빗장이 없다. 빗장이 없는지라 들어오는 것을 막는 일이 없고 나가는 것을 방해하는 일이 없다. 열고 닫는 일을 간섭하는 일이 없다. 천도는 하늘의 길인지라 누구나 오갈 수 있고, 천문은 하늘의 문인지라 누구나 드나들 수가 있다. 그러나 들어가기만 하고 나올 줄을 모르고, 나오기만 하고 들어갈 줄을 모르면 천문은 사람의 문이 되고 만다. 사람의 문은 빗장이 있다. 빗장은 나가는 사람을 막고 들어오는 사람을 밀어내는 데 있다.
　빗장 중에서도 가장 무서운 빗장은 마음의 빗장이다. 마음의 빗장을 가진 사람은 마음의 문을 열지 못한다. 남의 마음은 받아들이지 못하고, 자기 마음을 드러내지도 못한다. 어둡고 암울하기만 하다.
　천문은 마음의 문이다. 마음의 문을 열고 나면 어둠은 없어지고 암울함은 풀려 시원해진다. 달이 뜨고 해가 솟는 것처럼 세상은 밝아지고 천지는 광명으로 가득하다. 무엇이 그늘을 만들고 누가 허물을 만들어 들고나는 것을 방해하는 일이 있겠는가. 마음을 자유롭게 하라. 이것이 '천문개합(天門開闔)'이다. 열고 닫는 일을 자유롭게 하라. 이것이 빗장을 없애는 일이다. 마음의 빗장을 없애고 나면 선악시비가 무슨 문제가 되며, 해야 할 일과 해서는 안 될 일의 구별에 속박당할 것이 무엇이 있으랴. 들어오는 것을 막지 말고 나가는 것을 붙들지 말라. 그리하면 죽고 사는 일마저도 너를 구속하지 않으리라. 이것이 '천문개합'이다.

갓난아기의 마음을 보라. 그 영혼의 순일함을 보라. 마음의 문을 열고 닫음에 무슨 빗장이 있던가. 선악도 그 마음에 끼어들지 못하고 시비도 그 영혼 앞에서는 갈라서지 못한다. 이를 '전기치유(專氣致柔)'라 한다. 전기치유는 천문개합을 자유롭게 함을 이름이다.

천문을 자유롭게 하라. 열고 닫음을 자유롭게 하면 모든 존재하는 것들이 만물이 숨결을 몰아 쉬고 생명을 발산한다. 그 빛이 온 우주를 밝힌다. 생명으로 가득하다. 이것이 '명백사달(明白四達)'이다. 하늘은 광명으로 가득하고 생명의 숨결이 또한 땅에 가득 넘실거린다는 말이다. 그 속에서 만물이 생(生)하고 장(長)한다. 이것을 '현덕(玄德)'이라고 한다.

현덕은 생(生)하되 자기 소유로 하지 않고, 위(爲)하되 누구를 위해서라고 내세우지 않으며, 장(長)하되 마음대로 전횡하는 일이 없음을 말한다. 봄이 와 싹이 튼다고 하나 새싹은 저절로 자기가 나오는 것이요, 여름이 와 꽃피고 열매를 맺는다고 하나 그 또한 스스로 자기가 하는 일이다. 몇 년 전에 아깝게 간 작가 최명희는 『혼불』이라는 소설에서 이렇게 말하고 있다.

"봄바람이 천지에 가득하여도 살아 있는 가지라야 눈을 뜬다."

눈을 뜨는 것은 나뭇가지요, 봄이 아니다. 가지가 살아 있어야 움이 트고 꽃피고 열매를 맺는다. 이것이 생(生)이요, 위(爲)요, 장(長)이다. 누가 시켜서 하는 것이 아니요, 누구를 위해 하는 것이 아니다. 마음을 지어먹고 억지로 하는 일이 아니요, 저절로 스스로 하는 일이다. 이것이 '현덕'이다.

태어나는 것[其源]을 막지 말라. 자라는 것[其性]을 방해하지 말라. 그리고 간섭[其宰]하지 말라. 모든 살아 있는 것은 스스로 나서 자라고 여물어 갈 것이다. 이렇게 생하고 위하고 장하는 것을 '현덕'이라고 한다.

가지가 살아 있어야 눈을 뜨듯이, 마음이 늘 살아 있어야 영혼이 깨어날 수 있다는 말이다.

영혼을 순일하게 하여 어린아이처럼 된다면 무위(無爲)에 이를 수 있다.

【제11장】
무는 무엇이고 유는 무엇인가

서른 개의 바퀴살이 바퀴통 하나에 모여 있다. 바퀴통은 비어 있어 바퀴로서 쓸모가 있게 된다. 흙으로 빚은 그릇은 속이 비어 쓸모가 있게 되고 문을 달고 드나들 수 있는 것은 방안이 비어 있기 때문이다. 그러므로 유는 이(利)가 되고 무는 용(用)이 된다.

三十輻共一轂 當其無 有車之用 埏埴以爲器 當其無 有器之用 鑿戶牖以爲室 當其無 有室之用 故有之以爲利 無之以爲用.

유(有)와 무(無)는 무엇인가. 있다는 것이 '유'이고 없다는 것이 '무'인가. 무엇이 있고 무엇이 없다는 것인가. 눈에서 있고 없는 것은 오색(五色)의 형상이요, 귀에서 있고 없는 것은 오음(五音)의 소리이다. 눈에는 없는 것이 귀에는 있고 귀에 없는 것이 눈에는 있다. 있고 없음이 이와 같다면 유와 무는 무엇이 있고 무엇이 없다는 것인가. 노자는 보아도 보이지 않는 것을 '이(夷)'라 하고, 들어도 들리지 않는 것을 '희(希)'라 하였다. 그리고 잡히지 않는 것을 '미(微)'라 하였다. 이·희·미는 유와 무, 그 어디에 해당하는 것인가. '이'는 색(형상)에서는 무이나 없는 것이 아니요, '희'는 소리에서는 무이나 없는 것이 아니요, '미' 또한 만져지지는 않으나 없는 것이 아니니, 유이다. 이·희·미는 유와 무를 다 가지고 있다. 그러나 그것은 유도 아니요 무도 아니다. 노자는 그러한 존재를 '도(道)'라 했거니와 도는 유도 아니요 무도 아닌 것으로 있는 것을 말한다.

 수레바퀴는 서른 개의 바퀴살을 가지고 굴러간다. 그릇은 물건을 담아 그릇이다. 창을 내고 문이 있어 방이다. 수레바퀴는 바퀴통이 비어 있기 때문에 굴러가고, 그릇은 속이 비어 있기 때문에 물건을 담을 수 있고, 방은 안이 비어 있기 때문에 들어앉을 수 있다. 여기에서 유무는 어떻게 되는 것인가. 무엇이 유이고 무엇이 무인가.

수레바퀴는 유무를 가지고 있으나 유도 무도 아니요, 그릇은 유무를 가지고 있으나 유도 무도 아니다. 유무가 있다고 하지 말라. 있는 것은 오직 그 유도 무도 아닌 수레바퀴가 있고 그릇이 있을 뿐이다. 굴러가는 것도 수레바퀴요, 물건을 담는 것도 그릇이요 유무가 아니다. 유무가 어떻게 굴러가고 유무가 어떻게 물건을 담을 수 있을 것인가. 그러나 유무가 아니면 수레바퀴일 수가 없고, 유무가 아니면 그릇일 수가 없다. 이 유무란 무엇인가.

유무는 존재자의 있고 없음을 말하는 것이 아니다. 존재자를 설명(이해)하고자 하는 데서 문제가 되는 개념일 뿐이다. 존재자는 형상으로 설명하면 '유(有)'요, 쓰임으로 설명하면 '무(無)'이다. 그리하여 노자는 "유는 이(利)가 되고 무는 용(用)이 된다[有之以爲利 無之以爲用]"고 했던 것이다. '이'와 '용'은 존재개념이 아니요, 존재자를 설명하는 데서 나오는 개념이다. 이를 속성이라고 해도 좋을 것이다. 유무는 바로 그 속성과도 같은 것이다.

수레바퀴가 있고 그릇이 있고 방이 있다. 그 가운데 유무가 있으니, 유무는 물(物), 곧 존재자를 설명하는 데 있는 것이요, 존재자의 있고 없음에 있는 것이 아니다. 유무로서 설명되는 존재자를 '물상(物象)'이라고 한다. 수레바퀴가 그 물상이요, 그릇이 그 물상이다. 그러므로 수레바퀴에서 유무가 문제가 되는 것이요, 그릇에서 유무가 문제가 되는 것이다. 그것이 노자가 말하는 '이(利)'와 '용(用)'이다. 장자는 상(象)을 가지는 모든 존재자를 '물(物)' 또는 '물상(物象)'이라고 하였다. 그 상을 가지게 하는 것이 유무다. 그러나 있는 것은 물상으로서 있고 유무로서 있는 것이 아니니, 바퀴로 있고 그릇으로서 있는 것이요 유무로 있는 것이 아니다. 굴러가는 것은 수레바퀴요, 물건을 담는 것은 그릇이다. 있는 것은 오직 물상일 뿐이다. 이 물상을 설명하고자 하는 데서 끌고 들어오는 것이 유무의 개념이다. 유무만이 아니라 시간과 공간의 개념도 그렇다. 물상이 무엇인지를 알면, 유무도 시공간도 무엇인지를 알 수 있으리라.

수레바퀴는 바퀴통이 비어 있어 바퀴 구실을 하고,
그릇은 속이 비어 있어 그릇일 수가 있다.
비어 있음을 무라 하니 유무의 쓰임이 이와 같다.

【제12장】

저것을 버리고 이것을 취하라

찬란한 색깔은 눈을 멀게 하고, 아름다운 소리는 귀를 멀게 하고, 맛있는 음식은 입맛을 잃게 한다. 사냥에 빠지면 마음이 미치게 되고, 재물에 마음을 두면 삶을 그르친다. 그러므로 성인은 마음을 위할 뿐 몸을 위하지 않으니 이를 거피취차(去彼取此)라 한다.

五色令人目盲 五音令人耳聾 五味令人口爽 馳騁畋獵 令人心發狂 難得之貨 令人行妨 是以聖人爲腹 不爲目 故去彼取此.

저것[彼]을 버리고 이것[此]을 취하라. 이것은 나와 함께 있는 것을 말함이요, 저것은 나와는 떨어져 함께 있지 않은 것을 말함이다. 나와 함께 있는지라 취할 것도 없고, 나와 멀리 떨어져 있는지라 버릴 것도 없는 것이건만, 노자는 이것을 취하고 저것을 버리라고 한다. '거피취차(去彼取此)'라는 것이 그것이다.

  노자에게 있어 '저것[彼]'은 오색(五色)·오음(五音)·오미(五味)를 말하고 마음을 들뜨게 하고 미치게 하는 사냥과 금은보화를 말하지마는, 그것은 모두 외물(外物)로 나와 함께 있지 않은 것을 이름이다. 그리고 '이것[此]'은 우리 생활 속에 늘 나와 함께 있는 마음의 영혼을 말함이다. 노자는 전자를 '위목(爲目)'이라 하고, 후자를 '위복(爲腹)'이라 했다. 위목은 외물(바깥세상)로 치닫는 마음이요, 위복은 외물에 구애받지 않는 마음이다. 이 위목이 '피(彼)'요, 위복이 '차(此)'다. 그러므로 저것을 버리고 이것을 취한다는 '거피취차'는 마음을 바깥세상에 빼앗기지 말고 고이 간직하라는 말이다.

  그러나 저것과 이것은 그런 의미만을 가지는 것이 아니다. 늘 나와 함께 있는 것을 '차'라 하고 나와는 떨어져 있는 것을 '피'라고 할 때, 거피취차는 '지족지지(知足知止)'와도 같은 의미를 가진다고 할 수 있다. 필요한 것은 늘 나와 함께 있는 것이니 그것을 살펴 알라는 것이 '지족'이요, 필요하지 않은 것은 멀리 떨어져 있고 쉽게 얻어지는 것이 아니니 그것을 알아 좇지 말라는 것이 '지지'다. 지지(知止)는 거피(去彼)요, 지족(知足)은 취차(取此)라 해도 좋을 것이다. 오색·오음은 찬란하나 눈과 귀를 멀게 하고, 금은보화는 귀한 것이나 몸을 망치게 한다. 그러한 것은 구하기 힘든 것이요 멀리 있는 것이다. 그것은 또한 필요한 것이 아니다. 없어도 살 수 있는 것들이다. 구하지 않아도 된다. 그러나 없어서는 살 수 없는 것, 정말 필요한 것은 늘 나와 함께 있다. 공기나 물 같은 것이 그것이다. 그리고 그것은 값이 없다. 그러므로 누구나 가질 수 있다. 구하지 않아도 된다.

공기나 물은 값이 없으나 없어서는 살 수 없는 것이니 필요한 것이요, 금은보화는 값진 것이나 없어도 살 수 있는 것이니 필요한 것이 아니다. 필요한 것이 값지고 구하기 힘든 것이라고 해 보라. 이 세상에 몇 사람이나 그것을 구해 살아갈 수 있으랴. 필요한 것은 값이 없고, 값이 있는 것은 필요한 것이 아니다. 필요한 것은 언제나 나와 함께 바로 여기에 있고 필요하지 않은 것은 멀리 떨어져 구하기 힘든 자리 저기에 있다. 바로 여기에 있는 것이 차요, 멀리 저기에 있는 것이 피다. 필요한 것이 차요 필요하지 않은 것이 피다. 없어서는 안 될 것이 차요, 없어도 될 것이 피다. 이것과 저것, 저것을 버리고 이것을 취하라는 것이 '거피취차'다.

필요한 것은 늘 나와 함께 있다. 지금 바로 여기에 있다. 그것이 '차(此)'다. 필요하지 않은 것은 저만큼 떨어져 있다. 구하지 않아도 될 자리에 있다. 그것이 '피(彼)'다. 피를 버리고 차를 취하라는 말은, 필요하지 않은 것에 매달리지 말고 없어서는 안 될 정말 필요한 것이 무엇인가를 알고 살아가라는 말이다. 찬란한 색깔[五色]은 필요 없는지라 구하면 오히려 눈을 멀게 하고, 요란한 음악[五音]은 필요 없는지라 구하면 귀를 멀게 한다. 금은보화는 구하기 힘들거니와 필요 없는지라 구하면 몸을 망치고 삶의 길을 방해한다. 그런데도 사람들은 그 필요하지 않은 것들에 매달려 살아간다. 힘들게 살아간다.

차는 나와 함께하고 있는 자리, 지금 바로 여기라는 말이기도 하다. 내가 서 있는 자리가 지금 바로 여기요, 그것은 다름 아닌 현실이요 오늘이다. 나는 오늘을 살아간다. 날마다 오늘을 살아간다. 오늘을 살면서 마음이 어제로 가 있으면 그것은 오늘을 사는 것이 아니요, 몸은 오늘에 있으면서 생각이 내일에 가 있으면 그것 또한 오늘을 사는 것이 아니다. 지금 바로 여기 나와 함께 있는 것은 오늘이요, 어제와 내일이 아니다. 그 오늘이 '차'요, 오늘이 아닌 어제와 내일이 '피'이기도 하다. 그러므로 '거피취차'는 어제나 내일에 살지 말고 오늘을 살라는 말이기도 하다. 모든 것은 오늘에 있다. 어제는 지나가 없고 내일은 오지 않아 없으니 있는 것은 오직 오늘만이 있다. 그 오늘을 버리고 어디 가 무엇을 찾는다는 말인가. 오늘은 지금 바로 여기 내가 서 있는 자리요 현실이요 삶의 현장이다. 그것이 '차(이 세상)'이다. 이 차를 버리고 '피(딴 세상)'에 매달리는 것이 어찌 허망한 것이 아니랴.

> 오관을 자극하고 마음을 혼란케 하는 것을 멀리 하라.
> 그런 것들은 마음을 위하는 것이 아니다.

【제13장】

주려고도 받으려고도 하지 말라

사랑[寵]과 미움[辱]을 조심하라. 그것은 큰 우환 덩어리가 내 몸에 달라붙은 것과 같다. 왜 사랑과 미움을 조심하라 하는가. 사랑을 얻어도 걱정이요 미움을 얻어도 걱정을 하게 되나니, 사랑을 얻으면 잃을까봐 걱정하고 사랑을 잃으면 얻으려고 전전긍긍한다. 그래서 사랑과 미움을 조심하라 한다. 왜 큰 우환 덩어리가 내 몸에 붙은 것과 같다고 하는가. 우환이 내 몸 안에 있다고 생각하기 때문이니 내 몸 안에 없는 것이라면 무슨 근심 걱정이 있겠는가. 그러므로 천하를 내 몸처럼 여길 수 있으면 천하를 맡길 수 있을 것이요, 천하를 내 몸처럼 생각할 수 있으면 천하를 맡을 수 있을 것이다.

寵辱若驚 貴大患若身 何謂寵辱若驚 寵爲下 得之若驚 失之若驚 是謂寵辱若驚 何謂貴大患若身 吾所以有大患者 爲吾有身 及吾無身 吾有何患 故貴以身爲天下 若可寄天下 愛以身爲天下 若可託天下.

사랑은 좋은 것이다. 누구를 사랑한다는 것도 좋은 것이요, 사랑을 받는다는 것도 좋은 것이다. 사랑을 주고받는 것보다 더 아름답고 기쁘고 울렁거리는 일이 또 있을 것인가. 그러나 사랑은 슬프고 가슴을 도려내는 아픔이기도 하다. 주려고 해도 주지 못하고 받으려 해도 받지 못하면 세상은 미움으로 변하고 인생은 한(恨)으로 남는다. 이 또한 아름답다면 아름다운 것이리라.

사랑은 내가 하되 받거나 받지 않는 것은 저 사람이 하는 것이요, 그러므로 받지 않으려는 것을 주려고 하지 말라. 사랑은 내가 받되 주거나 주지 않는 것은 저 사람이 하는 것이요, 그러므로 주지도 않는 것을 받으려 하지 말라. 주지도 않는 사랑을 받으려 하는 것도 안타까운 일이요, 받지도 않는 사랑을 주려고 하는 일도 안타까운 일이다. 남이 하는 일을 내가 하는 일로 바꾸고 내가 하는 일을 남이 하는 일로 바꾸면 영욕(榮辱)이 생긴다. 이 안타까운 일을 하지 않는다면 대환(大患)이 없을 것이다.

사랑을 받는 것을 '총(寵)'이라 하고, 버림을 당하는 것을 '욕(辱)'이라 한다. 그러나 총욕이 아름다운 것일지는 모르나 근심거리임에는 틀림이 없다. 그러므로 사랑을 받는다고 좋아할 것도 없고 버림을 당한다고 슬퍼할 것도 없다. 이것이 '총욕약경(寵辱若驚)'이다. 사랑을 받으면 왜 근심거리인가. 사랑이 떠날까봐 불안하니 걱정이요, 버림을 당하면 왜 근심거리인가. 사랑을 얻으려고 밤잠을 설치게 되니 근심, 걱정이다. 얻으면 잃을까봐 걱정이요, 잃으면 다시 얻으려고 걱정을 한다. 사랑을 우환거리라 함은 이 때문이다. 사랑을 하지 말라. 사랑을 받으려고도 하지 말라. 이것이 '총욕약경'이다.

바깥세상, 외물(外物)에 흔들리지 않을 자신이 있는가. 사랑에 울고 웃는 것은 그것이 외물이기 때문이다. 사랑은 외물이다. 나 아닌 나 밖의 것에 관심을 가지는 데서 생기는 일이다. 그리고 내가 흔들린다. 내가 없다면 관심을 가질 것도 없고 관심이 없다면 흔들릴 것도 없다. 나를 없이 해라. 그러면 사랑을 얻어도 아름다울 것이요, 사랑을 잃어도 아름다울 것이다. 내가 없는데 외물이 무슨 우환거리가 되겠는가. 송영자(宋榮子)는 외물에 흔들리지 않는 사람이었다. 누가 칭찬을 해도 우쭐하는 일이 없고 비난을 해도 마음 한구석 서운해하는 일이 없었다. 열자(列子)는 바람을 타고 다니면서 유유자적했고, 막고야산(藐姑射山)의 신선은 바람마저 의식하지를 않았다. 맹수가 와도 그를 해치지 못했고 벌레가 물어도 독이 들어가지를 않았다.

외물에 마음을 빼앗기지 말라. 밖의 세상에 관심을 가지지 말라. 명예도 헛된 것이요 부귀도 헛된 것이어늘, 총애와 굴욕이 무슨 실체가 있어 회한과 눈물을 흘리겠는가. 그 모든 것은 밖에 있는 것이요, 그 밖에 있는 것에 관심을 가지는 데서 생기는 일이다.

나는 나로서 있는 것이다. 남 때문에 있는 것이 아니요, 남을 위해 있는 것도 아니다. '총욕약경'은 바로, '나는 나로서 서 있으라'는 말이다. 그러면 나라를 맡을 수 있고 천하도 맡을 수 있는 것이다.

총애와 굴욕은 큰 우환이 내 몸에 달라붙은 것과 같다.

【제14장】
난(蘭)의 향기를 귀로 맡아 보라

눈으로 볼 수 없는 색깔을 이(夷)라 하고, 귀로 들을 수 없는 소리를 희(希)라 하고, 손으로 만질 수 없는 물건을 미(微)라 한다. 이 세 가지는 알 수가 없다. 그러므로 분별없는 상태의 존재 하나로만 있을 뿐이다. 하늘도 그것을 드러내지 못하고 어둠도 그것을 숨길 수 없는 것으로 늘 있는 것이지만 무어라 부를 수도 없는 것이다. 존재자라 할 수 없는 자리[無物]에 가 머물러 있다. 이렇게 있는 것을 모양 없는 모양으로 있다 하고 존재자 아닌 존재로 있다고 하는 것이다. 그래서 황홀하다고도 이르니 그 처음을 알 수 없고 그 끝도 알 수가 없다. 이러한 존재의 실상을 알아 눈앞의 존재현상을 이끌어 나간다면 모든 것은 그 근원에서 처리할 수 있게 된다. 이렇게 하는 것을 도의 벼리[紀]를 잡는 것이라 한다.

視之不見 名曰夷 聽之不聞 名曰希 搏之不得 名曰微 此三者 不可致詰 故混而爲一 其上不皦 其下不昧 繩繩不可名 復歸於無物 是謂無狀之狀 無物之象 是謂恍惚 迎之不見其首 隨之不見其後 執古之道 以御今之有 能之古始 是謂道紀.

눈으로는 색깔과 모양을 볼 수 있으나 소리를 볼 수는 없다. 귀로는 새소리나 바람소리를 들을 수 있으나 모양과 빛깔을 들을 수는 없다. 장님에게 꽃 한 다발을 안겨 주고 색깔을 말하라고 해 보라. 귀머거리에게 개 짖는 소리와 닭 울음소리를 말하라고 해 보라. 장님은 꽃은 있으나 색깔은 없다고 할 것이요, 귀머거리는 바람은 있으나 소리는 없다고 할 것이다. 그러나 장님에게 진정 빨강·노랑·하양·까망이 없는 것일까. 귀머거리에게는 바람소리, 개 짖는 소리가 없는 것일까. 소리는 귀에 있는 것인가 바람에 있는 것인가. 색깔은 눈에 있는 것인가 꽃에 있는 것인가.

 소리가 귀에 있지 않고 바람에 있다면 귀에 들리지 않아도 소리는 있을 것이요, 빨강·노랑이 눈에 있지 않고 꽃에 있다면 색(色)은 눈에 보이지 않아도 있을 것이다. 그리고 소리는 귀를 위해 있는 것이 아니요, 색은 눈을 위해 있는 것이 아니라면 눈으로 보는 소리도 있을 것이요, 귀로 듣는 색깔도 있을 것이다. 보는 소리와 듣는 소리, 듣는 색깔과 보는 색깔이 다를 뿐, 없다고 단정하기에는 귀와 눈은 그렇게 절대적인 것은 아니다. 귀는 귀만큼의 소리를 듣는 것일 뿐, 소리가 귀 속에만 있고 색이 눈 속에만 있는 것은 아니다. 가령 눈으로 보는 네모난 사각 상자의 모양과 장님이 더듬어 알게 되는 사각 상자의 모양을 생각해 보라. 그 사각의 모양은 다를 것이다. 색깔의 내용도 소리의 내용도 마찬가지일 것이다. 어떻게 장님에게는 색깔이 없으며 귀머거리에게는 소리가 없다고 할 것이랴! 오히려 장님에게는 사물의 수만큼이나 많은 생명의 소리가 있을 것이다. 그 색깔과 소리는 귀와 눈으로 알아 존재하는 소리나 색깔의 존재와는 다를 것이다. 이러한 존재의 색깔을 노자는 '이(夷)'라 했고, 소리를 '희(希)'라 했고, 모양을 '미(微)'라고 했다. '이'는 장님이 보는 색깔이요, '희'는 귀머거리가 듣는 소리요, '미'는 귀먹고 눈먼 사람들에게서 만들어지는 모양이라 해도 좋을 것이다.

난(蘭)의 향기를 코로 맡지 말고 귀로 맡아보라. 한 잎 떨어지는 낙엽소리를 귀로 듣지 말고 눈으로 들어 보라. 가을 단풍을 눈으로 보지 말고 귀로 들어라. 봄날 새싹을 적시며 말없이 내리는 세우(細雨) 소리를 어떻게 귀로 들을 수 있으랴! 눈으로 듣고 몸으로 듣고 마음으로 듣는다. 귀로 듣고 눈으로 듣는 소리의 차이를 아는가, 눈으로 보고 귀로 보는 모양의 차이를 아는가.

노자는 말하고 있다. 눈으로 보지 못하는 색깔이 있고, 귀로 듣지 못하는 소리가 있다. 그리고 눈으로도 귀로도 몸으로도 느끼지 못하는 존재자의 세계가 있다고 말하고 있다. 그것을 '무상지상(無狀之狀)' 또는 '무물지상(無物之象)'이라고 했다. '무상지상'은 오관(五官)에 의하지 않고도 만들어지는 모양의 세계가 있다는 것이요, '무물지상'은 물(物)이 가지지 못하는 형상을 가지고 존재하는 존재자의 세계가 있다는 것이다. 이러한 존재자의 세계가 무한으로 있다는 것이 '혼이위일(混而爲一)'이다. 앎의 세계에서는 티끌[芒芥] 하나도 무량세계(無量世界)로 있다는 말이기도 하다. 이 무량세계에서 실오라기를 뽑아내듯 색을 뽑아내고 소리를 뽑아내고 모양을 뽑아내어 만물, 곧 존재자를 있게 하는 것을 '도기(道紀)'라 한다.

볼 수 없는 것을 이(夷)라 하고 들을 수 없는 것을 희(希)라 하고
만질 수 없는 것을 미(微)라 한다.

【제15장】
겨울 냇물을 건너 보았는가

옛날의 훌륭한 선비는 그 인품이 드러나지 않는지라 그 깊이를 알 수 없다. 알 수는 없으나 그것을 억지로 이야기해 본다면 조심스러운 행동은 겨울 냇물 건너는 듯하고, 마음가짐은 어려운 이웃 대하는 것 같고, 근엄하기는 손님으로 와 앉은 것 같고, 온화함은 얼음 풀리는 것 같고, 돈독함은 깎지 않은 나무토막 같고, 넓은 마음은 빈 골짜기 같고, 어리숙함은 흙탕물에 담고 있는 것 같다. 흙탕물은 서서히 가라앉혀야 맑아진다. 도를 간직한 사람은 마음에 아무것도 채우지 않는다. 채우지 않고 비워 두는지라 새로운 것을 이룰 수 있다.

古之善爲士者 微妙玄通 深不可識 夫唯不可識 故强爲之容 豫焉若冬涉川 猶兮若畏四隣 儼兮其若客 渙兮若冰之將釋 敦兮其若樸 曠兮其若谷 混兮其若濁 孰能濁以靜之徐淸 孰能安以久動之徐生 保此道者不欲盈 夫唯不盈 故能蔽不(而)新成.

바가지는 비어 있어야 물을 담을 수가 있고, 수레는 빈 수레라야 짐을 실을 수 있다. 가득 채워진 바가지는 쓸모가 없고, 짐을 내리지 않은 수레는 그 기능을 잃는다. 이것이 '불영(不盈)'이다.

해는 져야 다시 떠오르고 보름달은 이지러져야 다시 떠오른다. 오늘이 가야 내일이 다시 오늘이 되고, 겨울이 가야 봄이 오고 여름이 온다. 물러나는 것, 이것이 '불영'이다.

'불영'은 채우지 말라는 것이 아니요, 비우라는 말이다. 채우지 않는다면 비울 것도 없다. 비우는 것은 채운 것을 비우는 것이요, 또다시 채우기 위해서 비우는 것이다. 물을 담지 않는다면 바가지가 무슨 필요가 있으며, 담은 물을 비우지 않는다면 어떻게 다시 물은 풀 수가 있으랴! 수레에서 짐을 내리는 것은 다시 짐을 싣기 위함이요, 배에서 사람이 내리는 것은 다시 사람을 태우기 위해서다. '불영'은 채우지 말라는 말이 아니라 비우라는 말이다. 바가지에 물을 채우지 않으면 무슨 소용이 있으며, 수레에 짐을 싣지 않으면 무슨 쓸모가 있으며, 배에 사람을 태우지 않으려면 무엇하러 물에 띄우겠는가. 비우라, 그래야 채울 수 있으리라. 이것이 노자가 말하는 '불영'이다.

마음을 비우라고 늘 말한다. 불교에서의 '무념(無念)'도 그러한 것이요, 노자의 '허기심(虛其心)'도 그러한 말이다. '불영'이 또한 바로 그 허심이요, 무념이요, 무심이다. 마음을 비우라는 '허심'은 마음이 무엇인지 마음의 기능이 어떠한지를 알라는 말이기도 하다. 바가지가 왜 바가지인지, 수레가 왜 수레인지, 배가 왜 물 위에 떠 있는지를 알라는 말이다. 바가지는 물을 푸기 위해서요, 수레는 짐을 싣기 위해서요, 배는 사람을 태우기 위해서다. 바가지를 비워야 함이 그 때문이요, 수레에서 짐을 내려야 함이 그 때문이요, 배에서 사람이 내려야 함이 그 때문이다.

마음을 비워야 함이 무엇 때문인가, 새로운 마음을 먹기 위해서다. 새로운 마음이란 무엇인가. 문제 해결의 실마리를 찾는 마음이 그것이다. 버려야 할 마음은 무엇인가. 문제 해결은커녕 더더욱 문제를 일으키는 곳에 머물러 있는 마음을 말한다. 불교에서 말하는 번뇌를 일으키는 '착심(着心)'이 그것이요, 지이영지(持而盈之)하려는 노자의 '상심(常心)'이 그것이다. 그것을 버리고 새 마음으로 바꾸면 거기서 문제 해결의 실마리가 잡힌다. 더러운 물을 버려야 새 물을 담을 수 있는 것과 같다. 이것이 노자가 말하는 '능폐이신성(能蔽而新成)'이다. '능폐'는 버린다는 말이요, '신성'은 새로운 것을 담는다는 말이다. 헌 마음, 낡은 마음을 버리고 새로운 마음을 먹는다는 말이기도 하다. 탕(湯)임금의 세숫대야에 새겨져 있었다는 '일일신(日日新)'도 그러한 말이다. 날로 새로운 마음을 먹으라는 말이다.

마음을 비우라 그러면 번뇌는 서서히 사라질 것이요, 새로운 마음을 먹으라 그러면 그것에서 문제 해결의 실마리가 서서히 찾아질 것이다. 이것이 '서청(徐淸)'이요, '서생(徐生)'이다. 서서히 맑아지고 서서히 찾아진다. 흙탕물은 서서히 가라앉혀야 맑아지고, 세상 인심은 오래 남모르게 하는 데서 서서히 생겨나는 것이다.

옛날의 선비가 그러했던 것이다. 서서히 맑아지게 하고 서서히 이루어 갔던 것이다. 몸가짐도 그러하고 마음가짐도 그러했던 것이다. 그리하여 세상은 그가 하는 일을 알지 못하고 어떤 사람인지도 알지 못했다.

겨울 냇물을 맨발로 건너가 본 일이 있는가. 조심 또 조심해서 물에 들어서지 않으면 안 된다. 우수(雨水)를 맞아 얼어붙은 강물이 풀리는 광경을 본 일이 있는가. 얼음은 소리 없이 녹아내린다. 이것이 선비의 몸가짐이요, 마음가짐인 것이다.

인품이 뛰어난 사람은 그 마음과 행동에 있어 그 깊이를 알 수 없다.

【제16장】

허정(虛靜)의 자리가 복(復)이다

지극히 허(虛)하고 정(靜)한 자리에 있게 하라. 만물이 일어남이 그 자리 복(復)에 있음을 볼 수 있다. 존재자들이 무수하나 모두 각각 그 자리에 뿌리를 두고 있다. 그 뿌리 두고 있음을 정(靜)이라 하니, 이를 복에 따른다 하여 복명(復命)이라 한다. 복명을 상(常)이라고도 하니 상을 알면 지혜로울 수 있으나, 상을 알지 못하면 망녕되이 잘못을 저지른다. 상을 알면 두루 안을 수 있고, 두루 안을 수 있는 것은 공평함이니, 공평함이 왕이요, 왕은 곧 하늘이요, 하늘은 곧 도요, 도는 무궁함이라 다할 날이 없는 것이다.

致虛極 守靜篤 萬物竝作 吾以觀復 夫物芸芸 各復歸其根 歸根曰靜 是謂復命 復命曰常 知常曰明 不知常 妄作凶 知常容 容乃公 公乃王 王乃天 天乃道 道乃久 沒身不殆.

지극히 허(虛)하고 정(靜)한 자리가 있다. 존재자의 세계에서는 무상(無象)이 그 자리요, 마음의 자리에서는 무심(無心)이 그 자리다. 그 자리가 '복(復)'이다.

복은 『주역』에서는 동지괘이다. 동짓날은 무슨 날인가. 새해에 속하는 날인가 지난해에 속하는 날인가, 작년인가 금년인가. 자정(子正)은 무슨 시간인가. 어제에 속하는 시간인가 오늘에 속하는 시간인가. 섭씨 0도는 빙점인가 융점인가. 충기(沖氣)는 음기인가 양기인가.

하늘을 향해 돌 하나를 던져 보라. 포물선을 그리고 떨어진다. 그 포물선의 꼭짓점은 올라가는 점인가 내려가는 점인가. 연필로 동그라미 원 하나를 그려놓고 그 선분 위에 점 하나를 찍어 보라. 그 점은 원의 시작인가 끝인가. 그 동그라미 원이 시간을 그린 것이라고 하자. 어디가 시(始)이고 종(終)인가. 무량한 우주공간을 지구의처럼 구면(球面)으로 생각해 보라. 그 구면의 중심은 어디에 있는가, 있는 것인가 없는 것인가. 동지, 자정, 섭씨 0도 그리고 포물선의 꼭짓점은 모두 갈라지기 전의 자리요, 분별에 들어서기 전의 자리다. 이 자리가 허정이요, 복이다. 동지는 작년도 금년도 아니요, 자정은 어제도 오늘도 아니요, 섭씨 0도는 빙점도 융점도 아니다. 그러나 해[歲]는 동지에서 갈라지고 시간은 자정에서 갈라지고 온도는 섭씨 0도에서 갈라지고 상하 동정(動靜)은 포물선의 꼭짓점에서 갈라진다. 갈라지기 전에는 해도 없고 시간도 없고 온도도 없고 상하 동정도 없다. 분별이 있기 전에는 아무것도 없다. 이 아무것도 없는 자리가 허정의 자리이다. 이 허정의 자리가 '복'이다.

『주역』에서는 "이 복에서 하늘과 땅의 마음을 본다[復其見天地之心]"고 했고, 노자는 이 장(章)에서 "만물이 생겨남을 이 복에서 본다"고 했다. 복은 허정의 자리인지라 아무것도 없는 자리이다. 아무것도 없는 자리에서 어떻게 존재자의 마음[天地之心]을 본다는 것이며, 어떻게 만물이 생겨남[萬物竝作]을 본다는 것인가. 복은 아무것도 없는 자리이기는 하나, 아무것도 존재하지 않는 무의 자리는 아니다. 분별되기 전, 갈라지기 전의 존재자의 자리이므로 무어라고 할 수 없을 뿐이다. 이 갈라지기 전의 자리가 복이다. 복의 자리에서는 시간도 공간도 없다. 시간도 공간도 없는 자리인지라 분별되는 아무것도 없다. 그러나 그 자리에서 시간도 생겨나고 공간도 생겨난다. 그리고 만물이 병작(竝作)한다. 그 자리에 있는 것이 도(道)로, 나 또한 그 자리에서 있어야 한다는 것이 '오이관복(吾以觀復)'이다. 마음의 자리에서 보면 허정이 복의 자리요, 앎의 자리에서 보면 명(明)이 복의 자리이다. 『주역』에서 천지의 마음을 본다 함이 또한 그러한 마음자리[復]에서 앎의 세계를 열어 간다는 말이다. 허(虛)하라, 정(靜)하라, 그것이 마음자리[復]에 돌아가는 것이니, 그러하면 무엇 하나 싸안아 용납하지 않을 것이 없을 것이요, 무엇 하나 그르칠 것이 없으리라. 이것이 노자가 말하는 '몰신불태(沒身不殆)'다.

모든 분별세계를 그르치지 않게 하려는 지혜[明]가 복에 있음을 말함이라 하겠다.

마음을 끝 간 데 없이 비우고 고요함에 들게 하라.
그리하면 두루 지혜로울 수 있고 두루 포용할 수 있으리라.

【제17장】

백성은 임금이 있는 줄도 모른다

가장 잘 다스려지는 정치는 백성들이 나라에 그 임금이 있는 줄도 알지 못하고, 그 다음가는 정치는 백성들이 그 임금을 떠받들고 칭찬하고, 그 다음은 백성들이 임금을 두려워하고, 그 다음은 백성들이 그 임금을 모멸하고 업신여긴다. 나라에 믿음이 없으면 백성들은 아무것도 믿지 않게 되나니, 임금은 말 한마디라도 소중하게 여겨야 한다. 그리하면 백성들은 세상 모든 일들이 절로 이루어지는 것이라고 생각한다.

太上下(不)知有之 其次親而譽之 其次畏之 其次侮之 信不足焉 有不信焉 悠兮其貴言 功成事遂 百姓皆謂我自然.

봄이 되어 꽃이 피고 여름이 되어 열매를 맺는다. 그리고 가을이 되어 영글어 간다. 나무 스스로가 그리하는 것이요, 누가 시켜서 누구를 위해 그리하는 것이 아니다. 매화 한 가지가 누가 피라고 해서 화사하게 꽃을 피우는 것이 아니요, 사과 한 알이 사람을 위해서 열리는 것이 아니다. 물어보라! 너는 왜 무명초로 태어나 아무런 주목도 받지 못하고 길섶에 홀로 서 있느냐고. 물어보라! 새는 왜 하늘을 날고 고기는 왜 물을 거슬러 오르느냐고.

　봄은 꽃을 위해 오는 것도 아니요, 꽃은 벌·나비를 위해 피는 것이 아니다. 스스로 오고 스스로 피고 스스로 난다. 누가 시켜서도 아니요, 누구를 위해서도 아니다. 봄이 아니면 꽃을 피울 수가 없지만 봄의 은덕이라고 생각하지 아니하고, 꽃이 없으면 벌·나비가 살아갈 수 없지만 꽃의 은덕이라고 생각하지 않는다. 누가 베풀고 베풂을 받는 것이 아니기 때문이다. 모두 스스로 그리하는 것일 뿐, 부리고 부림받는 일이 아니기 때문이다. 모든 것이 그 스스로 그리하는 것일 뿐이다. 이것이 '아자연(我自然)'이다. 모든 존재자가 나 스스로 있고 나 스스로 존재하고 나 스스로 살아간다. 내가 왜 존재하고 누구를 위해 존재한다고 하지 말라. 베푼다고도 베풂을 받는다고도 하지 말라.

요(堯)임금은 덕이 허유(許由)나 소부(巢父)를 따라가지 못한 사람이었으나, 그가 정치를 하자 백성들은 임금이 있는 줄만 알고 그 은덕으로 살아가는 것이라고는 생각하지 않았다. 그저 백성들은 자기 스스로 그리 사는 것이라고 생각했다. 그것은 요임금이 베푼다는 생각으로 정치를 하지 않았기 때문이다. 허유가 임금이 됐더라면 아마 임금이 있는 줄도 몰랐을 것이다. 누구 때문에 누구 덕으로 사는 것이 아니다. 나 스스로 사는 것이다. 이것이 '아자연'이다.

덕이 모자라는 사람은 은덕을 베푼다고 내세워 사람들이 그것을 칭송하나 덕이 없는 사람은 무시하거나 아예 모멸을 한다. 걸(桀)·주(紂)가 그러한 임금이었다.

나무가 스스로 꽃피고 자라듯이 사람도 스스로 살아가도록 하는 것이 나라의 정치다. 노자는 이것을 '무위지치(無爲之治)'라고 했다.

잘 다스려지는 나라에서는 백성들이 다스리는 사람이 있는 줄도 알지 못한다.
모든 것이 스스로 자기들이 살아가는 것이라고 생각한다.

【제18장】

이름을 얻으려 하지 말라

인과 의는 세상이 어지러운 데서 있게 되고, 큰 거짓은 지혜를 내세우는 데서 있게 된다. 효와 사랑[慈]은 가정이 화목하지 않는 데서 말하게 되고, 충신은 나라가 혼란한 데서 찾게 되는 것이다.

大道廢有仁義 慧智出有大僞 六親不和有孝慈 國家昏亂有忠臣.

인의(仁義)를 내세우고 지혜를 자랑하고 효자(孝慈)를 칭찬하고 충신을 떠받들지 말라. 그러한 것들은 이름을 남기는 데나 필요한 것이요, 세상을 어지럽게 하는 것일 뿐이다. 충신이 없으면 나라가 평안할 것이요, 인의를 말하지 않으면 세상은 경쟁하지 않고도 잘 살아갈 수 있을 것이다. 인의·지혜·효자·충신은 모두 이름을 얻으려는 데서 생겨나는 것들이요, 그러므로 칭송할 것이 못 된다. 이름을 얻으려고 하지 말라. 충신이 되려고 하지 말라. 인의를 내세워 성인이 되려고 하지 말라. 그것은 세상이 어지럽기를 바라는 것이요, 나라가 혼란하기를 바라는 것일 뿐이다.

　이름을 얻으려 하는 것은 사람만이 가지는 일이요, 그 밖의 모든 살아 있는 생명은 그런 일을 하지 않는다. 이름 따위는 관심이 없는 것이다. 아예 이름조차 없는 것이다. 나무 한 그루에 무슨 이름이 있던가, 풀·벌레·날파리에게 무슨 이름이 있던가. 소나무니 잣나무니 밤나무니 하는 것은 이름이 아니다. 진달래니 개나리니 동백이니 목련이니 하는 것도 이름이 아니다. 사람이 무슨 이름이던가? 남자니 여자니 어린애니 어른이니 하는 것은 이름이 아니다. 이름은 이름이되 사람들이 유명해지기를 바라는 그런 이름이 아니다. 그런 이름은 사람만이 가지고 있다. 공자니 석가니 예수니 그런 이름 말이다. 사람들은 그것을 고유명사라고 한다. 유일(唯一)명사라고 하는 것이 더 좋을지도 모른다. 이런 이름은 사람만이 가지고 있다. 물론 금강산이니 지리산이니 도봉산이니 불암산이니 하는 것도 그런 이름일지 모른다. 그러나 사람이 붙여 그리할 뿐이요, 스스로를 금강산이라고 생각하는 일도 없고 자기 이름이라고 내세우는 일도 없다. 스스로는 이름이 없다. 오직 사람만이 이름을 가지고 있고 그 이름으로 자기를 드러내려고 한다.

사람이 이름을 드러내 유명해지는 방법에 두 가지 길이 있다. 나쁜 일을 하며 살든가 좋은 일을 하며 살든가이다. 걸(桀)·주(紂)와 도척이 나쁜 일로 유명해진 사람이라면 공자나 석가·예수 같은 성인들은 좋은 일로 유명해진 사람이라고 할 수 있다. 그러나 도척은 얼마나 나쁜 일을 했으며 공자·예수는 얼마나 좋은 일을 했는가. 도대체가 좋고 나쁜 것을 가늠하는 잣대가 무엇인가. 같은 살인을 했으되 그가 필부(匹夫)라면 죄가 아니요 왕이라면 대죄를 짓는 것이라고 하는 사람이 있는가 하면, 바늘 하나를 훔친 사람은 끌려가 벌을 받고 나라를 도둑질한 사람은 칭송을 받으며 왕으로 떠받들어지는 경우를 들어 비난하는 사람도 있다. 이름을 얻은 것은 동일하되 도척은 비난을 받고 공자나 예수는 칭송을 받는 것은 어느 경우에 해당시켜야 하는 것인가. 도척은 어떤 잣대의 가늠에서 비난을 받고 공자·예수는 어떤 잣대의 가늠에서 칭송을 받는 것인가. 도척은 부잣집에만 들어갔다. 부잣집의 물건을 들어 다 가난한 집의 뜰에 옮겨 놓는 일을 했을 뿐이다. 그뿐이다. 성인(聖人)은 충효인의를 위해 살았다. 자기 스스로만 충효인의를 위해 살아간 것이 아니라, 다른 모든 사람에게까지 충효인의를 위해 살아가라고 강요했다. 그러나 그 충효인의 때문에 얼마나 많은 사람이 죽어가고 고통받고 아파하고 고달프게 살아가야 했던가. 성인은 인생을 살아가는 데 있어 짊어지지 않아도 될 무거운 짐을 하나 더 얹어주고 갔을 뿐이다. 도척은 당시 사람에게만 그것도 반쪽(부자)에게만 피해를 주었다 하겠으나, 성인이 주는 피해는 지금까지 그리고 앞으로도 한없이 계속될 것이다. 누가 더 나쁜 짓을 하고 간 사람이던가.

　장자는 말하고 있다. 성인은 이 세상에 해를 끼치는 일만 했을 뿐, 이로운 일을 한 것은 거의 없다고. 세상에 칭송받고 이름난 사람들은 모두 성인의 가르침을 훔쳐 나쁜 짓을 한 사람들이다. 전쟁처럼 인간에게 큰 피해를 주는 일은 없을 것이다. 전쟁보다 더 나쁜 일은 없다. 그러나 성인의 가르침을 내세워 일으키지 않은 전쟁이 있었던가. 정의를 위해 싸운다는 그 전쟁의 모든 명분이 다 성인의 말을 근거로 해 일어나는 것이다. 그러므로 성인은 그 명분 깃발만을 만들어 주고 갔을 뿐, 아무것도 한 일이 없는 사람이다. 그래서 이름을 남기게 된 것이다. 하다못해 한 아이가 학교에서 1등을 해 이름을 드러내더라도 남은 아이들의 가슴에 상처와 부러움을 주지 않고는 할 수가 없다. 하물며 만고에 이름을 드날린 사람에게서야 일러 무엇하랴.

　참다운 성인은 이름이 없다. 이름 없이 살아간 사람을 장자는 '산인(散人)'이라고 했다. 이름을 얻으려 하지 말라. 이름 없이 살아가라.

충효인의는 이름을 얻으려는 데 필요한 하나의 깃발일 뿐이다. 노자가 하고 싶은 말도 바로 이것이라고 할 수 있다.

국가가 혼란해지면 충신이 있게 되고,
사회가 혼란해지면 인의도덕과 지혜를 내세우게 된다.

【제19장】

네 본래의 모습으로 돌아가라

나서려는 마음을 끊고 지혜를 버리면 백성의 이로움은 백 배로 늘어날 것이요, 사랑하려는 마음을 끊고 옳음을 내세우지 않으면 백성은 가정마다 화목해질 것이요, 재주를 끊고 이익을 좇는 마음을 버리면 도둑이 없어질 것이다. 이 세 가지는 꾸미는 것일 뿐, 참 마음에는 어긋난 것들이다. 사람들로 하여금 본래의 마음으로 돌아가 소박하게 살아가게 하면 베풀려는 마음도 없어지고 가지려는 욕심도 없어질 것이다.

絶聖棄智 民利百倍 絶仁棄義 民復孝慈 絶巧棄利 盜賊無有 此三者 以爲文不足 故令有所屬 見素抱樸 少私寡欲.

인간의 죄는 지혜가 열림으로부터 시작했다. 지혜의 열매를 따먹지 않았다면 낙원의 동산에서 쫓겨나지 않았을 것이요, 회한과 슬픔과 고통 속에서 하나님의 손길을 간구하지 않아도 됐을 것이다. 신(神)의 분노는 무섭다. 간절한 간구 앞에서도 하나님은 손길을 다시 뻗는 일이 없다. 지혜의 눈으로부터는 신의 마음을 알 길이 없는 것이다.

　지혜를 버려라. 지혜로는 신에게로 다가가지 못한다. 가늠하고 판단하고 계교하고 꾸미는 것이 지혜다. 진여(眞如)는 그 지혜 속에 감추어지고 거짓만이 요란하다. "지혜의 문이 열리자 큰 거짓이 있게 됐다"고 노자는 말하고 있다. 거짓 그것이 인간이 가지는 죄다. 성(聖)·지(智)는 거짓이요, 인(仁)·의(義)도 거짓이요, 교리(巧利)는 도적이 가지는 욕심이다. 그중에 세상에 큰 피해를 주고 있는 것이 성인이요, 그 다음이 제왕이요, 그 다음이 도적이다. 그런데도 사람들은 도적을 나쁘다고 비난하고 성인을 칭찬하고 떠받든다. 비가 와서 옷이 젖는 줄은 알지 못하고 우산이 새어 젖는 줄만 알고 있기 때문이다.

　성인이 되려는 욕심을 끊어라 그러면 지혜가 필요 없는 줄을 알 것이요, 백성을 위한다는 마음을 끊어라 그러면 의롭다는 잣대를 버리게 될 것이요, 재주 부리는 마음을 끊어라 그러면 이(利)로 내닫는 욕심이 없어질 것이다. 거기서 가려졌던 진여가 드러날 것이요, 숨겨져 있던 법신(法身)이 나타날 것이다. 그것을 노자는 '견소포박(見素抱樸)'이라고 했다. '견소'는 다름 아닌 드러난 진여요, '포박'은 되찾아진 법신이다. 진여를 가리고 법신을 잃게 하는 것은 다름 아닌 지혜요, 욕심이다.

지혜의 열매를 따먹기 전으로 돌아가라. 소박한 네 본래의 모습으로 돌아가 너를 존재케 하라. 이것이 노자가 말하는 '견소포박'이요, '소시과욕(少施寡欲)'이다.

> 인의를 끊고 지혜를 버리고 자연으로 돌아가
> 소박하게 살아가는 것이 인간의 참된 삶이다.

【제20장】

배우지 말라

배우지 말라. 그러면 근심이 없을 것이다. 그렇고 그렇지 않음을 나누지 말라. 선과 악을 갈라놓지 말라. 사람이 두려워해야 할 것은 이런 것들이다.

사람들이 매달리는 허황됨이 한이 없구나. 모두들 희희낙락 즐거워하는데 나만 홀로 분별없는 아기처럼 갈 곳을 모르고 있는 것 같구나! 사람들은 모두 넉넉한데 나만 홀로 부족한 것 같고, 사람들은 모두 밝고 똑똑한데 나만 홀로 어둡고 어리석은 것 같구나! 그러나 내가 저들과 다른 점은 자연[食母]을 귀하게 여기고 있는 것이리라.

絶學無憂 唯之與阿 相去幾何 善之與惡 相去若何 人之所畏 不可不畏 荒兮 其未央哉 衆人熙熙 如享太牢 如春登臺 我獨泊兮 其未兆 如嬰兒之未孩 儽儽兮 若無所歸 衆人皆有餘 而我獨若遺 我愚人之心也 沌沌兮 俗人昭昭 我獨昏昏 俗人察察 我獨悶悶 澹兮其若海 飂兮若無止 衆人皆有以 而我獨頑似鄙 我獨異於人而貴食母.

배우지 말라. 배우면 아는 것이 있게 되고 알면 하는 일이 많아지고 번거롭고 힘들고 어려워진다. 앎은 억지를 만들어 낸다. 해야 할 일과 해서는 안 될 일을 만들어 매달리는 것이 억지요, 옳고 그름을 갈라놓고 매달리는 것이 억지요, 선과 악을 나누어 놓고 매달리는 것이 억지다. 삶은 고달프고 마음에는 근심이 생겨난다. 앎이 그렇게 하는 것이요, 앎이 만들어 내는 억지가 그렇게 하는 것이다. 그러나 옳고 그름이 얼마나 다른 것이요, 선과 악이 얼마나 차이가 있는 것인가. 갈라서기 전을 생각해 보라. 앎 이전을 생각해 보라. 있는 것은 그저 사실 하나[混一]만이 있을 뿐이요, 옳고 그름이 있는 것이 아니다. 그저 사실만이 있을 뿐이요, 선·악이 있는 것이 아니다. 옳다 그르다 좋다 나쁘다 하는 시비(是非)·선악(善惡)은 앎이 그렇게 갈라놓는 것일 뿐 사실은 그렇게 있는 것이 아니다.

 사실 위에서는 시(是)라 하여 비(非)와 다를 것이 없고 선(善)이라 하여 악(惡)과 다를 것이 없다. 그 다를 것이 없는 것을 같다, 다르다고 하는 것이 억지다. 있지도 않은 것을 있다고 하는 것이 억지다. 그 억지를 만들어 내는 것이 앎이다. 그 억지를 거짓이라고도 한다. 앎이 만들어 내는 것을 거짓이라 한다[知慧出有大僞]. 그리고 그 앎이 하는(만들어 가는) 일을 '유이(有以)'라고도 하고 '유이위(有以爲)' 또는 '유위(有

爲)'라고도 한다. 억지를 부린다는 말이다. 억지는 앎에서 생겨난다는 말이다. 그 억지를 사람이 만들어 간다 하여 '인위(人爲)'라고도 한다. 인위는 거짓[僞]이라는 말이기도 하고 억지라는 말이기도 하다.

    배우지 말라, 근심이 없을 것이다[絶學無憂]. 배우면 앎이 있게 되고 앎이 있으면 번거로워지고 근심이 생겨난다. 그런데도 사람들은 배우려 하고 알려고 한다. 거짓을 만들어 가고 있지도 않은 것을 있다고 억지를 부린다. 그 허황되고 황망함이 이를 데 없다. 그리고 그것이 좋은 줄 알고 매달린다. 그러나 시비·선악에 매달려 억지를 부리고 사는 일이 어찌 좋은 일이며 즐거운 일이겠는가. 인생은 고달파지고 근심만 쌓여 갈 뿐이다.

    나는 홀로 아무런 마음이 없다고 노자는 말하고 있다.

"배우려는 마음도 없고 알려는 마음도 없다. 그저 담담할 뿐이다. 분별하는 마음도 없고 하고자 하는 마음도 없다. 아직 눈도 뜨지 않은 갓 태어난 아기와 같다. 아기에게 무슨 분별이 있으며 무슨 생각이 있어 하고자 하는 마음이 있겠는가. 아기[嬰兒]와 같은지라 분별함이 없고 생각함도 없어 마음을 어느 한 곳에 가 머무르게 하는 일도 없다. 사람들은 모두 마음에 많은 것을 가지고 있는데 나만 홀로 버릴 것도 없는 빈 마음으로 모자란 듯 있으니 나는 실로 어리석은 사람의 마음[我愚人之心也]이로다. 세상 사람들은 모두 지혜의 밝음 속에 있는데 나만 홀로 어둠 속에 있고, 세상 사람들은 모두 똑똑한데 나만 홀로 바보처럼 어리석어 물 위에 떠서 일렁이는 빈 배와 같구나!

그러나 내가 다른 사람과 다른 것은 모두들 지혜를 가지고 배움과 앎을 내세워 억지[有以]로 살아가고 있는데, 나는 배움과 앎을 버리고 자연[食母]에 맡겨 무위(無爲)로 살아감이로다."

　배우지 말라. 배우면 아는 것이 있을 것이요, 앎이 있으면 살아가는 일은 더욱 힘들어질 것이다. 인간의 본래의 삶은 앎, 곧 지식에서 오는 것이 아님을 말함이라 하겠다.

배움을 끊고 분별을 버리고 아기처럼 소박한 마음으로 살아가면 근심이 없으련만,
사람들은 그것을 모르고 한없는 욕심의 수렁 속에 빠져들며 살아간다.

【제21장】

도의 얼굴은 모습이 없다

큰 덕은 모두 도를 따르고 있다. 도는 황홀하고 오묘하다. 그러나 그러한 가운데 실재하고 있다. 예부터 오늘까지 도를 떠나 존재하는 것은 없으니, 도는 만물을 다 머금고 있는 존재의 바탕이라고 하지 않을 수 없다. 그것을 어떻게 알 수 있는가. 만물 그 안에 도는 언제나 실재하는 것이기 때문이다.

孔德之容 惟道是從 道之爲物 惟恍惟惚 惚兮恍兮 其中有象 恍兮惚兮 其中有物 窈兮冥兮 其中有精 其精甚眞 其中有信 自古及今 其名不去 以閱衆甫 吾何以知衆甫之狀哉 以此.

도는 있는 것인가. 있다면 어떻게 있는 것인가. 아무것도 없는 빈 모습[孔德之容]으로 있다. 공(空)으로서 있고 무(無)로서 있다. 공으로서 있다는 것은 큰 것[孔]으로 전체로서 있다는 말이요, 무로서 있다는 것은 크고 작고 길고 짧음의 대소장단 그 어떠한 구별과 한정이 없는 것으로 있다는 말이다. 크고 전체로서 있다는 것은 사물로서 개체로서 있지 않다는 것이요, 구별과 한정이 없는 것으로 있다는 것 역시 사물로서 있는 것이 아니라는 말이다. 그러한 존재로 있는 것을 황홀(恍惚)하다고도 한다. '황홀'은 있기는 있으나 제 모습이 없다는 것이다. 모습 없는 존재라는 말이다. 알 수 없는 존재라는 말이다. 알 수는 없으나 있다는 것이 '황홀'이다. 또는 깊은 어둠 속에 있는 것이라 '요명(窈冥)'이라고도 한다.

   도는 그렇게 있는 것이다. 어둠 속에 있고 황홀 속에 있다. 요명으로서 있고 황홀로서 있다. 모습이 없는 것으로 있고 알 수 없는 것으로 있다는 말이다. 그렇게 있는 것이 도다. 그것이 빈 얼굴, 아무것도 없는 얼굴, 큰 얼굴이라는 '공덕지용(孔德之容)'이다. 얼굴[容]은 모습이라는 말이요, 빈 얼굴은 아무런 표정도 없는 모습이라는 것이니, 도의 모습이 그렇다는 것이다. 아무 표정(조짐)도 없는 도의 얼굴, 모습 없는 모습을 가지고 있는 것이 도라는 것이다. 그러나 아무 표정이 없는 얼굴이라 하여 얼굴이 없는 것이 아닌 것처럼 아무런 조짐도 모습도 없는 것이라 하여 모습이 없는 것은 아니다. 그렇게 있는 모습, 모습 없는 모습으로 있는 것이 도의 모습이다. 그러한 도의 모습을 우리가 마주 서는 사물의 모습과는 달리 큰 모습[大象]이라고 한다. 그러므로 빈 얼굴에 아무런 모습도 없다는 공덕지용을 '대상(大象)'이라 하기도 한다. 대상은 우리가 인식대상으로 마주 서는 그런 사물의 모습이 아니라는 말이다. 우리가 마주 서는 사물의 모습은 형(形)·모(貌)·성(聲)·색(色)으로 구획되고 한정·구별된 개체로서 마주 서는 모습이다. 그러나 큰 모습, 대상은 그런 모습이 아니다. 형도 모도 성도 색도 없어 아무런 구획도 한정도 구별로서의 개체적 모습도 없다. 사물의 모습이 아니다. 인식대상으로 마주 서는 모습이 아니다. 모습이 없다. 즉, 큰 모습은 모습이 없다[大象無形]. 모습 없는 그 큰 모습이 도다. 도는 모습이 없다. 모습이 없는지라 이름도 없다. 그래서 '무명(無名)'이라고도 한다.

    도는 모습이 없는 것으로서 있고 이름이 없는 것으로서 있고 알 수 없는 것으로서 있다. 그러나 없는 것이 아니라 있다. 관념으로 생각으로 있는 것이 아니라 실재하고 있다. 모습 없는 것으로 있으나 실재하고 있다는 것이 '기중유상(其中有象)'이요, 이름 없는 것으로 있으나 실재하고 있다는 것이 '기중유물(其中有物)'이요, 알 수 없는 것으로 있으나 실재하고 있다는 것이 '기중유정(其中有精)'이다. 여기서 상(象), 물(物), 정(精)은 모두 실재하는 존재라는 말이다. 실재하는 존재가 어둠[窈冥] 속에 있고 황홀 속에 있다. 그러한 실재하는 존재를

'도'라고 하는 것이다. 도는 어둠 속에 있고 황홀 속에 있다. 어둠 속에 있는지라 모습이 없고 황홀 속에 있는지라 알 수가 없다. 그러나 도는 모든 모습을 머금고 있고 모든 존재자, 곧 만물을 머금고 있다.

캄캄한 밤 어둠 속에서는 아무것도 보이지 않는다. 보이지 않는지라 아무것도 없다. 형상도 모양도 크고 작음의 구별도 없고 나무와 풀, 온갖 사물의 이름도 소멸해 버리고 없다. 아무것도 알 수 있는 것이 없다. 있는 것은 오직 어둠 하나만이 있을 뿐이다. 그러나 그 어둠 속에 모든 있는 것을 머금고 있으니 풀잎 하나의 형상도 그 어둠 속에 있고 나무의 크고 작음도 꽃 한 송이의 색깔도 그 어둠 속에 있다. 온갖 모양의 형체와 개체, 개체의 구분과 한정·구획·경계가 그 어둠 속에 있다. 온갖 사물이, 만물이 그 어둠 속에 있다. 그렇게 있는 것을 '중보(衆甫)'라 하는 것이다. 그것은 모든 존재하는 것을 다 머금고 하나로 있다. '요명(窈冥)'이라는 어둠이 그러한 중보다. 중보의 '중(衆)'은 모든 존재자, 곧 만물이라는 것이요, '보(甫)'는 머금고 있다는 것으로 만물의 어미[萬物之母]라고 할 때의 어미[母] 또는 모든 존재자의 바탕[天地之始]이라고 할 때의 바탕[始]과 같은 것으로 처음 또는 바탕이라는 것을 말하고 있는 것이다.

그러므로 중보는 모든 존재자의 처음, 만물의 바탕 또는 시작이라는 '만물지모(萬物之母)'와 '천지지시(天地之始)'의 의미를 가지고 있다. 요명으로 어둠 속에 있는 도가 그렇다는 것이요, 황홀로서 대상으로 있는 도가 그렇다는 것이다. 그것을 어떻게 아는가. 도는 빈 모습으로 어둠 속에 존재자 아닌 존재로서 실재하고 있기 때문이다. 존재자(만물)는 형상을 가지고 구별과 한정 속에 개체들로 있지마는 존재는 그러한 모든 것을 머금고 개체 이전의 하나(전체)로 실재하기 때문이다. 그러한 실재의 존재를 요명으로 있고 황홀로서 있다고 하는 것이다. 어둠 속에는 오직 존재만이 실재할 뿐이요, 그 존재가 만물의 처음이다. 중보다. 요명으로 있는 존재가 중보요, 황홀로 있는 존재가 중보다. 그 존재의 실재가 다름 아닌 도다. 이를 '무명(無名)'이라고도 한다. "예부터 지금까지 그 이름을 떠나 존재하는 것은 없다[自古及今 不去其名]"는 불거기명의 그 '명'이 무명이요 도다. 존재의 실재를 떠나 존재자, 곧 만물이 생겨날 수는 없다는 말이다.

도는 알 수 없는 것으로 있으나 만물 안에 실재하고 있다.
도가 없으면 만물도 없으니
도가 만물의 바탕이 되고 있는 것은 그 때문이다.

【제22장】

겸손하면 온전함을 얻을 수 있다

굽힐 줄 알아야 온전히 할 수 있고 구부려야 곧게 펼 수 있다. 비워야 채울 수 있고 낡아야 새로워질 수 있다. 욕심은 줄일수록 얻는 것이 있게 되고 키울수록 당혹스러워진다. 그러므로 성인은 물러섬 하나로 세상을 살아간다. 내보이지 않아 더 드러나고 주장하지 않아 더 빛나고 자랑하지 않아 더 공이 있고 오만하지 않아 웃어른이 될 수 있다. 경쟁을 하지 말라. 그러면 그와 겨루려는 사람이 없을 것이다. 예부터 이르기를 겸손하면 온전함을 얻을 수 있다 함이 어찌 빈말이겠는가. 진실로 겸손해야 온전함으로 돌아갈 수 있을 것이다.

曲則全 枉則直 窪則盈 敝則新 少則得 多則惑 是以聖人抱一爲天下式 不自見故明 不自是故彰 不自伐故有功 不自矜故長 不唯不爭 故天下莫能與之爭 古之所謂曲則全者 豈虛言哉 誠全而歸之.

인생은 어떻게 사는 것인가. 인생을 어떻게 살아야 하는 것인가. 삶은 왜 이다지도 힘들고 고달픈 것인가.

　사는 일에 이유를 달고 하는 일에 목적을 부여하지 말라. 그리하면 인생은 고달프지 않은 것이다. 드러내려는 일이 없을 것이요, 나서는 일이 없을 것이요, 자랑하는 일이 없을 것이요, 다투어 앞서려는 일이 없을 것이다. 인생은 그리 살다 가는 것일 뿐이다. 때가 되어 왔다가 때가 되어 가는 것일 뿐 무슨 이유가 있어 태어나는 것이며 무슨 목적을 위해 살다 가는 것이겠는가. 나무가 자라고 꽃이 피는 것을 보라. 강물이 흐르고 산이 솟아 있는 것을 보라. 나무가 무슨 이유가 있어 자라고 꽃이 무슨 이유가 있어 피겠는가. 강물이 흐르는 것이 그렇고 산이 솟아 있는 것이 그렇다. 강물은 그저 흐르고 산은 그저 솟아 있을 뿐이다. 인생도 그렇다. 그저 살다 갈 뿐이다.

　왜 사느냐고 묻지 말라, 핑계가 생겨날 것이요. 무엇을 위해 산다고도 하지 말라, 억지가 있을 것이다. 핑계를 달고 억지를 부리는 데서 인생은 고달파지고 삶은 힘들어진다. 핑계를 대지 말라, 억지를 꾸미지 말라. 경쟁하는 일도 없을 것이요, 나서는 일도 앞서려는 일도 없을 것이다. 온전하게 살아갈 수 있을 것이다. 그것을 노자는 여기서 물러섬과 겸손함으로 말하고 있는 것이다. 굽히면 온전해진다[曲則全]

는 것이 그러한 말이다. 핑계를 대어 억지[有爲]를 부리지 말라는 말이다. 구부리면 곧게 펴지고[枉則直], 비우면 채워지고[窪則盈], 낡으면 새로워진다[敝則新]는 것이 그러한 말이다. 억지를 부리지 말라는 말이다. 자신을 드러내지도 말고 옳다고 주장하지도 말고 공을 내세우지도 말고 힘을 과시하지도 말라는 것이 또한 그러한 말이다. 억지를 부리지 않으면 온전해질 수 있다는 말이다. 억지(욕심)를 줄이면 얻는 것이 있게 될 것이요, 억지를 쌓아 가면 미혹되고 어지러워질 것[少則得, 多則惑]이라는 것도 그러한 말이다. 굽히지 않고 펴려고만 하는 것이 억지요, 비우지 않고 채우려고만 하는 것이 억지요, 낡지 않고 새로우려고만 하는 것이 억지다. 그것은 꽃이 피려고만 하고 지지 않으려는 것과 같다. 자연에는 그런 억지가 없다. 꽃은 필 때가 되면 피고 질 때가 되면 지는 것이다. 그것이 온전함이다. 피는 것도 꽃의 온전함이요, 지는 것도 꽃의 온전함이다. 그 온전함으로 존재하고 있는 것이 자연이라는 것을 말하고 있는 것이 '곡즉전(曲則全)'이다. 인생도 그 온전함 속에 살다 가는 것이 참된 삶이다. 억지를 부리지 말고 자연으로 돌아가 살라는 말이다. 성인이 바로 그러한 온전함을 안고[抱一] 살아간 사람이라고 할 수 있을 것이다.

> 내세우고 경쟁하지 말라. 그리하면 그와 맞서는 일이 없을 것이다.
> 겸손하면 온전함을 얻을 수 있다 함이 어찌 빈말이겠는가.

【제23장】

나무는 자라고 강물은 흐른다

말할 수 없는 것이 자연이다. 사나운 바람도 한나절을 불지 못하고 소낙비도 온종일을 내리지 못한다. 천지도 오래하지 못하거늘 하물며 사람에게서랴. 그러므로 도를 좇아 사는 사람은 도가 그와 함께하고 덕을 좇는 사람은 덕이 그와 함께하고 허물을 좇는 사람은 허물이 그와 함께한다. 도를 구하는 사람은 도를 얻게 되고 덕을 구하는 사람은 덕을 얻게 되고, 허물을 구하는 사람은 허물을 얻게 된다. 도에 대한 믿음이 부족한 사람은 그러한 것을 믿지 않는다.

希言自然 故飄風不終朝 驟雨不終日 孰爲此者 天地 天地尙不能久 而況於人乎 故從事於道者 同於道 德者 同於德 失者 同於失 同於道者 道亦樂得之 同於德者 德亦樂得之 同於失者 失亦樂得之 信不足焉 有不信焉.

나무가 크고 풀이 자란다. 스스로 크고 스스로 자란다. 크려고 해서 크는 것이 아니요, 자라려고 해서 자라는 것이 아니다. 절로 크고 절로 자란다. 꽃 한 송이가 피고 지는 것이 그렇고 강물이 흐르고 있는 것이 그렇다. 절로 피고 절로 흐른다. 이것이 자연이다. 자연에 대해서는 말을 할 수가 없다. 말할 수 없는 것으로 있는 것이 자연이다[希言自然]. 나무를 향해 왜 자라느냐고 묻지 말라, 대답을 하지 않을 것이다. 강물을 향해 왜 흐르느냐고 묻지 말라, 말이 없을 것이다.

　회오리바람이 사납게 불다가도 한나절을 못 가고 소나기가 무섭게 쏟아지다가도 하루를 못 넘기고 그친다. 누가 그렇게 하는가. 하늘과 땅 천지가 그렇게 한다. 천지가 자연이라면 절로 그렇게 된다는 말이다. 천지가 자연이 아니라면 어떻게 천지가 그렇게 하는 것이겠는가. 천지도 절로 되는 것을 멈출 수는 없을 것이다. 하물며 사람이 무엇을 하겠는가.

　절로 되는 것은 멈추게 할 수도 없고 멈출 수도 없는 것이다. 나무가 누가 시켜서 자라는 것이며 강물이 누가 시켜서 저리 흐르는 것이겠는가. 절로 자라고 절로 흐른다. 회오리바람이 누가 시켜서 불다 멈추고 소나기가 누가 시켜서 내리다 그치겠는가. 절로 불다 멈추고 절로 내리다 그친다. 절로 그리되는 것을 자연이라고 한다. 자연에서 이유를 달고 원인을 찾으려 하지 말라. 절로 되는 것에 무슨 이유가 있고 무슨 원인이 있겠는가. 이유와 원인 없이 있는 것이 자연이다. 스스로 그러하고 스스로 그렇게 있는 것이 자연이다. 그 자연을 도라고도 한다. 또는 덕이라고도 한다. 그러므로 도를 좇아 사는 사람은 도와 함께하고[道者, 同於道], 덕을 좇아 사는 사람은 덕과 함께 한다[德者, 同於德]는 것이 모두 자연과 함께한다는 말이다. 도와 덕이 모두 자연을 말하고 있는 것이다. 도(道)가 자연의 실재함을 말하고 있는 것이라면 덕(德)은 '득(得)'의 의미로 자연을 얻어 가짐이라 할 수 있다. 모두 자연과 함께하고 있음을 말하고 있는 것이다. 그리고 허물을 좇는 사람은 허물과 함께하게 된다[失者, 同於失]는 것 또한 자연을 벗어나 사는 것이 아니라는 말이다. '덕'이 얻는 것이라면 '실(失)'은 잃는 것이나 그 얻음도 잃음도 스스로 절로 그리되는 것이요, 일부러 하는 것이 아니라는 말이다. 마치 꽃이 피고자 해서 피는 것이 아니요, 지고자 해서 지는 것이 아닌 것처럼, 회오리바람과 소낙비가 그리하고자 하는 작위 속에서 불고 멈추고 하는 것이 아닌 것처럼 말이다. 득(得)과 실(失)이 모두 절로 그리되는 자연이다. 절로 그리되는 자연을 옳고 그름, 선과 악, 좋고 나쁨으로 갈라놓지 말라. 그렇게 갈라놓는 것은 절로 되는 것이 아니다. 자연이 아니다. 자연은 절로 그렇게 되고 절로 그렇게 있는 것이다. 여기에 무슨 이유와 원인이 있으며 옳고 그름이 있겠는가. 이유와 원인 없이 있음이 자연이요, 옳고 그름, 좋고 나쁨이 없이 있음이 자연이다.

    나무는 스스로 자라고 강물은 스스로 흐른다. 이것이 자연이다.

그러나 스스로 자라는 나무는 볼 수가 있으나 스스로 자람의 모습[自然]은 볼 수가 없고, 흐르는 강물은 볼 수가 있으나 스스로 흐름의 모습은 볼 수가 없다. 볼 수가 없으므로 알 수가 없고, 알 수가 없으므로 말할 수가 없다. 그 말할 수 없는 것으로 있는 것이 자연[希言自然]이다. 그 자연이 있으므로 나무가 자라고 강물이 흐르고 꽃이 피고 진다. 절로 그렇게 하고 스스로 그렇게 하면서 있는 것이다. 그것을 믿지 않는다면 무엇을 믿을 것이 있겠는가[信不足焉 有不信焉].

> 도의 오묘한 작용을 어찌 알아 말로 설명할 수 있겠는가.
> 사람들은 알 수 없다 하여 도가 있음을 믿지 않는다.

【제24장】

삶을 수단으로 삼지 말라

발돋움하고서는 오래 설 수가 없고 큰 걸음으로는 멀리 갈 수가 없다. 드러내는 사람은 현명하지 못하고, 자기가 옳다고 하는 사람은 돋보이지 않고, 한 일을 자랑하는 사람은 공이 없고, 자만에 찬 사람은 웃어른이 되지 못한다. 이런 것들은 도가 있는 사람에게는 먹다 남은 찬 밥덩이요, 군더더기로 몸에 붙어 있는 혹덩이다. 그러한 것들은 누구나 싫어하는 것이다. 그러므로 참된 사람은 그렇게 살지 않는다.

企者不立 跨者不行 自見者不明 自是者不彰 自伐者無功 自矜者不長 其在道也 曰餘食贅行 物惑惡之 故有道者不處.

사람들은 남보다 뛰어나려 하고 돋보이려고 하고 앞서려고 하고 이기려고 한다. 이것은 모두 억지를 부리는 일이다. 억지를 부려 얻어지는 것은 오래가지 못하고 오히려 그것 때문에 어려워지고 힘들어진다. 남보다 크게 보이려고 발뒤꿈치를 들고 발돋움을 하면 오래 서 있지를 못할 것이요, 남보다 앞서려고 뜀박질을 하여서는 멀리 가지 못한다[企者不立, 跨者不行].

  억지를 부리지 말라, 억지를 부리며 살아가지 말라. 자기를 드러내 보이려는 것이 억지요, 자기만 옳다고 주장하는 것이 억지요, 자기의 공을 내세우는 것이 억지요, 능력이나 지식을 과시하는 것이 억지다. 남을 의식하고 하는 것은 모두 억지라고 할 수 있다. 그것은 내가 아닌 다른 사람에 의해, 다른 사람을 위해 사는 것이라고 하지 않을 수 없다. 내 삶을 내가 살아가는 것이 아니라 다른 사람의 삶을 살고 있는 것이라고 할 수 있다. 남의 삶을 살면서 힘들어하는 것은 어리석은 일이다. 그리고 그것은 헛된 삶이요 허망한 삶이라고 하지 않을 수 없다. 나의 삶이 남에게 보이기 위해 사는 것이라면 그것은 나의 삶이 아니요, 다른 사람을 이기기 위해 사는 것이라면 그것 또한 나의 삶을 살아가는 것이 아니다. 재물을 위해 사는 것도 그렇고 권력이나 명예를 위해 사는 것도 그렇다. 삶은 결코 이러한 것들을 얻

기 위한 수단으로서 사는 것이 아니다. 삶은 무엇을 얻기 위한 수단
으로 살아가는 데서 억지가 생겨난다. 그 억지로 얻어지는 것들, 삶을
수단으로 하여 얻어지는 것들, 재물이나 권력·명예 이런 것들이 참
삶을 살아가는 사람[故有道者]에게는 먹다 남은 찬밥덩이와 같고 군더
더기로 몸에 붙어 있는 혹덩이와 같다. 그러므로 옳은 삶을 살아가는
사람은 결코 자기 삶을 수단으로 살지 않으며 억지를 부리며 살지 않
는다. 삶을 그르치며 살아가지 않는다는 말이다.

사람들이 얻고자 하는 명예나 부귀영화는 도 있는 사람에게는
먹다 남은 찬밥덩이나 군더더기로 붙어 있는 혹덩이에 지나지 않는다.

【제25장】

스스로 있는 자가 자연이다

혼돈으로 이루어진 존재가 있으니 그것이 하늘과 땅 이전에 생겨난 태초의 존재다. 조용하고 형체도 없이 홀로 있다. 그것은 두루 미치지 않는 곳이 없으니 세상 모든 것의 처음 바탕이라고 할 수 있다. 그 처음 바탕의 이름은 알 수가 없어 도라고 해본다. 억지로 크다고 이름을 붙여보기도 한다. 크다면 한없는 것이요, 한없는 것은 먼 것이요, 먼 것은 돌아와 이곳에도 있는 것이다. 그러므로 도는 크고 하늘도 크고 땅도 크고 사람도 큰 것이라 세상에는 이 네 가지 큰 것이 있다. 그 가운데 하나가 사람이다. 사람은 땅을 본받고 땅은 하늘을 본받고 하늘은 도를 본받고 도는 자연을 본받아 존재하고 있는 것이다.

有物混成 先天地生 寂兮寥兮 獨立而不改 周行而不殆 可以謂天下母 吾不知其名 字之曰道 强爲之名曰大 大曰逝 逝曰遠 遠曰反 故道大 天大 地大 王赤大 域中有四大 而王居其一焉 人法地 地法天 天法道 道法自然.

하늘과 땅이 생기기 전 태초에 혼돈이 있었다. 태초의 존재가 혼돈이다. 혼돈은 개체로 있는 존재가 아니요, 물체가 가지고 있는 어떠한 형상도 모습도 가지고 있지 않다. 물(物)이 아니다. 무물(無物)이다. 물이 아닌지라 무엇에 의해 생겨난 존재도 아니요, 어떤 원인의 결과로 있는 존재도 아니다. 그러한 존재로 있는 것이 혼돈이다. 혼돈은 있기는 있되 알 수 없는 존재로 있다는 말이다. 그러한 존재를 '도'라고도 한다.

고요하고도 고요하다[寂兮寥兮]. 아무런 조짐도 없어 없는 것 같다[澹兮似若存]. 그렇게 있는 것이 혼돈이다. 도다. 태초의 존재다. 이 태초의 존재는 어디로부터 온 것도 아니요, 무엇에 의해 생겨난 것도 아닌 것으로 홀로 그냥 스스로 있는 존재다[獨立而不改]. 그 존재는 개체로 있는 것이 아니므로 그대로가 하나요, 전체요, 전부다. 그러므로 그 하나로 있는 전부는 두루 어디를 가나 끝남이 없으며 한계와 끝이 없다[周行而不殆]. 이 태초의 존재를 '도'라 한다면 '도'는 끝 간 데 없이 크고 광대하다고 할 수 있을 것이다. 크고 광대한지라 한없이 가서 사라진다 해도 태초의 존재에 들어가 있을 것이요, 멀어 가물가물 없어진다 해도 태초의 존재에 돌아와 있을 것이다. 그 큼으로 말하면 도보다 더한 것이 없으나 하늘도 크고 땅도 크고 사람도 또한 크다.

여기서 크다는 것은 형체를 두고 하는 말이 아니다. 물론 하늘과 땅이 크다는 것은 형체로서 말한 것이라 해도 무방할지 모르나 사람도 크다는 것은 분명 형체로서 말한 것이 아니다. 사람이 뭐 그리 큰 것이겠는가. 하늘이 크다는 것도 형체를 두고 크다는 것이 아니요, 땅이 크다는 것도 형체를 두고 크다는 것이 아니다. 스스로 있다는 것을 그리 말한 것이다. 하늘이 하늘로서 있고 땅이 땅으로서 있다. 사람이 또한 그렇게 있는 것이다. 스스로 있고 스스로 그러한 것을 자연이라고 한다. 크다는 것은 바로 그 자연을 말하고 있는 것이다. 자연은 물체를 말하고 있는 것이 아니므로 크다고 해도 형상을 말하고 있는 것이 아니다. 도가 크다는 것을 말하고 있는 것이 자연이라고도 할 수 있다. 도가 자연이다. 그러므로 땅을 본받고 땅은 하늘을 본받고 하늘은 도를 본받고 도는 자연을 본받는다. 모두 도로서 존재한다는 말이요, 그 도가 다름 아닌 자연이라는 말이다.

 스스로 있는 것, 스스로 그렇게 존재하고 있는 것이 자연이다. 혼돈이 자연이요, 태초의 존재가 자연이요, 큰 것이 자연이다. 도가 자연이다. 하늘과 땅이 그 자연으로 있고 사람이 또한 자연으로 있다. 어떻게 하늘과 땅과 사람만이겠는가. 모든 존재하는 것이 자연으로 있다. 만물이 자연으로 있다. 만물이 그렇게 있는 것을 '묘만물(妙萬物)'이라고도 하니, 그때의 자연을 '묘(妙)' 또는 '신(神)'이라고도 한다. 신은 스스로 있는 자, 곧 자연을 말함이니 그 자연은 알 수 없는 것이라 하여 '신묘(神妙)'라고도 한다. 신은 알 수 없는 존재라는 말이다. 성경에서 "나는 스스로 있는 자니라"라고 하나님이 스스로의 존재를 말하고 있는 것은 자신이 태초의 존재임을 밝힌 것이라 할 수 있다. 그 존재는 알 수 없는 것이요, 알려고도 하지 말라는 것임직도 하다. 알 수 없는 것을 앎의 영역으로 끌어들이면 그것은 하나님이 아닌 우상(偶像)이 되기 때문이다. 태초의 존재 자연을 그 하나님으로 보아도 무방할 듯하다. 자연은 이유와 원인으로서 존재하는 것이 아니라 스스로 있는 존재이기 때문이다.

> 하늘과 땅이 있기 전 혼돈으로 이루어진 존재가 있으니,
> 이것이 세상 모든 것의 처음이라고 할 수 있다.

【제26장】

초연함과 진중함이 삶의 뿌리다

무거운 것은 가벼운 것의 뿌리가 되고, 안정은 불안을 다스리는 주인이 된다. 그러므로 성인은 종일 움직이더라도 진중함을 떠나지 않으며, 비록 영광스러운 처지에 있더라도 자기 자리에서 초연하게 지낸다. 어찌 나라의 주인된 몸으로서 가볍게 천하에 임하겠는가. 가벼우면 근본을 잃게 되고, 안정을 잃으면 주인의 자리를 잃게 된다.

重爲輕根 靜爲躁君 是以聖人終日行 不離輜重 雖有榮觀 燕處超然 奈何萬乘之 主而以身輕天下 輕則失本 躁則失君.

바람이 불면 나뭇잎은 흔들리고 가지는 춤을 춘다. 그러면서도 큰 나무가 넘어지지 않고 서 있는 것은 밑동이 굵고 무겁기 때문이다. 폭풍이 몰아쳐 파도가 일고 물이 일렁거려도 바다가 제자리에 그대로 있는 것은 물 속 깊은 곳이 무겁게 가라앉아 움직이지 않고 있기 때문이다.
　사람의 마음을 흔들어 대는 것은 감정과 사념이다. 기쁨과 슬픔, 사랑과 미움, 증오와 아픔을 가져다주는 온갖 감정들, 근심·걱정과 번뇌, 망상의 온갖 사념들, 이런 것들이 인생을 고달프게 하고 삶을 힘들게 한다. 그러나 그런 것들이 있음을 어찌 나쁘다고만 하랴. 그런 것이 없는 인생을 무슨 인생이라 할 수 있으랴. 흔들리는 가지가 없는 나무는 나무가 아니요, 파도가 일지 않는 바다는 바다가 아닌 것처럼 희로애락이 없는 삶은 삶이 아닐 것이다. 그러나 나무가 흔들리면서도 제자리에 서 있고 바다가 파도 속에 일렁이면서도 제자리에 서 있는 것처럼 삶이 제자리를 잃지 않는다면 아름다울 수 있을 것이다. 제자리, 그 삶의 뿌리가 초연함이요, 진중함이다. 나무 밑동이 무겁게 뿌리를 내리고 있는 것처럼, 바닷속 깊은 곳에 무겁게 가라앉아 움직이지 않는 물이 있는 것처럼 삶의 바닥에 제자리를 지키며 흔들리지 않는 초연함과 진중함이 무겁게 삶의 뿌리를 내리고 있어야 한다. 흔들림을 불안이라 한다면 그것을 안정이라 할 수 있을 것이요, 흔들림을 가벼움·경망스러움이라 한다면 그것은 무거움·진중함이라 할 수 있을 것이다. 그러므로 성인은 모든 생활에서 큰 수레에 짐을 싣고 있는 것처럼 무겁고 진중함을 잠시도 잃지 않으며, 비록 영광된 자리에 있게 된다 하더라도 초연한 일상의 자세를 잃지 않는다. 하물며 큰 나라를 맡고 있는 임금으로서 어찌 경박한 처신으로 천하를 다스릴 수 있겠는가. 경박하면 삶의 뿌리를 잃게 되고, 삶의 뿌리를 잃고 가볍게 처신하면 임금의 자리를 지키지 못하게 된다.

"무거움이 가벼움의 뿌리가 되고, 진중함이 경박함의 주인이 된다[重爲輕根 靜爲躁君]"함은 다름 아닌 삶의 자세를 말하고 있는 것이다. 무거움과 고요함(진중함)은 삶의 뿌리를 말하고 있는 것이라면, 가벼움과 경박함은 삶을 그 뿌리 위에서 살아가야 함을 말하고 있는 것이라고 할 수 있다.

> 진중한 행동과 조용한 마음으로 세상 모든 일에 초연하게 임하면
> 그르치는 일이 없을 것이다.

【제27장】

선행(善行)은 행한 자국이 없다

좋은 일을 하는 사람은 행한 자국을 남기지 않고, 좋은 말을 하는 사람은 생채기를 내지 않는다. 계산을 잘하는 사람은 산가지를 사용하지 않고, 문을 잘 잠그는 사람은 빗장으로 걸지 않아도 열 수가 없고, 잘 묶는 사람은 노끈으로 묶지 않아도 풀 수가 없다. 그러므로 성인은 사람을 구하되 버리는 사람이 없고, 물건을 이용하되 버리는 물건이 없다. 이를 크게 밝히는 습명(襲明)이라 한다. 그러므로 선한 사람은 불선한 사람의 스승이 되고 불선한 사람은 선한 사람의 바탕이 된다. 그 스승됨을 귀히 여기지 않고 그 바탕을 사랑하지 않는다면 비록 지혜롭다 해도 크게 어리석은 것이다. 이를 오묘한 이치를 터득한 요묘(要妙)라 하는 것이다.

善行無轍迹 善言無瑕謫 善數不用籌策 善閉無關楗而不可開 善結無繩約而不可解 是以聖人常善救人 故無棄人 常善救物 故無棄物 是謂襲明 故善人者 不善人之師 不善人者 善人之資 不貴其師 不愛其資 雖智大迷 是謂要妙

물이 흐른다. 웅덩이가 있으면 머물렀다 가고 바위가 있으면 돌아서 간다. 이것이 자연이다. 물이 흐르는 것이 자연이다. 물은 흐르려고 해서 흐르는 것이 아니요, 절로 흐른다. 하려고 해서 하는 것이 아닌 것을 '무위(無爲)'라고 한다. 무위가 자연이다.

 하려고 함이 없이 이루어지는 것, 무위로 이루어지는 것을 자연이라고 한다. 자연에는 옳고 그름이 없고, 잘하고 못함이 없고, 좋고 나쁜 것이 없다. 그런 것들은 '유위(有爲)'에서 생겨나는 것들이다. 일부러 하는 데서 생겨나는 유위의 자국들이다. 무위는 자국이 없다. 하려고 함이 없는데 무슨 자국이 있겠는가. 자국은 내가 했다는 흔적을 남기는 것을 말한다. 무위는 그런 자국을 남기지 않는다. 그러므로 선행을 해도 아무런 한 자국이 없고, 말을 해도 남에게 상처를 주거나 마음에 생채기를 내는 일이 없다. "선행은 자국이 없다[善行無轍迹]"는 것은 바로 그 무위로 함을 말하고 있는 것이요, "선언은 흠집을 내지 않는다[善言無瑕謫]"는 말도 무위로 함을 나타내고 있는 것이다. 무위로 하는데 무슨 드러내려는 마음이 있어 자국을 남기겠으며, 의도된 말이 아닌데 무슨 상처를 주고 흠집을 만들어 내겠는가.

 무위는 하려고 함이 없는 것이라 셈하려고 하지 않으니 산가지[籌策]를 쓸 일이 없으며, 지키려 함이 없으니 빗장을 걸어 문을 잠그지 않으며, 약속하는 일이 없으니 노끈을 묶어 다짐하는 일이 없을 것이다. "산가지를 사용해 수를 셈하지 않는다[善數不用籌策]"는 것은 수는 항상 물(物)과 함께 있는 것이라 수만을 떼어 내어 생각하지 않는다는 것이요, "빗장으로 걸지 않아도 문을 열 수 없다[善閉無關楗而不可開]"는 것은 "얻기 힘든 물건을 귀하게 여기지 않으면 도둑이 생기지 않는다[不貴難得之貨 使民不爲盜]"는 말과 같은 것이라고 할 수 있다. 그리고 "노끈을 묶어 다짐하지 않아도 약속을 깨지 않는다[善結無繩約而不可解]"는 것은 다짐해야 할 약속을 하지 않는다는 말이기도 하다. 산가지로 수를 계산하고 빗장으로 문을 걸고 노끈을 묶어 약속을 하는 것은 모두 유위로 하는 것이다. 유위에는 옳고 그름이 있고, 잘하고 못함이 있으며, 선하고 악함이 있게 되니 그런 것들이 다름 아닌 유위의 자국들이다. 무위에는 그런 자국이 없다. 자연에 어떻게 그런 것들이 있겠는가. 자연에는 시비(是非)가 없고 호오(好惡)가 없고 선(善)·불선(不善)도 없다. 그러므로 성인은 무위로 행하는 사람인지라 그러한 것이 없다. 성인에게는 좋은 사람[善人]·나쁜 사람[不善人]이 없으며 그러므로 버리는 사람이 없고 쓸모 있고 쓸모없는 것이 없는지라 버리는 물건이 없다. 사람은 다 귀한 존재요, 물건은 다 쓸모 있는 것으로 있다는 말이다. 이러한 성인의 지혜를 '습명(襲明)'이라고 한다. 습명은 버리는 사람도 없고 버리는 물건도 없이 있는 것을 모두 살려내는 지혜라는 말이다. 무위의 밝음이라 해도 무방할 것이다. 습명은 풀로 가리거나 덮어 빛이 겉으로 드러나지 않는 '보광(葆光)'이나 '도광(韜光)'과 같은 뜻으로 지혜가 밖으로 드러나지 않음을 말한다. 분별하고 판단하여 시비·선악을 구별하여 갈라놓는 지혜가 아니라 그런 밝음을 무너뜨려 구별을 없게 하는, 차별을 하지 않는 지혜. 이러한 지혜를 가진 사람이 성인이다. 그러므로 선한 사람과 불선한 사람을 차별하여 갈라내는 것이 아니라 선한 사람은 불선한 사람의 스승으로 소중하고, 불선한 사람은 선한 사람을 있게 하는 사람으로 소중한 존재라 여긴다. 그러함을 알지 못하는 사람은 비록 지혜롭다 하더라도 큰 미혹에 빠져 있다 할 것이니 참다운 지혜일 수는 없다. 그 참다운 지혜에 드는 것을 '요묘(要妙)'라 하는 것이다. 요묘는 다름 아닌 습명의 밝음이라고도 할 수 있으니 모든 존재를 살리는 지혜요, 무위의 지혜요, 성인의 지혜라고도 할 수 있을 것이다.

> 큰 지혜를 가진 사람은 하는 일에 흔적을 남기지 않는다.
> 멀리하는 사람도 없고 버리는 물건도 없다.

【제28장】

자연으로 돌아가라

수컷을 알고 암컷의 자리를 지키면 세상 사람들이 모여들 것이다. 그리되면 덕을 잃지 않아 무심한 아기의 마음으로 돌아가 있게 될 것이다. 흰 것을 알아 검은 것은 지키고 있으면 세상 사람들의 본보기가 될 것이다. 그리되면 덕을 그르치지 않아 무극으로 돌아가 있게 될 것이다. 영화를 알고 욕된 자리를 지킬 수 있으면 세상 사람들이 돌아오게 될 것이다. 그리되면 덕을 온전히 하여 박(樸)으로 돌아가 있게 될 것이다. 박을 쪼개어 그릇을 만드나니 성인은 그렇게 하여 모든 것을 관리하는 어른이 된다. 그러므로 큰 다스림은 쪼개지 않은 박에서 이루어진다.

知其雄 守其雌 爲天下谿 爲天下谿 常德不離 復歸於嬰兒 知其白 守其黑 爲天下式 爲天下式 常德不忒 復歸於無極 知其榮 守其辱 爲天下谷 爲天下谷 常德乃足 復歸於樸 樸散則爲器 聖人用之 則爲官長 故大制不割.

산은 계곡이 있어야 한다. 계곡이 있어야 살아 있는 산이다. 계곡은 낮아 물이 그곳으로 모여들고 계곡은 비어 있어 온갖 사물을 받아들인다. 짐승들이 그곳을 찾아 물을 먹고 풀들은 자라 그곳에서 무성하다. 생명의 기운이 넘실거린다. 그 기운으로 온 산이 숨을 쉰다. 이 계곡이 마음의 자리이다. 마음을 비우고 몸을 낮추면 모든 것을 받아들일 수 있다. 암컷의 자리가 바로 그러한 자리이다. 수컷은 암컷을 찾아든다. 수컷을 알아 암컷의 자리를 지키고 있어야 한다. 그 지키고 있어야 할 암컷의 자리가 다름 아닌 마음의 자리이다. 물이 모여들어 흐르고 있는 것이 산의 계곡이라면, 마음을 비우고 낮은 데로 두고 있어 모든 것을 받아들이는 것은 천하의 계곡이다. 천하의 계곡은 마음의 계곡이라는 말이다. 마음의 계곡에 흐르는 덕은 마르지 않아 영아(嬰兒)의 마음처럼 완전함에 이른다. 영아(아기)의 마음, 탯줄을 끊고 방금 나온 아기의 마음은 무심으로 비어 있으나 완전함이 들어 있다. 영아의 마음, 곧 아기의 마음으로 돌아감은 무극(無極)으로 돌아감이요, 박(樸)으로 돌아감이다. 무극은 무궁(無窮)을 말함이요 박은 모든 것을 머금고 있음을 말함이니, 마음으로 말하면 영아의 마음이 그러한 것이요, 우리 앞에 마주 서는 사물로 말하면 자연이 그러한 것이다. 무심(無心)은 마음의 자연이요, 박은 만물의 자연이다. 모든 마음은 영아의 마음으로 돌아가 무심 속에 있고, 만물은 박으로 돌아가 자연 속에 있다. 암컷의 자리가 그 무심의 자리요, 검은 것[黑]의 자리가 그 무궁의 자리요, 낮고 비천함의 자리[辱]가 박의 자리다. 자연의 자리를 박이라 한다. 그것을 무심으로 말하고 있는 것이 영아요, 무궁으로 말하고 있는 것이 무극이요, 자연으로 말하고 있는 것이 박이다.

 수컷을 알아 암컷의 자리를 지켜야[知其雄 守其雌] 그 무심으로 돌아갈 수가 있고, 흰 것을 알아 검은 것을 지켜야[知其白 守其黑] 무궁으로 돌아갈 수가 있다. 암컷의 자리는 모든 수컷이 모여드는 자리요, 검은 것의 자리는 모든 색(色)을 머금고 있는 자리이다. 그러한 자리를 박의 자리라고 한다. 영아의 자리라고도 하고 무극의 자리라고도 한다. 박(樸)은 산에서 막 잘라 낸 나무토막으로 아직 먹줄도 대지 않은 어떤 손길도 대지 않은 다듬어지지 않은 있는 그대로의 원목(原木)을 말한다. 그 원목을 쪼개고 다듬어 온갖 도구와 물건을 만든다. 그렇게 만들어진 물건을 '기(器)'라고 한다. 그릇이라고 한다. 한번 만들어진 그릇(물건)은 달리 다른 물건을 만들지 못한다. 다른 물건을 만들기 위하여서는 다시 쪼개지지 않은 원목으로 돌아가야 한다. 원목으로 돌아가면 거기서 모든 물건을 만들어 낼 수 있다. 그 쪼개지지 않은 원목이 박이다. 쪼개지지 않아 하나로 있다 하여 혼돈이라 하고 혼일(混一)이라고도 한다. 그렇게 있는 것이 '박'이다. 그 박에 모든 것이 들어 있다. 원목을 쪼개어 모든 그릇(물건)을 만들듯이 박이 흩어져 만물이 생겨난다[樸散則爲器]. 그 흩어지고 쪼개져 갈라지기 전을 '불할(不割)'이라고 하니 불할의 상태로 있는 것이 '박'이다. 그 박으로 돌아가야 모든 것을 만들 수 있다. 그것이 크게 만듦이라 하는 '대제(大制)'다. 큰 만듦은 쪼개기 전으로 돌아가야 한다. 그것이 '대제불할(大制不割)'이다. "박으로 돌아가야 한다[復歸於樸]" 함은 바로 그 쪼개기 전의 원목으로 돌아가야 한다는 말이다. 흩어지기 전 혼일(混一)로 돌아가야 한다는 말이다. 혼일이 박이다. 마음으로 말하면 영아 곧 무심의 자리가 박이요 그것을 덕이라 하고, 생겨남의 작용[大制]으로 말하면 한없음의 무극 곧 무궁이 박이다. 아직 먹줄도 대지 않은 다듬어지지 않은 상태의 원목이 박이요, 그 박을 자연이라 하는 것이다.

자연으로 돌아가라. 그리하면 덕이 온전할 것이요, 천하의 계곡이 되어 모든 것을 받아들일 수 있을 것이다.

어린아이 마음으로 돌아가 세상일에 임하면 그르침이 없을 것이다.

【제29장】
천하는 신물(神物)이다

천하를 다스리려고 하는 사람은 부득이로서 해야 한다. 천하는 신물[神器]이라 함부로 다루면 그르치게 되고, 고집을 부리면 잃게 된다. 세상일이란 나아가는 일도 있고 뒤따르는 일도 있고, 내보낼 일도 있고 맞아들일 일도 있고, 강한 것도 있고 약한 것도 있고, 주저앉는 일도 있고 무너지는 일도 있다. 그러므로 성인은 무리한 일을 하지 않고 꾸미는 일을 하지 않고 교만을 내세우는 일도 하지 않는다.

將欲取天下而爲之 吾見其不得已 天下神器 不可爲也 爲者敗之 執者失之 故物或行或隨 或歔或吹 或强或羸 或挫或隳 是以聖人去甚去奢去泰.

천하(나라)는 신물(神物)이다. 신물은 함부로 할 수가 없고 마음대로 할 수가 없고 억지로 어찌할 수 있는 것이 아니다. 어찌할 수 없는 것을 억지로 하게 되면 세상을 그르치게 되고 나라를 잃게 된다. 천하(나라)를 신물이라 하는 것은 그 때문이다. 그러므로 천하를 맡아 다스리고자 하는 사람은 '부득이(不得已)'로서 해야 한다. 부득이는 어쩔 수 없이 함을 이름이니 그것은 마음먹고 일부러 하거나 무엇을 억지로 이루려는 작위(作爲)로서 하는 것이 아니라, 하지 않을 수 없어 하는 것을 말한다. 부득이해서 그렇게 이루어짐을 말함이요, 불가불 그렇게 함을 말한다. 그것을 자연이라 해도 무방할 것이요, 작위(유위)로서 이루어지는 것이 아니라고 본다면 무위(無爲)라고 해도 무방할 것이다. 부득이가 바로 그 자연이요 무위라고 할 수 있다. 강물이 흐르는 것을 보라, 흐르려고 해서 흐르는 것이 아니라 흐르지 않을 수 없어 흐르는 것이요, 푸른 하늘을 보라, 푸르고 싶어 푸른 것이 아니요 푸르지 않을 수 없어 푸른 것이다. 때로는 비바람이 불고 때로는 강물이 범람한다. 그러고 싶어 그런 것이 아니라 그러지 않을 수 없어 그런 것이다. 그러려고 하는 것이 유위(有爲)라면 그러지 않을 수 없는 것은 무위(無爲)다. 일부러 억지로 하는 것이 유위라면 그러지 않을 수 없어 하는 것은 무위다. 이른 봄 지각(地殼)을 뚫고 올라오는 새싹을 보라, 올라오려고 하여 올라오는 것이 아니요 절로 그렇게 올라오는 것이요, 가지마다 새움이 돋고 꽃망울을 터뜨리는 것을 보라, 그러려고 그러는 것이 아니요 저절로 그리하는 것이다. 절로 그리하는 것이 자연이요, 그러지 않을 수 없는 것이 부득이다.

억지를 부리지 말라. 무엇을 이루려고 하지도 말라. 피는 꽃을 지게 하려고 하지도 말고, 지는 꽃을 피게 하려고 하지도 말라. 그렇게 하는 것이 억지다. 억지를 부리지 말라. 무엇을 이루려고도 하지 말라. 나라를 다스리는 일도 그렇고 세상 돌아가는 일도 그렇다. 일이란 나서는 일도 있고 물러서는 일도 있고, 내보낼 일도 있고 받아들일 일도 있고, 강한 것도 있고 약한 것도 있고, 주저앉는 일도 있고 무너져 내리는 일도 있다. 그것을 억지로 막으려 하지도 말고 일부러 만들어 내려고도 하지 말라. 억지로 막으려 하면 세상을 그르칠 것이요, 일부러 무엇을 이루려고 하면 잃게 될 것이다[爲者敗 執者失]. 그러므로 성인은 천하를 맡아 다스림에 무리하는 일이 없고 꾸며 대는 일이 없고 교만을 내세우는 일도 없다. 무엇을 하려고 하고 이루려는 마음의 작위(作爲)가 없다. 무위로서 한다. 하려고 하고 이루려고 하는 마음의 조작이 유위다. 그러한 조작이 없이 함이 무위다. 이 무위가 자연이요, 하지 않을 수 없어 하는 부득이다.

천하는 신물이라 무위로서 다스려야 하며 하려고 하고 이루려고 하는 것이 아니라 그렇게 하지 않을 수 없는 부득이(不得已)로서 해야 한다. 억지로 다스리려는 유위로서 다스리는 것이 아니라 무위로서 자연 속에 스스로 다스려져야 한다는 말이다. 무위가 바로 무불위(無

不爲)요, 다스리지 않음이 바로 다스려지지 않음이 없다는 말이다. 그것이 무위의 다스림이라는 '무위지치(無爲之治)'다.

세상일을 억지로 하지 말라.
무리하게 하지도 말고 꾸미지도 말고 내세우지도 말라.

【제30장】

억지를 버림이 자연이다

도로써 임금을 돕는 사람은 무력을 쓰지 않는다. 일이란 한 대로 돌아오기 마련이다. 군사가 머문 자리는 황폐해지고 전쟁을 치른 후에는 흉년이 든다. 잘 다스리는 사람은 전쟁을 하더라도 마지못해 하는 것이요, 힘을 내세워 취하려 하지 않는다. 마지못해 하는지라 힘을 자랑하지 않으며, 마지못해 하는지라 공을 내세우지도 않으며, 마지못해 하는지라 이루었더라도 교만하지 않는다. 일을 하되 부득이해서 하는 것이요, 일을 하되 억지로 하는 것이 아니다. 모든 일은 억지로 하면 패하기 마련이다. 이것은 도로써 하지 않음이니 도로써 하지 않으면 쉽게 망하는 것이다.

以道佐人主者 不以兵强天下 其事好還 師之所處 荊棘生焉 大軍之後 必有凶年 善有果而已 不敢以取强 果而勿矜 果而勿伐 果而勿驕 果而不得已 果而勿强 物壯則老 是謂不道 不道早已.

세상을 억지로 살아가지 말라. 물 흐르듯이 살아가라. 세상일을 억지로 이루려고 하지 말라. 두 걸음을 한 걸음에 가려고 하면 멀리 가지 못할 것이요, 높은 산을 단숨에 오르려고 하면 중도에서 주저앉고 말게 될 것이다. 억지를 부리면 오래가지 못한다. 이렇게 하는 것을 '도를 따르지 않음[不道]'이라 한다. 도를 따르지 않으면 쉬 무너진다[不道무已]. 도를 따른다는 것은 무리하지 않는다는 것이요, 억지를 부리지 않는다는 말이다.

　억지를 부리지 말라. 나라를 다스리는 데 있어서는 더욱 그렇다. 무력으로 힘으로 나라를 다스리려 하지 말고 전쟁으로 천하를 장악하려 하지 말라. 그러한 일들은 언제나 일을 벌인 사람에게로 되돌아오게 되는 것이다. 전쟁을 하게 되면 나라는 황폐해지고 전쟁을 치른 후에는 반드시 흉년이 들게 된다. 그러므로 나라를 잘 다스리는 사람은 전쟁을 하더라도 부득이해서 하는지라 무력이나 강함을 내세우지 않는다. 부득이해서 하는지라 힘을 과시하지 않으며, 부득이해서 하는지라 공을 이루었더라도 자랑하지 않으며, 부득이해서 하는지라 이겼더라도 교만을 부리지 않는다. 모든 일에 억지를 부리지 않는다는 말이다. 힘을 내세우는 것이 억지요, 공을 자랑하는 것이 억지요, 자만하는 것이 억지다. '부득이[不得已]'는 그러한 억지를 부리지 말고 하는 것이다. 하되 모든 억지를 버리고 하는 것이 부득이다. 부득이는 마지못해 어쩔 수 없이 하는 것을 말함이나, 그것은 또한 하지 않을 수 없는 것을 이름이니, 하지 않을 수 없다는 것은 다름 아닌 자연을 말하고 있는 것이기도 하다. 자연이란 무엇인가. 유위를 버린 무위를 이름이니 유위는 다름 아닌 억지로 함을 말함이요, 무위는 하기는 하되 억지로 하지 않음을 말한다. 그러한 것을 자연이라고 한다. '무위자연(無爲自然)'이 그러한 말이요, '무위이무불위(無爲而無不爲)'가 또한 그러한 의미를 가진다고 할 수 있다. 여기서도 그것을 '과이부득이(果而不得已)'라고 하였다. 하기는 하되 하지 않을 수 없어 한다는 말이다. 유위로서 하는 것이 아니라 무위로서 한다는 말이기도 하다. 유위는 억지(작위)로 하는 모든 것을 말함이니 그 모든 억지를 버리고 함이 무위다. 그렇게 하는 무위(無爲)가 자연이다. 억지(유위)를 버림이 자연이다. 그러한 자연이 또한 부득이다. 하지 않을 수 없어 하는 것이 부득이요 자연이다. 흐르는 강물을 보라. 흐르려고 흐르는 것이 아니라 흐르지 않을 수 없어 흐르는 것이다.

    노자는 전쟁도 부득이해서 하는 전쟁은, 하려고 해서 하는 것이 아니라 하지 않을 수 없어 하는 것이라고 하였다. 그러므로 부득이해 전쟁을 하기는 하되 모든 억지가 없어야 한다는 것이다. 그것이 '과이물강(果而勿强)'이라는 말이다. 전쟁에 있어서도 억지를 버리고 도(자연)를 따라야 패하지 않음을 말하고 있는 것이라고 할 수 있다.

> 세상일을 억지로 하지 말라. 일을 하되 억지로 하지 않고
> 부득이해서 하는 것이라면 내세울 것이 없으리라.

【제31장】

전쟁은 이겼더라도 슬퍼하라

무기는 좋은 물건이 아니다. 누구나 싫어하는 것이기 때문에 도가 있는 사람은 가까이 하지 않는다. 평상시에는 왼쪽을 높이지만 전쟁 때는 오른쪽을 높이 여긴다. 병장기는 상서롭지 못한 물건이라 군자가 쓸 물건이 아니다. 부득이해 쓰게 되더라도 빈 마음으로 담담해야 할 것이요, 이겼더라도 좋게 여기지 않아야 한다. 좋게 여긴다면 이것은 사람 죽이는 것을 즐기는 것이다. 사람 죽이는 것을 좋아하는 사람은 천하에 뜻을 펼 수가 없다. 길사(吉事)에서는 왼쪽을 상석으로 여기고, 흉사(凶事)에서는 오른쪽을 상석으로 여긴다. 그러나 군대에서는 편장군이 왼쪽에 서고 상장군이 오른쪽에 선다. 이것은 상례(喪禮)로 하는 것임을 말한다. 많은 사람이 죽었으므로 슬퍼하고 눈물을 흘리며 애도해야 한다. 전쟁에서 이겼더라도 상례(喪禮)로 의식을 치르는 까닭이 여기에 있다.

夫佳兵者不祥之器 物或惡之 故有道者不處 君子居則貴左 用兵則貴右 兵者不祥之器 非君子之器 不得已而用之 恬淡爲上 勝而不美 而美之者 是樂殺人 夫樂殺人者 則不可以得志於天下矣 吉事尙左 凶事尙右 偏將軍居左 上將軍居右 言以喪禮處之 殺人之衆 以哀悲泣之 戰勝以喪禮處之

병장기는 전쟁에서 사람을 살상하는 무기라 상서로운 물건이 아니다. 누구나 그것을 기피하고 싫어한다. 더구나 뜻있는 선비나 군자는 그런 물건을 가까이하지 않고 사용하지 않는다. 그러나 전쟁이 일어나 부득이하여 쓰게 될 때가 있다. 그때에도 담담한 빈 마음으로 이기려 하거나 공을 세우려고 하지 않는다. 전쟁에서 이기더라도 좋아하거나 기뻐하지 않는다. 좋아한다면 그것은 사람 죽이는 것을 즐기는 것이라고 할 수 있다. 사람 죽이는 것을 즐거워하는 사람은 천하를 얻을 수 없다. 전쟁을 좋아하는 사람은 나라를 이끌 수 없다는 말이다.

　전쟁은 사람의 생명을 해치는 것이므로 부득이하게 어쩔 수 없이 하는 경우라 할지라도 전쟁은 좋은 일이 아니다. 그러므로 전쟁에서의 모든 의식은 흉례(凶禮)로서 한다. 길사(吉事)에서는 왼쪽을 높이고 왼쪽의 자리가 상석이지마는 전쟁은 흉사(凶事)이므로 오른쪽을 높이고 오른쪽의 자리를 상석으로 한다. 그러므로 높은 사람이 오른쪽에 서고 낮은 사람이 왼쪽에 선다. 그리고 전쟁에서 이긴 전승(戰勝)의 의식도 사람이 죽었을 때 치르는 상례(喪禮)로서 한다. 전쟁은 이겼든지 졌든지 간에 사람을 죽이는 일이므로 흉례로서 행하는 것이다. 사람을 많이 죽였으므로 슬픔과 울음으로 애도함으로써 승전의 예를 상례로서 치르는 것이다.

　전쟁을 하지 말라. 어쩔 수 없이 하게 되더라도 슬퍼하라. 이겼더라도 기뻐하지 말고 슬퍼하라. 부득이해서 치르는 전쟁이라 하더라도, 이기려는 마음이 없고 힘을 내세우려는 마음이 없었다 하더라도, 전쟁으로 인명을 살상한 것이니 어찌 그것을 슬퍼하지 아니하고 기뻐할 수 있으랴. 부득이함을 핑계나 수단으로 내세우지 말라. 내세우면 부득이는 도에 따라 행하는 것이 아니고 만다.

> 전쟁을 하지 말라. 부득이해서 하게 되더라도,
> 전쟁에 이겼더라도 기뻐하지 말고 슬퍼하라.

【제32장】

이름이 있게 되면 이름으로 쓰인다

도는 이름이 없다. 박(樸)이라 한다. 그것은 비록 작으나 누구도 그것을 부릴 수는 없다. 군왕이 도를 지닐 수 있으면 만물이 절로 복종할 것이요, 하늘과 땅이 상응하여 감로(甘露)를 내리고, 백성들은 명령을 하지 않아도 절로 다스려질 것이다. 무엇이나 처음 만들어지면 이름이 있게 된다. 이름이 있게 되면 그 이름에서 멈출 줄 알아야 한다. 멈출 줄 알아야 위태롭지 않을 수 있다. 도가 천하에 있는 것은 냇물과 계곡물이 강과 바다가 있어 그리로 흘러들어가는 것과 같다.

道常無名 樸 雖小 天下莫能臣也 侯王若能守之 萬物將自賓 天地相合以降甘露 民莫之令而自均 始制有名 名亦旣有 夫亦將知止 知止可以不殆 譬道之在天下 猶川谷之於江海.

도는 이름이 없다. 이름이 없는 것이 도다. 만물의 처음은 이름이 없다. 만물의 처음이 도다[無名天地之始]. 처음, 그 이름 없는 처음을 박(樸)이라 한다. 박은 아무 손길도 가지 않고 아직 먹줄도 대지 않은, 산에서 막 잘라낸 원목을 말한다. 그것을 쪼개고 다듬어 온갖 도구를 만들어 낸다[樸散爲器]. 그 만들어진 물건들은 모두 이름이 있고 이름대로의 쓰임이 있다. 그러나 물건으로 만들어지기 전의 원목은 아무 물건도 아니요, 이름도 없고 쓰임도 없다. 이 이름도 없고 쓰임도 없는 원목이 박이다. 원목이 있어 모든 물건을 만들 수 있듯이 박이 있어 만물이 생겨난다. 이 박이 도다.

그러나 물건이 만들어져 처음 이름이 있게 되면[始制有名] 그 물건은 그 이름으로만 있게 되고 그 쓰임으로만 있게 되니[名亦旣有], 다른 물건을 만들기 위하여서는 다시 이름없고 쓰임이 없는 원목으로 돌아가야만 한다. 모든 물건은 이름이 있고 그 이름대로의 쓰임이 정해져 있다. 그것을 알아 그 이름, 그 이름대로의 쓰임에서 그칠 줄 알아야 한다는 것이 '지지(知止)'다. 수레는 수레로서 쓰임이 있으니 배로 물에 띄울 수 없고, 배는 배로서의 쓰임이 있으니 수레를 대신할 수가 없다. 그것을 알아야 한다. 그것을 아는 것이 '지지'다. 그것을 알면 잘못되지 않을 수 있고 위태롭지 않을 수 있다[知止可以不殆].

그 아무것도 만들어지기 전의 이름도 없고 쓰임도 없는 원목이 '박'이다. 그러한 박이 도다. 도는 이름이 없다. 만물이 생기기 전이라 이름이 없고, 이름이 없고 쓰임이 없는지라 박이다. 그러나 이 도에서 만물이 생겨나고 박에서 이름이 생겨난다. 그러한 박으로 돌아가야 하고 도를 지녀야 한다.

군왕이 박으로 돌아가 도를 지니고 있으면 세상이 다 그에게로 돌아올 것이요, 하늘과 땅, 만물도 순조롭고 백성들은 명령을 내려 시키지 않아도 스스로 평안하게 살아갈 것이다. 왕은 도로써 백성을 다스리고 만물은 박에서 생겨나 이름으로 존재한다. 천하에 도가 있는 것은 냇물과 계곡물이 강과 바다가 있어 그곳으로 흘러들어 가는 것과 같다.

> 도는 정해진 이름이 없다. 이름이 생겨나더라도
> 그 이름에 붙들리지 않는다면 잘못됨이 없을 것이다.

【제33장】

외물(外物)에 흔들리지 말라

남을 아는 사람은 지혜로우나 자신을 아는 사람은 현명하다. 남을 이기는 사람은 힘이 있는 사람이라고 할 수 있으나, 자신을 이기는 사람이라야 정말 강한 사람이라고 할 수 있다. 자족할 줄 아는 사람은 풍요롭고, 굳세게 행하는 사람은 의지가 있는 사람이다. 그 있을 자리를 잃지 않으면 오래갈 수 있고, 죽어도 죽지 않는 사람이라 할 수 있으니 오래 산다고도 할 수 있을 것이다.

知人者智 自知者明 勝人者有力 自勝者强 知足者富 强行者有志 不失其所者久 死而不亡者壽.

사람을 볼 줄 아는 사람은 좋고 나쁨을 평가하여 가려서 쓰고 가려서 대한다. 자기에게 이로운 사람인가 아닌가를 분명히 하여 행하려고 한다. 지혜로운 사람이라고 하지 않을 수 없다. 그러나 어질고 현명한 사람은 남을 평가하고 좋고 나쁨을 가려서 대하지 않는다. 오직 스스로를 알아 한결같은 마음을 가질 뿐이다. 남을 이기는 사람은 힘으로 모든 것을 해결하려 하나, 스스로를 이기는 사람은 마음을 흔들리지 않게 추슬러 그르침이 없게 한다. 남을 알고 남을 이기려 하는 사람은 자기가 아닌 외물(外物)에서 모든 것을 찾고 있는 것이라면, 스스로를 알고 스스로를 이기는 사람은 자기 밖의 외물에서 찾고 있는 것이 아니라 스스로에게서 모든 것을 찾고 있는 사람이라고 할 수 있다. 외물에 흔들리지 않고 영향받지 않고 자기의 삶을 살아가는 사람이라야 참으로 강한 사람이요 굳센 사람이라고 할 수 있다. 장자는 눈으로 보지 말고 마음으로 볼 것이며, 귀로 듣지 말고 마음으로 들으라고 하였다. 이 말도 외물에 사로잡혀 그르침이 없도록 하라는 것이라고 할 수 있다. 사람들이 좇고 매달리는 명예나 재물, 부귀영화가 다 이 외물에 해당하는 것이라고 할 수 있다. 이러한 외물들이 삶을 그르치게 하고 있다.

　사람이 살아가는 데 없어서는 안 될 필요한 것이 무엇인가? 그 없어서는 안 될 필요한 것을 아는 것이 '지족(知足)'이다. 없어서는 안 될 것은 물과 공기다. 그리고 꼭 필요한 것은 의식주(衣食住)다. 입을 것은 몸 하나 가릴 만큼만 필요하고, 먹을 것은 배 하나 채울 만큼만 필요하고, 거처할 집은 몸 하나 운신할 만큼이면 그것으로 족하다. 공기와 물은 어디에나 있고, 입고 먹고 거처할 것은 필요한 만큼만 가지면 늘 얻을 수 있어 풍족할 수가 있다. 필요한 만큼만 가지고 살라. 그 밖의 것, 그 이상의 것은 필요한 것이 아니요, 쓸모 있는 것이 아니다. 그 필요한 것을 알고 그 필요한 것만큼만 가지고 살라는 것이 '지족(知足)'이다.

필요하지도 않은 것을 가지려 하고 쓸모없는 것을 가지려 하는 데서 부족함이 있게 되고 삶은 힘들어진다. 필요 이상의 것을 가지려는 것, 그것을 탐욕이라고 한다. 탐욕이 없으면 늘 풍요롭고 살아가는 일은 힘들지 않을 것이다. 이렇게 탐욕 없는 삶을 스스로를 이기는 '자승(自勝)'이라 하고, 스스로의 자기 마음을 지니는 것이라고 한다. 자기 마음을 지니고 자기 자리를 잃지 않으면 언제나 평안하고 죽어도 죽는 것이 아닐 것이다. 죽어도 죽지 않는다는 것은 죽고 사는 일도 그 마음을 흔들지 못할 것이라는 말이다.

> 스스로를 알면 스스로 처할 자리를 알아 자기 삶을 살아갈 수가 있을 것이다.
> 자기 삶을 살아가는 데 방해하는 요소들을 끼어들지 않게 하면
> 부러운 것도 부족함도 없을 것이다.

【제34장】

도는 물과 같다

도는 범람하는 강물과 같아 두루 미치지 않는 데가 없다. 만물은 그것에 의해 살아가지만 도는 자기를 내세우지 않으며 공을 이루어도 자기의 것으로 하지 않는다. 만물을 입히고 키우지만 자기가 한다고 주장하지 않으며, 아무것도 하는 것이 없는지라 아주 작고 사소한 것이라고 할 수 있다. 만물이 모두 그에게로 돌아가고 있으나 주인이라 하지 않으니 크고 위대하다. 그러나 끝내 스스로를 크고 위대하다고 여기고 있지 않으므로 오히려 위대함을 이룰 수 있는 것이다.

大道氾兮 其可左右 萬物恃之而生而不辭 功成不名有 衣養萬物而不爲主 常無欲 可名於小 萬物歸焉而不爲主 可名爲大 以其終不自爲大 故能成其大.

도는 물과 같다. 물은 흘러 좌우 사방으로 퍼져 두루 이르지 않는 데가 없다. 나무줄기를 타고 오르기도 하고 땅속으로 스며들기도 한다. 하늘로 올라가 구름이 되는가 하면, 비가 되어 내리면서 온 만물을 적시기도 한다.

    물은 자기 모습이 없다. 모난 그릇에 담기면 모나고, 둥근 그릇에 담기면 둥글어진다. 자기 모습은 없으나 모든 모습을 머금고 있다고 할 수 있다. 도가 또한 자기 모습이 없다. 자기 모습이 없는지라 그것은 두루 어디에나 있고 어디에나 존재한다. 그러나 도는 자기 존재의 조짐도 없다. 모습이 없는지라 그 존재를 볼 수가 없고, 조짐이 없는지라 그 존재를 알 수가 없다. 그러나 세상 모든 것은 도에 의해서 생겨나고 도에 의해서 이루어지고 존재한다.

    만물을 생하면서도 도는 생한다고 말하지 않으며, 온갖 작용을 하면서도 그 공을 자랑하지 않으며, 키우고 자라게 하면서도 그렇게 한다고 자기를 내세우지 않는다. 이렇게 하고 이렇게 존재하는 것을 무위라 하고 자연이라 하거니와, 무위는 함이 없으면서도 하지 않음이 없는 것[無爲而無不爲]이요, 자연은 스스로 그렇게 존재함이다. 스스로 그렇게 존재한다 함은, 무엇 때문에 존재하고 무엇을 위해 존재하는가의 이유와 목적을 가지고 존재하고 있는 것이 아니라는 말이다. 그저 그러하고 그저 존재할 뿐이다. 그렇게 존재함을 작다고 하면 한없이 작다고 할 수 있을 것이요, 크다고 하면 한없이 크다고도 할 수 있을 것이다. 도는 작다·크다와 상관없이 존재한다는 말이다. 만물이 다 그러함 속에 존재하고, 꽃 한 송이가 그러함 속에서 피고 지고, 풀 한 포기가 그러함 속에서 자라고 크는 것이다. 만물이 모두 자연으로 존재할 뿐인데 그 자연을 두고 무엇을 크다 하고 작다고 할 것이랴. 장자는 만물이 그렇게 존재함을 '제물(齊物)'이라 하였거니와, 그 또한 이유를 달고 목적을 달지 말라는 말이라고 할 수 있다. 이유를 대고 목적을 달면 유위(有爲)가 되는 것이다. 유위 속에서만 크고 작고 길고 짧음이 있는 것이다. 자연은 무위다. 무위는 어떠한 이유나 목적을 가지고 존재하지 않는다는 말이다. 스스로 존재하고 스스로 그렇게 있을 뿐이다. 그렇게 있는 것을 자연이라 하고 도라고 하는 것이다. 도는 두루 존재하지 않는 곳이 없고 어느 것 하나 이루지 않는 것이 없으나, 스스로 있다고도 이룬다고도 하지 않는다. 그렇게 존재하고 있다.

> 자기가 하고 이룬 일을 내세우고 자랑하지 않는다면 참으로 위대한 것이다.
> 만물이 만물로서 존재함은 그 위대함 때문이다.

【제35장】

맹물이 말라 간다

도를 가지고 천하에 임하면 어디를 가도 해침이 없어 길이 평안하고 태평할 수가 있다. 아름다운 음악과 맛있는 음식은 길손의 발걸음을 멈추게 한다. 그러나 도는 아무 맛도 없고 볼 수도 없고 들을 수도 없으나 아무리 써도 그 바닥이 드러나지 않는다.

執大象 天下往 往而不害 安平太 樂與餌 過客止 道之出口 淡乎其無味 視之不足見 聽之不足聞 用之不足旣.

산간 계곡 바위틈을 비집고 흘러내리는 석간수(石間水)를 먹어 본 일이 있는가. 그 물맛을 아는가. 달다고 하나 단맛도 아니요, 시원하다고 하나 시원한 맛도 아니다. 물은 맛이 없다. 물이 무슨 맛이 있겠는가. 그래서 아무 맛도 없는 것을 물맛 같다 하고, 아무 맛도 나지 않는 물을 맹물이라고 한다. 물중의 물이 맹물이요, 그 맹물이 석간수다. 설탕을 타면 맹물이 아니요, 간을 치면 맹물이 아니다. 흙탕물도 맹물이 아니요, 더럽혀진 물은 더더욱 맹물이 아니다. 대기가 오염되고 땅속까지 오염된 오늘에는 맹물을 만나기가 힘들다. 그래서 모처럼 산에 올라 석간수를 떠먹어 보고는 맛이 좋다고 한다. 물에 무슨 맛이 있어 좋다고 하겠는가. 맛의 속박에서 잠시 벗어나 보는 기분을 말하는 것이리라.

　물에는 맛이 없다. 맛이 없을 뿐만 아니라 모양도 없다. 맛이 없는 것을 '담(淡)'이라 하고, 모양이 없는 것을 '대상(大象)'이라고 한다. '담'은 맛이 없어 무미(無味)요, '대상'은 모양이 없어 무형(無形)이다. 그러나 모든 맛은 담으로부터 나오고, 모든 모양은 대상으로부터 나온다. 맛이 없으나 모든 맛이 그 속에 있으니 맛이라 하지 않을 수 없고, 모양이 없으나 모든 모양이 그 속에 있어 모양이라고 하지 않을 수 없다. 그리하여 담을 '무미지미(無味之味)'라고도 하고, 대상을 '무상지상(無象之象)'이라고도 한다.

담은 맛이 없고 대상은 모양이 없다. 그것은 무미(無味)로서 있고 그것은 무상(無象)으로서 있다. 무미인지라 어떤 맛도 해치지 않고, 무상인지라 어떤 모양도 다치지 않는다. 해치지 않아야 제맛을 낼 수 있고, 다치지 않아야 제 모양을 가질 수 있다. 이렇게 무미로 무상으로 아무것도 다치지 않고 해치지 않고 있는 것을 노자는 도라고 하였다. 꽃 한 송이가 해치지 않아야 제대로 필 수가 있고, 풀 한 포기가 다치지 않아야 제 모양으로 자랄 수가 있다. 이것이 도다. 그래서 도를 자연(自然)이라고도 한다.

자연은 해치지 않는다. 자연이 있어 해치지 않는 것이 아니라 해치지 않는 것을 자연이라고 한다. 해치지 말라. 그대로 놓아두라. 간섭하지 말라. 그리하면 천하 만물이 존재하는 모든 것이 안태평(安太平)하리라. 그것이 '집대상(執大象)'이요, '도지출(道之出)'이다. 물을 흐르는 대로 두라 그러면 고기는 잡아먹어도 늘 있을 것이요, 나무를 자라는 대로 두라 그러면 쓸 재목이 늘 있을 것이다. 이것이 '용지불갈(用之不竭)'이다. 여기서 '용지(用之)'는 도를 말한다고 볼 수도 있겠으나 그때의 도는 다하지 않고 늘 있는 것이라 할 수도 있겠으나, 도가 무슨 쓰고 안 쓰고가 있겠으며 도가 마르고(渴) 마르지 않고가 있겠는가. 물을 흐르는 대로 놓아두면 언제나 마르지 않고 늘 흐를 것이요, 나무를 자라는 대로 놓아두면 무한히 쓸 재목이 있을 것이라는 뜻이라고 할 수 있다. 지족지지(知足知止)와도 같은 인간의 용(用)을 말하는 것이라고 볼 수도 있다. '불갈(不竭)' 또한 쓸 것이 바닥이 나지 않는다는 것이요, 도가 바닥이 나지 않는다는 말일 수도 있다. 물론 도의 끊임없는 작용이 그리하는 것이라 도를 말하고 있는 것이라 해도 무방할 것이다. 놓아두라, 간섭하지 말라. 그리하면 만물이 방해를 받지 않을 것이다. 이것이 집대상(執大象), 바로 도를 가지고 임하는 자세다. '왕이불해(往而不害)'는 어디를 가도 해침을 당하지 않는 것이라기보다는 아무것도 방해하고 간섭하는 일을 하지 않는다는 말이다. 방해는 다름 아닌 간섭이요, 간섭은 그대로 두지 않는다는 말이다. 하늘이 무슨 간섭을 하던가[天地不仁]. 도를 얻은 성인도 간섭을 하지 않는다[聖人不仁].

그대로 두라. 간섭하지 말라. 오늘에 있어 물전쟁이라 할 만큼 물이 문제가 되는 것은 물을 그대로 두지 않아 물이 바닥이 난 때문이요, 환경이 문제가 되는 것은 자연을 그대로 두지 않아 바닥이 난 때문이다. 식량이 문제가 되는 것도 그 때문이요, 땔감(에너지)이 문제가 되는 것도 그 때문이다. 쓸 것이 바닥을 드러냈기 때문이다. 그대로 두라. 그리고 지족(知足)하고 지지(知止)하라. 그러면 써도 써도 바닥이 드러나지 않을 것이다. 이것이 '용지불갈(用之不竭)'이다.

물은 맛이 없으나 그것에서 모든 맛이 이루어지고, 도는 모양이 없으나 모든 모양이 거기서 이루어진다. 무한히 맛을 내고 무한히 모양을 이루어가는 것을 '불갈(不竭)'이라고 한다. 어쨌든 '용지불갈'은 써도 써도 바닥이 나지 않는다는 것이니 샘물은 퍼도 퍼도 마르지 않는 것과 같다고 할 수도 있고, 흐르는 석간수는 먹어도 먹어도 그 맛은 지치지 않고 늘 새롭게 느껴진다고 해도 좋을 것이다. 그것은 담

(淡)하기 때문이요, 무미하기 때문이요, 맛을 간섭하지 않기 때문이라고 할 수 있다. 무미지미(無味之味)의 물을 맹물이라고 한다. 맹물이 있어야 모든 맛을 낼 수 있다. 그 맹물이 말라간다. 물을 그대로 두고 있지 않기 때문이다.

> 도는 아무 맛도 볼 수도 들을 수도 없는 것으로 있으나
> 아무리 써도 바닥이 드러나지 않는다.

【제36장】

자벌레가 몸을 구부리는 것은

한껏 펴진 것은 움츠러들 조짐이요, 한껏 강해진 것은 약해질 조짐이요, 한껏 흥한 것은 망할 조짐이요, 한껏 풍요로운 것은 곤궁해질 조짐이다. 이러한 것을 아는 지혜를 미명(微明)이라 한다. 유약한 것은 강함을 이긴다. 고기는 연못 속에 숨어 있어야 하고, 나라의 이로운 무기는 함부로 드러내지 않아야 한다.

將欲歙之 必固張之 將欲弱之 必固强之 將欲廢之 必固興之 將欲奪之 必固與之 是謂微明 柔弱勝剛强 魚不可脫於淵 國之利器不可以示人.

자벌레[尺蠖]가 몸을 구부리는 것은 다시 펴려고 구부리는 것이요, 용사(龍蛇)가 겨울잠을 자는 것은 이듬해 눈을 떠 살아남기 위해서다. 밤이 오는 것도 다시 밝아오기 위해서요, 겨울 추위가 매서운 것도 봄을 맞기 위해서다. 세상 돌아가는 이치가 그렇고, 사람 살아가는 이치가 그렇다. 영고성쇠(榮枯盛衰)가 그렇고 희비고락(喜悲苦樂)이 그렇다.

굴신왕래(屈伸往來), 구부렸다가는 펴지고 갔다가는 돌아오기 마련이다. 이것을 음양(陰陽)이라고 한다. 음은 가리어진 것이요, 양은 드러난 것이다. 가리어진 것이라 음(陰)은 어두운 것이요, 드러난 것이라 양(陽)은 밝은 것이기도 하다. 큰 일은 작은 일에서 생겨나고 밝은 것은 어두운 것에서 드러난다. 『중용』에서는 "숨어 있는 것보다 더 잘 드러나는 것이 없으며, 어두워 보이지 않는 것보다 더 잘 보이는 것이 없다[莫見乎隱 莫顯乎微]"고도 말하고 있다. 모든 일은 사소한 것에서 생겨나고 숨어 있는 곳에서 드러난다는 것이다. '굴신왕래'도 그러한 뜻에서 하는 말이요, 음양의 이치도 그러한 것을 바탕으로 설명되는 개념이다.

그러나 드러난 것만을 알고 가리어진 것, 숨어 있는 것은 알지 못한다. 밝은 것만을 알고 어두운 것을 알지 못한다. 이 어두운 것, 가리어진 것, 숨어 있는 것이 '미명(微明)'이다. 미명의 '미(微)'는 드러나지 않게 하는 것, 가리는 것, 숨기는 것을 말함이니 밝은 것을 가리고 숨어 드러나지 않는 희미한 상태로 있는 것을 미명이라고 한다. '보광(葆光)'이라는 의미와도 같은 뜻이라고 할 수 있다. 또는 아직 날이 밝기 전의 새벽녘을 가리키는 '미명(未明)'과도 같은 뜻이라고 할 수 있다. 그러나 '미(微)'를 숨어 있는 것이라고 보아, 숨겨져 있는 것은 언제나 드러나 밝아지는 것이라 밝은 것을 싸안고 있는 것이라고 할 수 있다. 그러나 싸안고 있는지라 가리어져 있는지라 숨어 있는지라 그것을 볼 수가 없다. 겨울은 봄을 안고 있으나 봄을 볼 수가 없고, 여름은 겨울을 싸안고 있으나 겨울을 볼 수가 없다. 씨앗은 딱딱한 껍질에 싸여 있으나 그 안에 찬란한 생명을 안고 있다. 생명을 본 일이 있는가? 이렇게 볼 수 없는 것으로 숨어 있는 것으로 있는 것이 '미명'이다.

 사람들은 드러난 것만을 알고 가리어진 것은 알지 못한다. 보이는 것만 알고 숨어 있는 것은 알지 못한다. 겉에 있는 것만 알고 속에 있는 것은 알지 못한다. 가리어진 것, 숨어 있는 것, 속에 있는 것이 미명이요, 그것을 아는 것이 또한 미명이다. 미(가리어진 것)를 아는 지혜, 숨어 있는 것을 아는 지혜가 미명이기도 하다. 흥(興) 속에 망(亡)이 있는 것을 아는 것이 그 지혜요, 성(盛) 속에 쇠(衰)가 있는 것을 아는 것이 그 지혜다. 유(柔)가 강(剛)을 이기고 약(弱)이 강(强)을 이기는 것을 아는가. 그것을 아는 것이 그 지혜요, 그 지혜가 다름 아닌 미명이기도 하다. 미명이 진리라면 그 진리를 꿰뚫어 보는 지혜가 또한 미명이다.

　자벌레가 몸을 구부리는 것은 그 지혜를 가졌기 때문이요, 개구리와 뱀이 겨울잠을 자는 것도 그 지혜를 가진 때문이다. 그러나 사람만이 그러한 지혜를 가지지 못하고 살아간다. 사람은 펴기만 하고 구부릴 줄을 모르며, 가기만 하고 돌아올 줄을 모른다. 그리하여 한번 태어나면 죽지 않으려 하고, 한번 흥하면 망하지 않을 줄로 안다. 이러한 어리석음을 '약상(弱喪)'이라 하여 어려서 집을 떠나 고향으로 돌아올 줄 모르고 헤매는 사람에 비유하기도 하였다. 노자는 그 어리석음을 깨치기 위해 '미명(微明)'을 말하고 있다.

　고향으로 돌아가라. 인간의 고향이 어디인가, 설 자리가 어디인가를 알게 함이라 하겠다.

물고기는 물속에서 벗어나지 않는다. 그것은 자기가 있을 자리가 물임을 알기 때문이다. 이러한 앎의 지혜를 미명이라 한다.

【제37장】

무욕으로 돌아가라

도는 하고자 함이 없으나 이루지 않는 것이 없다. 왕이 도를 따라 이렇게 한다면 세상은 스스로 교화될 것이다. 교화되고 있는데도 무엇을 더 이루려고 한다면 드러남이 없는 박으로 눌러야 할 것이다. 드러남이 없는 박은 아무것도 함이 없는 무욕(無慾)을 말한다. 무욕으로 아무것도 하려고 하지 않는다면 천하는 저절로 안정될 것이다.

道常無爲而無不爲 侯王若能守之 萬物將自化 化而欲作 吾將鎭之以無名之樸 無名之樸 夫亦將無欲 不欲以靜 天下將自定.

봄이 돌아와 얼음이 풀리고 흙이 부드러워지면 생명이 기지개를 켠다. 새싹은 땅속을 비집고 올라오고, 가지는 움을 트고, 벌레는 귀를 열고 눈을 뜬다. 생명이 스물거린다.

들판에는 야마(野馬, 아지랑이)가 달리고, 산골 도랑에는 가재가 기어오른다. 꽃망울이 터지고 잎이 푸르러 간다. 벌·나비가 역사를 시작하고 산새가 알을 깐다. 생명이 넘실거린다.

하늘 높이 구름 올라가고 풀밭에는 말이 살찐다. 씨앗 영글어 가고 나무줄기 물을 내리며 숨문을 닫으려 한다. 산야(山野)가 옷을 갈아입고, 물은 차가워지고, 계성(溪聲)이 또렷해진다. 무겁다, 생명이 엄숙해진다.

용사(龍蛇)가 잠을 자기 시작하고 너구리가 굴을 찾아든다. 눈이 내린다. 한천(寒天)의 밤은 별빛이 밝아만 가고 그 위를 북풍이 지나간다. 생명은 미동도 하지 않는다. 조용하다. 이렇게 한 해를 보내고 또 한 해를 맞는다.

만물은 보낼 줄 알고 맞을 줄을 안다. 봄을 맞기만 하고 보낼 줄을 모른다고 해 보라 꽃은 열매를 맺지 못할 것이요, 겨울을 맞고 보낼 줄을 모른다고 해 보라 뱀과 개구리는 깊은 잠에서 깨어나지 못할 것이다. 때를 알아 보내고 맞을 줄을 아는 것을 장자는 '안시처순(安時處順)'

이라 하였고, 생명이 그러한 것을 노자는 '만물자화(萬物自化)'라 하였다. 만물자화, 그것은 생명이 스물거림이요 넘실거림이다. 무거워 엄숙한가 하면 조용하여 미동도 하지 않는 것이 '자화(自化)'다. 봄이 와서 나뭇가지에 물이 오르는 것이 자화요, 겨울이 돌아와 깊이 잠을 자는 것이 자화다. 화개수류(花開水流)도 자화요, 산정계성(山靜溪聲)도 자화다.

  자화는 무욕(無欲)을 생명으로 한다. 무욕은 무심과 같다. 꽃피고 물 흐르는 것이 무슨 마음이 있어 그러하겠는가, '운무심이출수(雲無心而出岫)'라 한다. 한여름 비 개인 날, 구름은 멧부리를 토해 낸다. 구름이 무슨 마음이 있어 그러는가, 무심 속에 일어나고 무심 속에서 흩어진다. 이것이 자화다. 자화는 무엇을 이루고자 하는 욕작(欲作)이 없음이다. 욕작이 없음이라 무욕이요, 무욕이라 무심히 오가고 무심히 일어나고 없어진다. 이를 일러 '무위이무불위(無爲而無不爲)'라 한다. 무위하되 무불위하는 것이 자화다. 하는 일이 없는 것 같으나 그 가운데서 다 이루어 간다는 말이다. 풀 한 포기가 그렇게 자라 이루어지는 것이요, 꽃 한 송이가 그렇게 자라 피고지는 것이요, 계곡물이 그렇게 흘러 대하(大河)에 이르는 것이다.

  욕작(欲作)은 의도적으로 만들어 가는 것이지마는 자화(自化)는 저절로 이루어지는 것이다. 욕작은 유심으로 하는 것이지마는 자화는 무심으로 하는 것이다. 유심은 유욕이요, 무심은 무욕이다. 자연은 마음먹고 이루려[欲作] 하지 않는다. 의도적으로 만드는 일도 없고 의도적으로 궤멸시키는 일도 없다. 서둘러 이루는 일도 없고 머물러 게으름을 피우는 일도 없다. 봄도 오기 전에 망울을 터뜨리는 꽃·나무도 없고, 겨울이 왔는데도 제 집을 찾아들지 않는 짐승도 없다. 고기는 물 속을 벗어나지 않고, 새는 수림을 벗어나지 않는다. 의도적으로 그리하는 것이 아니라 저절로 그리하는 것이다.

그러나 사람은 그러지를 못한다. 무엇 하나 무심으로 하는 일이 없고, 무엇 하나 저절로 되는 일을 두고 보지 못한다. 봄이 오는 것을 기다리지 못해 한겨울 꽃을 피우게 하고, 겨울을 기다리지 못하여 한여름에 얼음을 만들어 먹는다. 이것은 억지다. 물길을 막아 댐을 만드는 것도 억지요, 산을 깎아 길을 내고 바다를 메워 땅을 만드는 것도 억지다. 지구를 벗어나 달에 가 살려는 것도 억지요, 유전자 조작을 해 생명을 바꾸는 것도 억지다. 과학은 우주의 질서를 혼란시키고, 의학은 생명질서를 혼란시키고 있다. 그러면서도 살아남기를 바라고 영생하기를 바란다. "원(圓)을 그린다는 것이 방(方)을 그리고 있는 이 어리석음, 한없이 수렁을 향해 내달리기만 하고 그 걸음을 멈출 줄 모르고 있으니 슬프다. 인간의 삶이여"라고 장자는 말하고 있다. 인간의 잘못, 어리석음은 모두 억지를 부리려[欲作]는 데서 비롯하고 있음을 밝히고 있는 말이다.

억지로 하려는 마음을 버려라. 무욕(無欲)으로 돌아가라. 그것이 다름 아닌 자연으로 돌아감이요, 박(樸)으로 돌아감이다. 자연은 무위요, 박은 무욕이다. 무위·무욕으로 이루어지는 것을 '무위이무불위(無爲而無不爲)'라 하고 '자화(自化)'라 하는 것이다.

> 무욕으로 세상에 임한다면 천하는 절로 다스려질 것이다.

下
──
하편

【제38장】

도덕이 땅에 떨어졌다고 하지 말라

상덕(上德)은 덕이 있음을 드러내려 하지 않으므로 덕이 있고, 하덕(下德)은 덕을 드러내려 하므로 덕이 없다. 뛰어난 덕은 하고자 해서 하는 일이 없어 억지로 하는 일이 없다. 그렇지 못한 덕은 하고자 해서 하고 억지로 그것을 해 나간다. 뛰어난 인(仁)은 베풀고자 하는 마음은 있으나 억지로 베푸는 일은 없으며, 뛰어난 의(義)는 옳음을 내세우고 그 옳음을 이루려고 하고, 예(禮)는 실천하려고 하고 실천되지 않으면 힘으로 억지를 부리며 구현하려고 한다. 그러므로 도가 없어졌을 때 덕이 있게 되고, 덕이 없어졌을 때 인이 생겨나고, 인이 없어졌을 때 예가 있게 된다. 예가 있다는 것은 진실된 믿음이 없어졌다는 것이요, 혼란 속에 빠져 있다는 것이다. 이미 얻어 가진 지식은 도를 허식으로 꾸밀 뿐이요, 어리석음을 낳게 하는 것일 뿐이다. 그러므로 대장부는 돈후함에 처하고 부박하게 처하지 않으며 질박하게 생활할 뿐 화려한 꾸밈 속에 살지 않는다. 그러므로 꾸미는 허식을 버리고 진실됨을 취한다.

上德不德 是以有德 下德不失德 是以無德 上德無爲而無以爲 下德爲之而有
以爲 上仁爲之而無以爲 上義爲之而有以爲 上禮爲之而莫之應 則攘臂而扔
之 故失道而後德 失德而後仁 失仁而後義 失義而後禮 夫禮者忠信之薄 而亂
之首 前識者 道之華 而愚之.始 是以大丈夫處其厚 不居其薄 處其實 不居其
華 故去彼取此.

　도덕이 땅에 떨어졌다고 말하고 있다. 요즈음 젊은이들은 버릇이 없다는 말을 하기도 한다. 이러한 말은 옛날부터 오늘에 이르기까지 늘 되풀이되고 있는 말이다. 그리고 보면 도덕이나 버릇은 사람이 살아가는 현실 속에는 있는 것이 아니요, 언제나 지나간 사람, 과거의 생활 속에만 있다는 것이 된다.

　인간은 현실을 살아가는 것이다. 과거를 말하고 지난날을 회상한다 하더라도 그 회상하는 사람은 오늘의 이 현실 속에서 살아간다. 과거로는 돌아갈 수가 없으며 미래 또한 앞당겨 살 수 있는 것도 아니다. 인간은 현실적 존재다. 인간만이 그러한 것이 아니라 모든 존재하는 것이 그러하다. 과거는 있었던 것이요, 있는 것이 아니다. 있는 것은 오늘의 이 현실 속에 존재하는 것들이다. 그중에서도 더더욱 인간은 그 현실을 의식하면서 살아가는 현존적 존재자다. 그런데 그 현실에는 도덕이 없다고들 한다. 도덕이 땅에 떨어졌다는 말이 바로 그것이다. 도덕이 과거 사람에게는 있었으나 오늘을 살아가는 사람에게는 없다는 말이다. 그러나 그 과거 사람도 그가 살던 그 당시 현실에서는 마찬가지로 생각하면서 살아갔다. 도덕이 땅에 떨어졌다, 요즈음 젊은이들은 버릇이 없다는 말을 하면서 개탄 속에 살아왔던 것이다. 인간이 살아오는 역사 속에서 한 번도 자기가 살고 있는 현실을 도덕적 사회라고 생각한 적은 없었다. 도덕은 언제나 현실에는 없었다. 그러므로 사람들이 말하는 것과는 달리, 실제에 있어서 도덕은 인간의 삶과는 무관한 것이 아닐 수 없다. 인간은 현실을 살아가는 존재요, 도덕은 현실에 있어 본 적이 없기 때문이다. 현실에 없는 것은 결국은 없는 것이다. 도덕은 있는 것이 아니다. 사람은 언제나 현실을 살다 가는 것이고 보면 지금에만 없는 것이 아니라 과거에도 없었다. 도덕은 애당초 없는 것이요, 사람과는 무관한 것이다. 있다면 젊은이들을 꾸짖고 오늘을 개탄하는 데 필요한 말, 공허한 개념으로서만 있는 것이라고 할 수 있다.

도덕이란 무엇인가? 사람들이 말하고 있는 도덕이란 과연 있는 것인가 없는 것인가. 도덕을 말할 때 그 덕목으로 흔히들 인의예지(仁義禮智)를 들먹인다. 그런 것들이 있는 것인가. 그리고 살아가는 데 필요한 것이기나 한 것인가.

인간은 더불어 사는 존재다. 그래서 모듬살이 존재라고도 하고 사회적 동물이라 하기도 한다. 홀로는 살 수가 없으며 사람과 사람이 함께 더불어 살면서 너도 살고 나도 사는 공존관계를 가지며 살아간다. 이 공존적 삶의 작은 단위를 가정이라 하고, 가정이 모여 공존의 관계를 가지며 살아가는 모듬살이를 사회라 하고, 그 모듬살이가 더 커져 모든 사람이 한 질서 속에서 살아가는 큰 모듬살이를 국가라고 한다. 가정이나 사회나 국가가 필요로 하는 것은 모두 더불어 살아가는 공존관계요, 그 관계를 질서라고 한다. 우리가 '윤리(倫理)'라 하는 것은 바로 그 질서를 말하고 있는 것이다. 그러므로 윤리란 다름 아닌 인간과 인간의 관계를 말하고 있는 것이요, 그 관계란 너와 내가 더불어 살 수 있는 공존관계, 곧 질서를 말하고 있는 것이다. 그리고 그 질서의식을 도덕이라고 할 수 있다. 아무리 질서가 요구되고 있다 하더라도 그 질서를 함께하는 사람들의 질서의식 없이는 불가능하다. 그러므로 윤리는 도덕적 바탕 위에서만 가능한 것이다. 우리가 항상 도덕을 말하고 있는 이유가 바로 여기에 있다. 그런데 그 도덕이 없다고들 말하고 있다. 윤리가 없다는 말을 하기도 하나 실은 같은 말이라고 할 수 있다.

그러나 오늘에 있어 과연 윤리가 없으며 도덕이 땅에 떨어졌는가. 섣불리 현실을 그렇게 진단하기에 앞서 오늘에도 가정이 있고 사회가 있고 국가가 있는가를 생각해 볼 일이다. 분명 가정이 있고 사회가 있으며 국가가 있다. 가정이 있는 한 도덕이 있는 것이며, 사회·국가가 있는 한 윤리가 없을 수는 없는 것이다. 윤리·도덕이 없이는 어떠한 모듬살이도 불가능한 것이기 때문이다. 그러므로 윤리가 없다든가 도덕이 땅에 떨어졌다는 것은 사실은 성립할 수 없는 말이다. 우리가 정작 문제 삼아야 할 것은 도덕이 있느냐 없느냐에 있는 것이 아니라 도덕이 무엇이냐에 있다. 오늘의 가정에서는 어떠한 공존관계 속에서 모듬살이를 하고 있는가를 살펴보는 데서 윤리 도덕을 문제 삼지 않으면 안 된다. 다시 말해서 윤리 도덕은 현실을 바탕으로 해서 문제 삼아야 한다는 말이다. 그렇지 않고 문제 삼는다는 것은 결국 윤리 도덕이 아닌 것을 윤리 도덕으로 문제 삼는 것이 되어 엉뚱한 발상을 끌어오게 한다. 도덕이 땅에 떨어졌다는 말은 바로 그러한 발상에서 온 것이라고 하지 않을 수 없다. 오늘의 현실은 과거의 현실이 아니다. 오늘의 현실은 과거의 현실과는 다르다. 우선 사람이 다르고 생활이 다르고 생각하는 것이 다르다. 가정이 다르고 사회가 다르다. 아이가 커서 어른이 되어 다르듯이 말이다. 그뿐인가, 인간관계 또한 과거보다 훨씬 복잡한 관계 속에서 살아가고 있다. 50년 전 서울의 인구는 60만 명에 불과했다. 그 인구가 지금은 1000만 명을 넘고 있다. 그 많은 사람들이 함께 살아가고 있다. 생각해 보라, 공존질서가 없이 그 모듬살이가 가능하겠는가. 그 공존질서가 과거와는 다르다 하여 질서가 없다 하겠는가. 윤리가 다름 아닌 그 공존질서요, 그 질서의식 속에 살아가는 것이 다름 아닌 도덕이다. 오늘이 과거가 아닌데 과거의 질서를 요구하고, 오늘의 사람이 과거의 사람이 아닌데 과거 사람의 의식을 가지고 살아가지 않는다 하여 윤리가 없고 도덕이 없다고 하겠는가. 윤리 도덕은 과거의 질서, 과거 사람의 의식을 말하고 있는 것이 아니라, 그것은 사람과 함께 달라지고 생활과 함께 달라지고 가정과 함께 달라지고 사회와 함께 달리하면서 항상 현실 속에서 공존의 질서를 형성해 가는 것을 말한다. 도덕이 땅에 떨어졌다고 개탄하는 것은 바로 이러한 도덕의 실체를 알지 못하는 데서 오는 말이 아닐 수 없다. 노자는 이러한 잘못된 생각에서 헤어나지 못하는 것을 '우(愚)'라고 하였다. '우'는 어리석음으로, 특히 도덕에 대한 잘못된 앎의 어리석음을 '우'라고 하였다. 도덕이 언제나 현실을 바탕으로 하는 것이라면 현실 파악에 철저하지 못한 것을 '우(愚)'라 한다고 해도 무방할 것이다.

도덕은 현실 속에 있다. 그러므로 그것은 현실을 바탕으로 문제 삼지 않으면 안 된다. 그 현실을 노자는 '실(實)'이라 하였다. '실'을 바탕으로 하지 않은 도덕은 도덕이 아니라고 하였다. 그것이 '처기후불거기박(處其厚不居其薄)'이라는 말이요, '처기실불거기화(處其實不居其華)'라는 말이다. 여기서 '기박(其薄)' '기화(其華)'는 현실을 바탕으로 하지 않고 있는 도덕을 가리키는 것이라 할 수 있을 것이니, 흔히 사람들이 주장하고 있는 인의예지의 덕목들을 말하고 있다고 할 수 있다. 그러한 것들은 모두 현실에 바탕을 두고 있는 것이 아니라, 과거에 바탕을 두고 이해되는 것들이라는 것이다. 그러한 덕목으로 도덕을 말하고 있는 사람을 노자는 '전식자(前識者)'라고 하였다. 공허한 도덕론자들을 가리키고 있는 말이라 하겠다. 그 도덕론자들이 말하고 있는 공허한 도덕이 바로 기박이요 기화다. 도덕이 땅에 떨어졌다고 생각하고 있는 사람들의 도덕이 바로 그러한 도덕이다. 특히 예(禮)가 그중 더욱 공허한 것이라고 노자는 말하고 있다. 현실에서 갈

등은 도덕이 없는 데서 문제가 되는 것이 아니라 사실은 도덕이 아닌 것(공허한 도덕)을 도덕이라 우기고, 그것을 요구하고 강요하는 데서 비롯하는 것이다. 그것을 지적하고 있는 것이 노자의 '우(愚)'다. 그 우를 떨쳐버리고 나면 갈등은 없어진다. 그것이 '거피취차(去彼取此)'다. 여기서 거피의 '피(彼)'는 공허한 도덕을 말하고, 취차의 '차(此)'는 도덕의 실체를 말하는 것으로 도덕은 과거가 아닌 현실 속에서 그 실체를 찾아야 한다는 말이기도 하다.

우리는 현실을 너무 섣불리 진단하고 있다. 그리하여 그 진단이 잘못되었을 때, 그 처방은 약효를 가져오기는커녕 오히려 병을 악화시키는 경우가 없지 않다. 특히 도덕문제에 있어 그런 오진을 가져오기 쉬워 현실을 더욱 어렵게 하고 있다[夫禮者忠信之薄, 而亂之首]는 것이 이 장에서 말하고 있는 노자의 생각이라고 할 수 있다. 노자는 1장에서 도를, 여기서 덕을 말함으로써 도덕의 실체를 밝히고 있다고 하겠다.

지식은 허식을 꾸며갈 뿐이고 어리석음을 낳게 할 뿐이다.

【제39장】

하나[一]는 수가 아니다

옛날부터 모든 것은 하나[一]를 얻어 존재한다. 하늘이 하나를 얻어 맑고, 땅이 하나를 얻어 편안하고, 신이 하나를 얻어 신령하고, 계곡이 하나를 얻어 가득하고, 만물이 하나를 얻어 생한다. 왕이 하나를 얻으면 천하의 으뜸이 된다. 모든 것이 그 하나를 얻어 이루어지는 것이다. 하늘이 맑음이 없다면 하늘 구실을 못할 것이요, 땅이 편안함이 없다면 땅의 역할을 잃을 것이요, 신이 영험함이 없다면 신의 역할을 잃을 것이다. 계곡이 물이 차 흐르지 않는다면 계곡이 아닐 것이요, 만물이 생명을 잃는다면 없어지고 말 것이요, 왕이 그 존귀함이 없다면 왕이 아닐 것이다. 그러므로 귀한 것은 천한 것을 근본으로 하고, 높은 것은 낮은 것을 기반으로 한다. 그러므로 왕은 스스로를 고(孤), 과(寡), 불곡(不穀)이라 칭하는 것이니 어찌 천한 것으로 근본을 삼는 것이 아니겠는가. 그러므로 수레를 뜯어 헤쳐 놓으면 수레가 아니다. 다듬고 갈아서 아름다운 옥을 만들기보다는 자연 그대로의 돌로 두는 것이 낫다.

昔之得一者 天得一以淸 地得一以寧 神得一以靈 谷得一以盈 萬物得一以生 侯王得一以爲天下貞 其致之 天無以淸 將恐裂 地無以寧 將恐廢 神無以靈 將恐歇 谷無以盈 將恐竭 萬物無以生 將恐滅 侯王無以貴高 將恐蹶 故貴以賤爲本 高以下爲基 是以侯王自謂孤 寡 不穀 此非以賤爲本邪 非乎 故致數 輿無輿 不欲琭琭如玉 珞珞如石.

땅에다 집을 짓는다. 집은 허공에다 짓는 것이 아니라 땅에다 짓는다. 초가집도 땅에다 짓고 기와집도 땅에다 짓는다. 짓는 집은 많고 여러 가지이나 땅은 하나다. 그 하나가 일(一)이다.

일(一)은 하나이기는 하나 수(數)는 아니다. 집은 여러 개이므로 수로서 존재하나 땅은 하나이므로 수로는 존재하지 않는다. 수는 둘로부터 시작한다. 음양을 2와 3으로 나타내는 까닭이 여기에 있다. 하나인데 무슨 수가 있겠는가, 그 하나가 일(一)이다.

노자에게서 一은 만물을 있게 하는 터다. 땅이 집을 서 있게 하는 터인 것처럼 말이다. 집이 터 위에 지어지듯이 만물은 一을 가지고서야 존재한다. 그것이 '만물득일이생(萬物得一以生)'이다. 하늘이 푸르러 하늘로서 있는 것은 一을 가지고 있기 때문이요, 땅이 평안한 것도 一 때문이요, 신이 신령스러운 것도 一 때문이요, 계곡에 물이 차 흐르는 것도 一 때문이다. 나무가 나무로서 있고 풀이 풀로서 있는 것도 그 때문이다. 하늘과 땅, 나무와 풀은 물(物)이지마는 一은 아니다. 하늘은 푸를 뿐 아니라 구름이 있고 달과 별이 있으며 그 모양이 둥글다[天圓]고도 한다. 땅은 평평할 뿐만 아니라 산이 있고 강이 있으며, 들이 있고 구릉도 있다. 그래서 모가 난 것[地方]이라고도 한다. 나무 또한 가지가 있고 잎이 있으며 위아래가 있다. 물은 모두 이러한 설명을 가진다. 설명은 수치(數値)로써 나타내지며 그 나타내진 것을 '상(象)'이라고 한다. '상'은 모양이지마는 그 모양은 반드시 수로 나타내진다. '상수(象數)'라고 하는 것이 그것이다. '상수'는 수로 나타내진 것이 상(象)이라는 말이기도 하고, 상(象)은 수로 나타난다는 말이기도 하다. 물은 모두 상수로서 설명된다. 『주역』을 상수학(象數學)이라 하는 까닭도 여기에 있다. 역은 물상(物象)을 문제 삼아 나가기 때문이다. 물상이 다름 아닌 상수(象數)다. 그러나 一은 하늘이나 땅, 그리고 나무나 풀처럼 설명되는 개념이 아니다. 설명되지 않는지라 물(物)이 아니며, 물이 아닌지라 상을 가지지 못하며, 상을 가지지 않는지라 수 개념이 아니다. 상수(象數)의 대상이 아니다.

 一은 수 개념이 아니다. 수는 물을 나타낸다. 그러나 一은 물을 나타내지 않는다. 아무것도 나타내지 않는다. 그러므로 노자에서 一은 무상(無象)이요, 무명(無名)이다. 그러나 아무것도 나타내지 않는다 하여 없는 것이 아니요, 아무 이름도 없다 하여 무실(無實)한 것이 아니다. 그래서 '소(素)'라 하고 '박(樸)'이라 하였다. '소'는 그림에서 아무 칠도 하지 않은 흰 바탕이요, '박'은 아직 먹줄도 대지 않은 채로 있는 원목 토막이다. 이름이 있기 전이라 하여 영아(嬰兒)라 하기도 한다. 모두 없는 것이 아니라 있다는 것을, 무가 아니라 실유(實有)라는 것을 뜻하고 있는 말이다. 一은 실유적 존재다. 그냥 존재라 해도 무방할지 모른다. 그렇게 실유적 존재로 있는 一을 노자는 도(道)라 하기도 하고 혼돈이라 하기도 하였다.

도는 무명이요 무상(無象)이다. 물(物)로서 존재하는 것이 아니다. 그러므로 물이 가지는 형(形), 모(貌), 성(聲), 색(色)의 아무것도 가지고 있지 않다. 그러면서도 실재(實在)하고 있는 것이다. 그 실재하고 있는 존재가 一이다. 그 一을 가지고 모든 것은 존재한다는 것이 '만물득일이생(萬物得一以生)'이라는 말이다. 一이 없으면 하늘도 없고 땅도 없고 신도 없고 계곡도 없다. 만물이 존재하지 않는다. 그것이 "만물무이생(萬物無以生)이면 공멸(恐滅)"이라는 말이다.

앞에서 땅이 없으면 집이 있을 수 없다고 하였다. 초가집도 없고 기와집도 없다. 이 집들이 만물에 해당하는 것이라면 땅에 해당하는 것이 一이다. 모든 그림은 흰 바탕 위에다 그린다. 그것이 '회사후소(繪事後素)'라는 말이다. 그림이 만물이라면 흰 바탕[素]이 一이다. 모든 그릇은 원목에다 먹줄을 대고 깎고 다듬어서 만든다. 그것이 '박산즉위기(樸散則爲器)'라는 말이다. 그릇이 만물이라면 나무 원목[樸]이 一이다. 땅이 없으면 집이 없듯이 一이 없으면 만물이 있을 수 없다. 그것이 "만물무이생(萬物無以生)이면 장공멸(將恐滅)"이라는 말이다. 여기서 '생(生)'은 존재이기도 하고 一이기도 하다. 그러므로 一이 없으면 만물은 존재 자체가 불가능하다는 것을 뜻하고 있는 것이 '만물무이생(萬物無以生)'이요, 뒤에 따라 나오는 '공멸(恐滅)'이 그것을 말해 준다. 아무튼 만물은 一이 있어야 존재한다. 하늘도 一이 있어야 존재하고, 땅도 一이 있어야 존재한다. 하늘은 어떻게 존재하는가, 하늘은 하늘로서 존재한다. 땅은 어떻게 존재하는가, 땅은 땅으로서 존재한다. 나무는 나무로서 존재하고, 풀은 풀로서 존재한다. 하늘이 땅으로 존재한다면 하늘은 하늘이 아니요, 나무가 풀잎으로 존재한다면 나무는 나무가 아니다. 이것이 一이다. 하늘은 하늘로서 있고 땅은 땅으로서 있는 것이 一이다. 나무는 나무로서 있는 것이 一이요, 풀은 풀로서 있는 것이 一이다. 一을 자연이라 하기도 한다. 자연은 스스로 그러함이라는 것이니 꽃이 누가 피라고 해서 피는 것이 아니요, 나뭇가지 하나가 누가 뻗으라 해서 뻗는 것이 아니다. 스스로 피고 스스로 뻗는 것이다. 하늘이 스스로 그렇게 있고 땅이 스스로 그렇게 있는 것이요, 누가 시켜서 있는 것이 아니다. 이것이 "천득일이청(天得一以清)이요, 지득일이녕(地得一以寧)"이다. 물마다 그렇게 있는 것이 '만물득일이생(萬物得一以生)'이다. 여기서 一이 자연이요, 스스로 그러함이다. 하늘은 스스로 그러하여 청(清)하고 땅은 스스로 그러하여 녕(寧)하다. 어느 물이 어느 존재자가 스스로 그러하여 자기로서 있지 않은 것이 있던가. 어느 풀 한 포기가 어느 꽃 한 송이가 스스로 그러하여 자기대로 자라고 피고 있지 않은 것이 있던가. 장자는 모든 존재자가 이렇게 자기는 자기대로 있는 것을 '제물(齊物)'이라고 하였다. 제물도 물마다 다 각자 그러하다는 뜻으로, 노자의 '만물득일이생(萬物得一以生)'과 같은 말이다. 장자의 제물을 '만물제동(萬物齊同)'으로 말할 때 제동(齊同)은 다름 아닌 제일(齊一)이다. 득일(得一)의 의미와 같다고 할 수 있다. 그러므로 만물제동으로 말하는 장자의 제물은 노자의 만물득일이생과 같은 뜻이다.

一은 수 개념이 아니다. 수가 아니다. 수 개념이 一을 바탕으로 하여 생겨나 二로부터 수가 시작되니 수는 다름 아닌 상(象)을 가지는 물이요, 그러므로 一은 수의 시(始)요, 물의 시(始)가 된다고도 할 수 있을지 모르나 수나 물은 아니다. 시라기보다는 바탕[礎]이라는 것이 옳다. 이 一을 수로 생각하고 물로 생각하면 수도 없고 물(物)도 존재할 수 없게 된다. 이것이 '치수여무여(致數輿無輿)'라는 말이다. 물론 여기서 '여(輿)'는 수레로 물이나 수레가 수레로 있게 하는 것은 물이 아니다. 그것을 물, 곧 수로 만들면[致數] 수레는 존재하지 않게 된다. 수레를 해체하여 뜯어 놓으면 수레는 없어지고 만다는 말이다.

하늘은 하늘로서 있고 땅은 땅으로서 있으며 나무는 나무로서 있고 풀은 풀로서 있는 것, 그것이 자연이요, 一이다. 모든 것은 다 一로 존재한다. 그렇게 존재하는 것을 자연이라고 하는 것이다. 모든 것을 그대로 두라. 다듬고 만들려고 하지 말라.

하늘은 하늘로서 있어 하늘이요, 땅은 땅으로서 있어 땅이다.
만물이 다 그렇게 있다. 그렇지 않다면 존재의 질서는 무너질 것이다.

【제40장】

박(樸)에다 옷을 입힌 것이 만물이다

자연으로 돌아가는 것이 도의 움직임이요, 유약으로 나타나는 것이 움직임의 도의 모습이다. 천하만물은 유에서 생겨나고 유는 무에서 생겨난다.

反者道之動 弱者道之用 天下萬物生於有 有生於無.

만물은 어디서 오는가. 어디서 생겨나는가. 나무나 풀은 씨앗에서 생겨나고 물고기와 새는 알에서 부화한다. 새끼는 어미에서 태어나고 새끼는 자라 어미가 된다. 그래서 태어나고 또 태어난다. 그러나 만물은 어디서 오고 어디서 생하는가. 나무는 씨앗에서 생하고 새끼는 어미에서 태어난다고 하나, 나무와 씨앗이 만물이요 새끼와 어미가 다 만물이니 그 만물은 어디서 생하는가. 물(物)은 물(物)에서 생한다. 장미꽃은 장미에서 생하고, 찔레꽃은 찔레에서 생한다. 송아지는 소에서 생하고, 망아지는 말에서 생한다. 그 물은 반드시 그 물에서 생하는 것이요, 나무에서 풀이 나오거나 송아지가 말에서 생하지는 않는다. 찔레와 장미는 비슷하지마는 장미꽃이 찔레에서 피는 법이 없고 찔레꽃이 장미에서 피는 일도 없다. 이것은 엄격하고, 조금의 차착(差錯)도 없다. 만물은 이렇게 존재한다. 너무도 엄숙하고 근엄하게 존재한다. "하늘그물은 넓어 성긴 듯하나 어느 것 하나 빠뜨리는 일이 없다[天網恢恢 疎而不失]"는 노자의 말도 이것을 두고 하는 말이다.

만물은 근엄하고 엄숙하게 존재한다. 꽃 한 송이가 아무렇게나 피고 있는 것이 아니요, 풀 한 포기가 아무렇게나 잎을 뻗고 있는 것이 아니다. 만물이 이렇게 존재하고 있는 것을 자연이라고 한다. 그러나 자연은 물이 아니니 만물은 자연(自然)이 아니다. 장미꽃이나 찔레꽃은 물이지마는 장미꽃이 찔레에서 피지 않는 것은 물이 아니다. 송아지나 망아지는 물이지마는 말이 송아지를 낳지 않는 것은 물이 아니다. 그것은 자연이다. 자연으로서 존재하는 것이 물이다.

만물은 자연으로서 존재한다. 그러므로 자연이 만물을 생한다고도 하나 정확하게 말하면 자연을 따르는 것이요, 생하는 것이 아니다. 앞의 25장에서 '도법자연(道法自然)'이라는 말을 했거니와 '법자연(法自然)'이 다름 아닌 자연을 따른다는 말이다. 사람이 땅을 따르고[人法地], 땅이 하늘을 따르고[地法天], 하늘이 도를 따르고[天法道], 도가 자연을 따른다[道法自然]고 했던 것이다. 여기서 사람·땅·하늘·도는 다 물을 말하는 것이요, 그 물은 모두 자연을 따른다는 것이다. 도는 다른 것이 아니다. 모든 물이 물로서 있는 것이다. 그 물이 자연을 따라 그렇게 있다는 것이 '도법자연(道法自然)'이다.

만물은 만물로서 있다. 나무는 나무로서 있고, 풀은 풀로서 있고, 사람은 사람으로서 있고, 땅은 땅으로서 있고, 하늘은 하늘로서 있다. 그렇게 있는 것은 모두 자연을 따르기 때문에 그렇게 있는 것이다. 그러나 만물은 자연을 따르는 것이기는 하되 자연에서 생하는 것은 아니다. 물은 물에서 생한다. 소는 소에서 생하고, 말은 말에서 생한다. 그러므로 만물은 만물에서 생한다고 할 수 있을 것이다. 그러나 그것이 만물은 어디서 생하는가에 대한 대답일 수는 없다. 닭은 알에서 나오고 알은 닭에서 나온다는 것이 닭을 해명해 주고 있지 않는 것처럼 말이다. 바로 여기에서 창조주, 바로 신(神)을 말하게 되는 것이다. 만물은 신이 창조했다는 것이 그것이다. 그러나 노자는 무(無)

에서 생하는 것이라고 말하고 있다. '유생어무(有生於無)'라는 것이 그 것이다. 여기서 '유(有)'는 만물 이외의 것이 아니다. 그러나 노자는 '만물생어유(萬物生於有)'라고 하여 만물은 유에서 생하고 그 유가 무(無)에서 생한다고 굳이 유를 내세운 것은, 송아지는 어미 소에서 생하고 망아지는 어미 말에서 생한다는 것으로 결국 소는 소로서 있고 말은 말로서 있다는 것을 나타낸 것과 같다고 할 수 있으니, 만물은 유에서 생한다는 말은 만물과는 달리 유(有)가 따로 있어 생한다는 것이 아니라 만물은 만물로서 있다는 말에 불과하다. 다시 말해서 나무는 나무로서 있고 풀은 풀로서 있는 것처럼 모든 존재하는 것들이 다 자기로서 있다는 것이 '만물생어유(萬物生於有)'다. 그렇게 있는 존재자들, 즉 만물이 모두 무에서 생한다는 것이 바로 '유생어무(有生於無)'다. 그러므로 유(有)는 만물 이외의 다른 것을 말하고 있는 것이 아니다. 그러나 굳이 구별한다면 만물, 즉 물(物)을 물상으로 상(象)에서 물을 말하는 것이라면, 유(有)는 물의 존재만을 말하는 것으로 상에서 말하고 있지 않다는 점이다. 이러한 유와 물의 구별은 42장의 '도생일(道生一)'에서 살펴보기로 하고, 여기서는 크게 문제 삼지 않기로 한다.

그렇다면 처음의 물음으로 돌아가, 만물은 어디서 생하는 것인가에 대한 대답은 "만물은 무(無)에서 생한다"라는 것이 된다. 이제 무(無)에 대한 것을 생각해 보기로 한다. 유생어무(有生於無), 즉 만물은 무에서 생한다고 할 때, 생(生)의 개념을 어떻게 보느냐에서 무에 대한 이해는 크게 두 가지로 달라진다. 하나는 창조주 신(神)으로 보게 되는 경우인데, 이것은 생을 시간 개념으로 하여 존재자의 시원을 찾아 올라가면 반드시 만나게 되는 도달점이다. 조상을 거슬러 올라가면 맨 마지막에 마주 서는 조상은 신이 아니면 안 된다. 그것이 비록 신이 아니라 하더라도, 근원자(根源者)로 마주 서지 않으면 안 된다. 시간 개념으로 생(生)을 거슬러 올라가면 마지막으로 마주 서는 존재자는 신이라 하거나 근원자라 하거나 별로 다를 것이 없다. 그것은 유일자(唯一者)로 절대자로 마주 선다. 그렇지 않으면 맨 마지막까지 거슬러 올라가 마주 선 것이 아니다. 이 마지막 존재자를 종교적으로 신이라 하고, 과학이나 철학에서는 근원자라 한다고 할 수 있다. 특히 동양의 도 개념이나 태극(太極)·이(理)를 만물의 근원이라 하여 생성론(生成論)으로 존재자의 시원(始原)을 말하는 것이라고 이해할 때, 그것은 신과 조금도 다를 것이 없다. 그것은 유일자요, 절대자요, 영존자로 말해지고 있기 때문이다. 노자에서 도(道)를 그러한 근원자로 보아 무(無)가 바로 그러한 도라고 한다면, 무는 신 개념과 동일한 것이 된다. 그러므로 만물이 무에서 생한다는, 곧 신이 만물을 창조한다는 말과 다를 것이 없어진다. '유생어무(有生於無)'에서 '생'을 시간 개념으로, 생성론적으로 볼 때 그렇다는 것이다.

그러나 생을 생성론적이 아닌 존재론적으로 '있다'는 유(有)의 존재 개념으로 본다면 무의 내용은 달라진다. 이때의 무는 신이 아닐 뿐 아니라 유일자(唯一者)도 절대자(絶對者)도 아니다. 그러므로 무는 바로 도요, 도는 만물의 근원자로 무를 근원자로 본다 하더라도 그 근원자는 생성론적 또는 변화론(시간론)적 개념이 아니라는 말이다.

이때의 근원자는 그저 '지금 바로 여기'에 있는 현존적 존재의 실상(實相)을 말하고 있을 뿐이다. 노자의 도·무는 바로 이러한 근원자다. 그러므로 노자의 경우에서는 도와 무는 만물의 근원자라기보다는 만물의 실상 또는 존재의 바탕이라는 것이 더 적절한 표현이라 할 수 있다. '소(素)'나 '박(樸)'으로 도를 나타내고 있는 것이 바로 그것을 말해 준다. 素나 樸은 글자가 가지는 의미 그대로 아무 옷도 걸치지 않은 발가벗은 맨몸의 존재자를 말하고 있는 것이다. 그래서 영아(嬰兒)로 비유되기도 한다. 아무런 의식도 가지기 전의 어린 아기 앞에 마주 서 있는 존재자, 그것을 '박'이라 하고 '소'라고 한다. 무가 바로 그 박이다. 무를 도라고 할 때도 이 박의 의미를 가지고 하는 말이다.

그렇다면 유생어무(有生於無), 즉 만물이 무에서 생한다는 말은 무엇인가. 그것은 다름 아닌 박(樸)이 옷을 입고 나선 것이 만물이라는 것이 된다. 아니 그보다도 박에다 옷을 입히고 바라본 존재자가 만물이라고 보는 것이 더 정확하다. 옷을 입히는 작업이 다름 아닌 인식(認識)이다. 그러므로 인식함으로써 만물은 존재한다는 것이 '유생어무(有生於無)'다. 무는 박으로 옷을 입기 전, 즉 인식되기 전의 존재를 말하는 것이요, 유(有)는 옷을 입은 존재자, 즉 인식됨으로써 그 인식 내용으로 마주 서는 존재자, 곧 만물을 말한다. 그러므로 '유생어무(有生於無)'는 무에서 생한다라기보다 무를 바탕으로 유, 곧 물(物)로서 존재한다는 뜻을 가지는 말이다. 노자는 이미 1장에서 이 점을 밝히고 출발했던 것이다. "무명천지지시(無名天地之始)요, 유명만물지모(有名萬物之母)"라고 한 것이 바로 그것이다. "만물생어유 유생어무(萬

物生於有 有生於無)"는 바로 이 1장의 내용을 거듭 밝힌 것에 지나지 않는다.

노자에 있어서 유, 곧 만물은 인식내용으로 마주 서는 존재자요, 무, 곧 도는 바로 그 마주 서는 존재자의 실상이다.

> 태초에는 아무것도 없었다.
> 그 아무것도 없는 무(無)에서 세상이 열리고 만물이 생겨났다.

【제41장】

티끌 하나가 무량세계(無量世界)다

자질이 뛰어난 사람은 도를 들으면 힘써 행하고, 중간쯤 가는 사람은 도에 대한 믿음이 확실하지 않고, 중간에도 못 미치는 사람은 아예 도를 무시하고 비웃는다. 무시하고 비웃지 않는다면 오히려 도가 아닐 것이다. 그러므로 다음과 같은 말이 있다. 밝은 도는 어두운 것 같고, 나아가는 도는 물러나는 것 같고, 평탄한 도는 험난한 것 같고, 큰 덕은 비어 있는 것 같고, 아주 깨끗함은 더러운 것과 같고, 넓은 덕은 모자란 것 같고, 이룬 덕은 보잘 것 없는 것 같고, 질박함은 더러워진 것과 같고, 크게 모진 것은 모서리가 없고, 큰 그릇은 늦게 이루어지며, 큰 소리는 소리가 없고, 큰 모습은 형상이 없다. 도는 이름이 없으나 오직 도라야 모든 것을 잘 이룰 수 있다.

上士聞道 勤而行之 中士聞道 若存若亡 下士聞道 大笑之 不笑 不足以爲道 故建言有之; 明道若昧 進道若退 夷道若纇 上德若谷 大白若辱 廣德若不足 建德若偸 質眞若渝 大方無隅 大器晚成 大音希聲 大象無形 道隱無名 夫唯道善貸且成.

우리는 너무 큰 것을 알지 못한다. 너무 작은 것도 알지 못한다. 아주 작은 것을 보지 못하지마는 너무 큰 것도 보지 못한다. 너무 작은 소리도 듣지 못하지마는 너무 큰 소리도 듣지 못한다. 무내(無內)한 것보다 더 작은 것은 없고, 무외(無外)한 것보다 더 큰 것이 없다면, 무내한 것도 알지 못하고 무외한 것도 알지 못한다. 속 없는 것[無內]을 어떻게 알 것이며, 가없는 것[無外]을 어떻게 알겠는가. 원자가 작다고 하나 속이 있어서 아는 것이요, 땅이 크다고 하나 끝이 있어서 아는 것이다. 작은 것은 그만두고 큰 것을 생각해 본다. 가장 큰 것은 밖이 없는 것, 무외(無外)라 할 것이니, 하늘이 그 무외에 해당하는 것이라 할 수 있을 것이다. 하늘의 끝을 본 사람이 있던가. 하늘(우주)은 끝이 없다. 그 크기의 테두리(한계)가 없다. 이보다 더 큰 것이 어디 있던가. 하늘은 형상이 없다. 왜 형상이 없다고 하는가, 너무 크기 때문에 없다. 노자가 '대상무형(大象無形)'이라 한 것은 바로 하늘을 두고 말한 것이라 해도 좋다. 하늘보다 더 큰 것은 없기 때문이다. 하늘을 왜 형태가 없다고 하는가. 푸른 것이 하늘 모양이요, 맑은 것이 하늘 모양이 아니던가. 그래서 '청천(靑天)'이라 하고 '천청(天晴)'이라고도 하지 않던가. 그러나 그것이 어찌 하늘 모습이겠는가. 개미가 한여름을 돌아다녀야 5리 밖을 벗어나지 못한다. 개미가 본 땅이 땅의 모습이겠는가. 무량세계(無量世界)에서 모래 한 알만큼의 부분도 해당되지 않는 것을 보고서 무량세계를 보았다고 할 수 있겠는가. 이것이 '대상무형'이다. 눈으로 보는 모양만이 아니라 귀로 듣는 소리도 마찬가지다. 자동차가 달리는 소리는 들어도 지구가 돌아가는 소리는 듣지 못한다. 도랑물 소리는 들어도 대하(大河)가 흐르는 소리는 듣지 못한다. 인뢰(人籟)는 들어도 천뢰(天籟)는 듣지 못한다고 장자는 말한다. 이것은 모두 소리가 작아서가 아니라 너무 커서 듣지 못하는 경우이다. 이것이 바로 '대음희성(大音希聲)'이라는 말이다. 대방(大方)도 그렇고 대기(大器)도 그렇다. 큰 모서리는 모서리가 없고, 천하를 담고 있는 큰 그릇은 그릇인지도 모르고 있다. '대방무우(大方無隅)'라 함이 그것이요, '대기만성(大器晚成)'이라 함이 그것이다.

큰 것은 알지 못한다. 보지도 듣지도 못한다. 무량세계도 알 수가 없다. 무엇이 큰 것이고 무엇이 무량세계인가. 하늘이 큰 것이라고 하나 이 세상에 크지 않은 것이 없고, 우주가 무량세계라고 하나 이 세상에 어느 것 하나 무량세계로 존재하지 않는 것이 없다. 티끌[芒芥] 하나가 무량세계요, 털끝 하나보다 더 큰 것은 없다고도 장자는 말하고 있다. 먼지 한 알갱이에 우주가 들어 있다[一微塵含十方世界]고도 한다. 모든 존재자는 다 무량세계로 있고 큰 존재자로 있다. 태산만이 큰 것이 아니라 가을 털끝[秋毫]도 큰 것이요, 우주만이 무량세계로 있는 것이 아니라 티끌 하나도 무량세계로 있다. 이렇게 무량세계로 있고 큰 존재로 있는 것을 노자는 '도(道)'라 하였고, 그러한 도는 물체처럼 있는 것이 아니라 숨어 있어 알지 못한다고 하였다. 그것이

'도은무명(道隱無名)'이라는 말이다.

사람들은 존재자 하나하나가 무량세계로 있는지를 알지 못한다. 큰 것으로 있는지를 알지 못한다. 그런 것이 있다고 하면 어처구니없는 소리라 하여 크게 비웃는다. 그러므로 사람들이 비웃지 않는 것으로 있는 존재자는 도일 수 없다고도 노자는 말하고 있다. 이것은 인간이 안다고 하는 것들이 무량세계에서 모래알 하나 집어든 것만큼도 못한 것을 가지고 살아가는 것을 빗대어 말한 것이라고 할 수 있다.

인간의 지혜란 참으로 하찮은 것이요, 실로 불완전한 앎이라는 것을 지적함이라 하겠다. 또는 장자의 말처럼 사람의 삶은 유한하나 앎의 세계란 끝이 없다[生也有涯 而知也无涯]는 것을 나타냄이라 할 수도 있으리라.

도는 아무런 모습도 가지고 있지 않으나 모든 것을 이루어 나간다.
지혜 있는 사람이라야 그것을 알 수 있다.

【제42장】

수(數)는 二와 三으로 시작한다

도는 일(一)을 생하고 일은 이(二)를 생하고 이는 삼(三)을 생한다. 그 삼이 만물을 생하나니 만물은 음양으로 존재하고 생명[沖氣]으로서 조화를 이룬다. 왕은 사람들이 싫어하는 것, 고(孤)나 과(寡), 불곡(不穀, 덕없는 사람)이라는 말로 스스로를 칭한다. 세상일이란 손해가 이익을 가져오기도 하고, 이익이 손해를 가져오기도 한다. 옛사람들은 순리로 사람을 가르쳤나니 나도 따라 그리 가르치려 한다. 강폭하게 억지로 하는 사람은 그 끝을 얻을 수가 없다고 하니, 그 교훈을 나는 가르침의 기반으로 삼고자 한다.

道生一 一生二 二生三 三生萬物 萬物負陰而抱陽 沖氣以爲和 人之所惡 唯孤寡不穀 而王公以爲稱 故物或損之而益 或益之而損 人之所敎 我亦敎之 强梁者不得其死 吾將以爲敎父.

동양의 수 개념은 二로부터 시작한다. 모든 수는 서수(序數)의 개념으로 존재한다. 그 첫 번째 수가 二다. 一은 수가 아니다. 그것은 서수가 아니기 때문이다. 서수는 무엇 다음이라는 전 단계의 수를 가진다. 그러나 一은 그런 전 단계를 가지지 않는다. 二 앞에는 一이 있고 三 앞에는 二가 있으나, 一 앞에는 아무것도 없다. 그러므로 一은 서수가 아니다. 서수가 아닌 것은 수가 될 수가 없다. 동양에서 수(數)의 개념이 二로부터 생기는 까닭이 여기에 있다.

　동양은 一이 수가 아니므로 二와 三이 수 개념의 기본이 된다. 그것이 다름 아닌 음양(陰陽)이다. 二, 三은 수 개념의 기본이요, 음양은 물상(物象)의 기본이다. 二, 三에서 모든 수 개념은 생겨나고, 모든 물상은 음양에서 주어진다. 음양이 수 개념으로는 二와 三이요, 二와 三이 물상 개념으로는 음양이다. 二는 물상의 직선 모[方]를 나타내고, 三은 물상의 곡선 원(圓)을 나타낸다. 이러한 구체적 물상을 음양이라 한다. 그 대표적 물상이 하늘과 땅이다. 천원지방(天圓地方)이라 하는 것이 그것이다. 그러나 음양은 원(圓)과 방(方)만을 말하고 있는 것이 아니라 상하·동정·내외·대소·장단 등의 모든 물상을 나타낸다. 수에 있어서도 二와 三만이 음양이 아니라 모든 수의 홀수[奇數]와 짝수[偶數]가 다 음양이다. 음양은 수를 통해 설명되는 가장 기본적 물상이다. 만물은 모두 이 기본적 물상, 곧 음양을 가지고 존재한다. 그것이 '만물부음이포양(萬物負陰而抱陽)'이라는 말이다. 역(易)이 바로 이 음양을 가지고 모든 존재자의 현상(물상)을 다루어 나가고 있는 물상학(物象學)이다. 노자학(老子學)이 역과 맥을 같이하는 까닭이 여기에 있다. 노자사상이 역에서 나왔다[老子出於易]고 하는 말도 여기에서 비롯한다.

수 개념은 음양과 함께 물상에 관계하는 개념이다. 상하(上下)·동정(動靜)·내외(內外) 등으로 나타내지는 것이 수로서는 二가 되고 물상으로서는 음양이 된다. 그러므로 여기서 둘로 나타내지는 二는 음과 양이라는 둘을 가리키기도 한다. 그러나 서수상에서는 三이 양이요, 二가 음이다. 기수(奇數)가 양이요, 우수(偶數)가 음이기 때문이다. 모든 수는 기수와 우수로 이루어져 있고, 그 첫 기수와 우수가 三과 二다. 그러므로 그 二와 三을 음양의 대표수(기본수)로 잡고 있다[다만 『주역』에서는 성수(成數)를 문제 삼는 만큼 음을 六, 양을 九로 잡고 있다]. 바로 이 二와 三을 가지고 만물을 문제 삼고 있는 것이 노자가 이 장(42장)에서 말하고 있는 "이생삼 삼생만물(二生三 三生萬物)"이다. '이생삼(二生三)'은 二로부터 수 개념이 생긴다는 것이요, 그 생긴 수로서 만물이 존재한다는 것이 '삼생만물(三生萬物)'이다. 만물은 모두 수로서 존재한다는 말이다. 여기서 만물은 무한히 존재하는 수를 가리키고 있다고 보아도 무방하다. 二로부터 三, 四, 五…로 무한 수 개념이 있게 된다는 것을 나타내고 있는 것이 "이생삼 삼생만물(二生三, 三生萬物)"이라는 말이다. 이 무한한 수 개념은 기수와 우수로 수합되는 음양으로 물상을 설명하고 있는 것이 '만물부음이포양(萬物負陰而抱陽)'이다. '부음이포양(負陰而抱陽)'은 홀수와 짝수로 무한수를 안고 있다는 것이며, 그 대표수(기본수)로는 二와 三이요, 그것이 음양이라는 것이 윗 구절과 연결되는 부음포양의 의미이기도 하다. 그러므로 '이생삼(二生三)'은 음양으로 존재한다는 부음포양과 같은 말이라고 할 수 있다. 그리고 '삼생만물(三生萬物)'은 아래 구절 '충기이위화(沖氣以爲和)'와 연결되는 것으로, 三은 홀수를 나타내는 양이 아니라 만물은 수로서 존재한다는 수 개념으로서 三, 四, 五… 무한히 계속되는 수 전개를 말한다. 이것을 노자는 '충기(沖氣)'라고 하였다. '충기이위화(沖氣以爲和)'의 '충기'가 그것이다. 충기는 다름 아닌 수의 전개다. 여기서 수의 전개라 하는 것은 모든 수는 독립 개념으로 홀로 존재하는 것이 아니라 반드시 전과 후, 다시 말해서 이전과 이후의 수, 곧 서차(序次)를 안고 존재한다는 것이다. 모든 수는 서수(序數) 개념으로 존재한다(그러므로 一은 수가 아니다). 이러한 서수 개념으로서의 수 개념의 성격을 말하고 있는 것이 '충기(沖氣)'다. 충기는 수, 곧 물(物)의 전개다. 또는 물의 전개를 충기라 한다고 할 수 있다. '충기이위화(沖氣以爲和)'가 바로 그것을 말해 주고 있는 것이다. '화(和)'는 흔히 조화(調和)라고 하나, 여럿이 함께 있다는 '여럿'에 의미가 있으며 이것은 바로 홀로 독립적으로는 존재하지 못하는 수 개념에서 오는 것이라고 하지 않을 수 없다. 조화라는 것도 실은 그런 뜻을 일컫는 말이다. '화(和)'는 또 따른다는 뜻을 가진다. 그러므로 '충기이위화(沖氣以爲和)'는 수(물)의 전개로서 있다. 수의 전개를 따르면서 존재하고 있다는 말로 다름 아닌 '삼생만물(三生萬物)'을 설명해 주고 있는 것이다. 이러한 수의 무한전개[沖氣]를 생명으로 볼 수도 있으리라. 충기를 생명으로 본다면 생하고 또 생하는 것으로 역(易)에서 말하는 생명으로 이어지는 변화[生生之謂易]의 기운을 뜻하는 것이라고 할 수도 있다. 만물은 살아 생명으로 존재하고 있다는 말이다. 그러나 여기서 충기(沖氣)는 그러한 생명의 전개를 수의 전개로 만물, 곧 물상을 설명하고 있다고 할 수 있다.

노자는 모든 수를 물상(物象)에 관계하는 개념으로 보고 있다. 그러므로 물(物)을 떠나 수(數)는 존재하지 않는다. 수는 반드시 물을 수반하며 물은 수를 통해 드러난다. 그러므로 수의 전개는 곧 물의 전개다. 이것을 확실히 해 주고 있는 것이 '도생일(道生一)'이다. 앞에서 一은 수 개념이 아니라 하였거니와, 수 개념이 아니라면 이 一은 10장에 나오는 '포일(抱一)' 또는 42장에 나오는 '득일(得一)'의 一인가. 수 개념이 아니라는 점에서는 같다고 할 수 있겠으나 '포일'과 '득일'의 一은 도(道)와 무(無)로서 물 개념이 아니나, 여기서의 一은 물 개념이다. 그러나 수 개념이 아니면서 물 개념일 수가 있는 것인가. 바로 여기에서 '도생일(道生一)'의 一에 대한 파악의 어려움이 있다고 하겠다. 물은 수로서 드러난다. 그러나 一은 수 개념이 아니다. 그러므로 一은 물 개념이라 하더라도 수가 관계하는 그런 물과는 다르다. 물이라기보다는 유(有) 개념이다. 유가 물과 다른 점은 구체적 물상(物象)을 말하고 있지 않다는 점이다. 다시 말해서 수 개념으로 드러나는 물은 상하·동정·대소·장단 등의 물의 상(象)을 가지지만, 유는 아무런 상도 가지지 않고 다만 물의 존재만을 드러내고 있을 뿐이라는 것이다. 그것은 一이 수 개념이 아니라는 뜻이다. 그러나 '포일(抱一)'의 一과 다른 것은 비록 아무런 구체적 상을 가지지 않지마는, 도와 무와는 달리 그것은 물의 존재를 말하고 있다는 것이다. 도와 무는 결코 물의 존재를 말하고 있는 것이 아니다. 바로 이것이 一은 물 개념이지만 수 개념으로 드러나는 물과는 달리 유(有)라고 하는 것이다. 그러므로 유는 물 개념이지마는 수 개념으로 구체적 상을 가지기 전의 존재 일반을 나타내는 물 개념이라고 할 수 있다. 이러한 물 개념으로서의 유가 다름 아닌 '도생일(道生一)'의 一이다. 그러므로 '도생일'은 '도생유(道生有)'로서 도에서 유, 곧 물의 세계로 넘어옴을 말한다. 40장에서의 '유생어무(有生於無)'와 같은 말이라고 할 수 있다. 이렇게 유, 곧 물의 세계로 들어섬으로써 그 물(유)의 세계에서 비로소 수 개념이 문제가 된다는 것이 다름 아닌 '일생이(一生二)'다. 여기서 一은 수 개념이 아닌 유(有)요, 二는 수 개념이다. 이 수 개념에서 유는 상을 가지게 됨으로써 실질적으로 마주 서는 개체적 물(物)이 된다. 그리고 보면 앞장(40장)에서 나온 '만물생어유(萬物生於有)'와 같은 말이라고 할 수 있다. 二 대신 만물이라 하고, 一 대신 유라고 한 것이 다를 뿐이다. 그러므로 이제 "道生一 一生二 二生三 三生萬物"을 연결해서 함께 생각해 본다면, 도(道)에서 유(有=物)의 세계로 넘어오자. 그 유의 세계에서 수가 있게 되고, 그 수가 전개됨으로써 전개되는 수에서 만물이 있게 된다는 말이 된다. 줄여서 말한다면, 수 개념이 생김으로써 그 수 개념으로 만물은 존재한다는 뜻으로 풀이

할 수 있다. 그것을 더 보충해 주고 있는 말이 '만물부음이포양(萬物負陰而抱陽)'이요, '충기이위화(沖氣以爲和)'다. 여기서 음양은 수가 가지는 물상(物象)이요, 충기는 수의 전개라는 점은 이미 설명하였다.

지금까지 이야기를 정리해 본다면, 노자는 만물의 기본 물상을 음양으로 보았고 그 음양을 수 개념으로는 二와 三으로 기본을 삼았다. 그리고 음양이나 수 개념은 모두 유(물)의 세계에서만 문제가 되는 것으로 그것은 물상을 설명하고 있는 것이요, 그러므로 만물은 모두 수 개념으로 존재한다는 것을 말하고 있다고 할 수 있다. 그러나 가장 관심을 끌고 있는 것은 수 개념과 관련하여 등장하는 '충기(沖氣)'라는 개념이다. 이 충기는 '화(和)'와 관련시킴으로써 수는 독립 개념으로는 존재할 수 없다는 노자의 수 개념을 분명히 해 주고 있는 개념이다. 이것은 모든 수는 서수(序數) 개념으로만 존재한다는 점을 밝혀 주는 것으로서 동양에서 一이 수 개념이 아닌 까닭을 알게 해 주는 것이라고 하겠다.

노자에서 수 개념은 허수(虛數)로서는 존재하지 않는다. 모두 물에 관계하는 실 개념이다. 반드시 물을 수반하는 것이라야만 수 개념이 된다. '삼생만물(三生萬物)'이 바로 그 점을 말해 주고 있는 것이다.

만물은 수로서 전개되나니 그것을 음양이라 한다.
그리고 이어지는 생명을 충기라 한다

【제43장】

무(無)가 틈없는 곳으로 들어간다

가장 부드러운 것이 가장 굳은 속을 뚫고 들어간다. 무는 틈 없는 데[無間]까지 들어갈 수 있다. 이것으로 무위(無爲)의 유익함을 알 수 있다. 무언의 가르침과 무위의 유익함보다 더 좋은 것은 이 세상에 없다.

天下之至柔 馳騁天下之至堅 無有入無間 吾是以知無爲之有益 不言之敎 無爲之益 天下希及之.

포정(庖丁)이라는 백정은 19년 동안 소 수천 마리를 잡아 오면서도 칼을 한 번도 갈아 본 적이 없었다. 방금 숫돌에서 갈아낸 것처럼 언제나 칼날은 시퍼렇게 살아 있었다. 무엇 때문인가. 뼈와 뼈마디 사이의 빈틈을 칼날이 다니며 각을 떼어 냈기 때문에 칼이 상할 일이 없었다. 『장자』에 나오는 이야기다.

포정은 말한다. 칼날은 두께가 없고 뼈와 뼈마디 사이는 빈틈이 있으니, 칼날은 허공을 휘젓고 다니는 것이라고. 아마도 이것은 장자가 노자의 '무유입무간(無有入無間)'이라는 글을 읽고 우화(寓話)를 만들어 포정의 입을 빌려 다시 말한 듯하다. 물론 노자는 더 기막힌 말을 하였다. 장자는 아무리 두께가 없는 칼날이라 하더라도 칼날은 있는 것이니 있는 것[有]으로 있는 틈[有間]을 지나간다 하였으나, 노자는 무유입무간(無有入無間)이라 없는 것[無有]으로 틈 없는 곳[無間]을 지나간다 하였으니, 아무래도 장자가 노자가 되고 노자가 장자가 된 듯하다. 왜냐하면 노자의 말이 훨씬 더 맹랑하기 때문이다. 비록 황당함을 좋아하는 장자라 하더라도 이건 노자가 너무했다는 생각이 들었던 모양이다. 그러나 생각해 보면 장자가 맹랑한 사람이요, 노자가 맹랑한 사람이 아니다. 장자의 이야기가 더 맹랑한 것이요, 노자의 말이 맹랑한 것이 아니다.

생각해 보라, 무유(無有)인데 무슨 빈틈이 있고 없고가 문제가 되랴. 그러나 장자의 말은 뼈와 뼈 사이의 빈틈도 있고 없고가 문제가 되고, 칼을 숫돌에 잘 갈았다고 하나 칼날이 있는데 두께가 있고 없고가 문제가 되지 않겠는가. 맹랑한 것은 문제가 없는 것을 말하는 데 있는 것이 아니라, 문제가 있는데 없는 듯이 훌쩍 뛰어넘는 데 있는 것이다. 장자의 맹랑성은 사유의 논리적 비약에 있는 것이 아니라 우화의 적용에 묘미가 있다. 논리적 사고에는 아무런 하자가 없다. 장자의 모든 우화가 그렇다. 그의 책이 온통 맹랑한 이야기로 가득 차 있지마는 철학서로 높이 평가받는 까닭이 여기에 있다.

그러나 노자는 조금도 맹랑하지가 않다. '무유입무간(無有入無間)'도 결코 맹랑하지 않다. 노자철학의 핵심 개념인 무(無)와 무위(無爲), 그리고 유(柔)와 약(弱)의 개념을 알면 너무도 당연한 말을 하고 있는 것이다. 무유입무간의 '무유(無有)'는 무(無)와 같고 '무간(無間)'은 유(有)와 같다. 무가 유 속에 들어간다는 것이 조금도 이상할 것이 없다. 더구나 무가 도라면 무유는 무명(無名)·무상(無象)과 같고, 무간은 유명(有名)·유상(有象)으로 물과도 같으니 '무유입무간(無有入無間)'은 물 속에 도가 있다, 또는 도를 바탕으로 물(物)이 있게 된다는 것으로 '유생어무(有生於無)'와 관련하여 생각해 볼 수 있는 말이라고 할 수 있다. 그렇게 깊이 천착하지 않더라도 장자가 포정의 입을 빌려 이 말을 뒤집어 놓은 것과 관련하여 생각해 본다면 없는 것[無有]이 틈 없는 것[無間]으로 들어간다는 것은 아무리 빈틈없는[無間] 물이라 하더라도 실은 틈이 없을 수 없다는 것을 나타낸 말이라고 쉽게 이해

할 수가 있다. 이것은 현대물리학에서 모든 물은 미립자(微粒子)의 관계로 구성되어 있다는 것과도 관련지을 수 있을지도 모른다. 이것을 장자는 틈이 있는 한 반드시 들어갈 무엇이 있다는 것으로 뒤집어 말한 데 지나지 않을 뿐이다. 아니 '무유(無有)'는 빛과 같이 무형(無形)한 것으로 보아도 좋을 것이다. 노자는 또 가장 부드러운 것은 가장 굳은 것으로 들어갈 수 있다[至柔馳騁至堅]고도 하였다. 이것도 같은 맥락에서 생각해 볼 수 있다고 하겠다. 치빙(馳騁)을 뚫는다고 보았을 때는 낙숫물이 주춧돌을 뚫는다는 것으로 생각해 볼 수도 있다. 바로 이어서 나오는 '무위지익(無爲之益)'과 관련하여 본다면 그런 가벼운 뜻으로 생각해도 무방할 듯하다.

무(無)는 틈 없는 데까지 들어갈 수 있고, 무위는 이루지 못할 것이 없다.

【제44장】

필요한 만큼만 가지고 살아가라

명예와 생명, 어느 것이 더 소중한 것이며 생명과 재물, 어느 것이 더 귀중한 것이며 욕심을 가지는 것과 버리는 것, 어느 것이 더 병이라 할 것인가. 큰 집착은 소중한 것을 잃게 되고 가지는 것이 많아지면 잃는 것도 많아진다. 분수를 알면 욕되지 않고, 자기 분수에서 그칠 줄 알면 위태롭지 않아 오래 안전할 수 있다.

名與身孰親 身與貨孰多 得與亡孰病 是故甚愛必大費 多藏必厚亡 知足不辱 知止不殆 可以長久.

멈출 줄을 모르고 그만둘 줄을 모른다. 사람의 욕심은 한이 없어 가지면 더 가지려 하고 오르면 더 오르려고 한다. 아흔아홉 마리를 가진 사람이 한 마리 양을 더 가지려고 한다고 하지 않던가? 재물을 탐하는 욕심을 멈추지 못하고 한번 높은 자리에 오르면 그만둘 줄을 모른다. 그러다가 몸을 망치고 마음을 병들게 하여 인생을 그르치게 한다.

　그만둘 줄을 알아야 한다. 그만두되 한 발 전에서 그만둘 줄을 알아야 한다. 밥을 먹어도 배부르기 전에 밥상을 물려야 하고, 술을 먹어도 취하기 전에 자리를 뜰 줄 알아야 한다. 하물며 재물을 탐하고 명예를 좇는 일에 있어서랴. 멈출 줄을 아는 것이 지지(知止)요, 그만둘 줄을 아는 것이 지지다. 멈출 줄 알면 마음을 욕되게 하지 않을 것이요, 그만둘 줄을 알면 몸을 위태롭게 하지도 않을 것이다. 헛된 욕심을 부리지 말라. 재물을 탐하지 말고 이름에 매달리지 말라. 공을 내세우지도 말고 지혜를 자랑하지도 말라. 이 모든 것은 마음을 병들게 하고 영혼을 파멸로 이끌어 간다.

　새는 수림을 떠나지 않고 고기는 연못을 벗어나지 않는다. 수림이 새가 머물 자리임을 알기 때문이요, 물 속이 고기가 머물 자리임을 알기 때문이다. 머물 자리를 아는 것이 또한 지지(知止)다. 공자는 자식이 머물 자리를 '효(孝)'라 하였고, 어버이가 머물 자리는 '자(慈)'라 하여 사람이 머물 자리를 '지선(至善)'이라 하였으나 노자는 '족(足)'이라 하였다. 노자가 말하는 '족'은 욕심을 채우는 것이 아니라 없어서는 안 될 것만을 가지는 것이다. 가질 것만 가지는 것이라고 해도 좋을 것이다. 꼭 필요한 것만을 가진다는 말이다. 무엇에 필요한 것인가, 살아가는 데 필요한 것이다. 살아가는 데 없어서는 안 될 것이 필요한 것이요, 없어도 될 것들은 필요한 것이 아니다. 살아가는 데 하지 않으면 안 될 것이 필요한 것이요, 안 해도 좋은 일들은 필요한 것이 아니다. 이 필요한 것을 가지고 필요한 일들을 하는 것이 '족'이다. 필요한 것을 가지는 것은 탐욕이 아니요, 필요한 일을 하는 것은 욕심이 아니다. 그러나 가지지 않아도 될 것을 가지려 하고, 하지 않아도 될 일을 하려고 하는 것이 욕심이다. 욕심을 채우는 것은 족이 아니다. 필요한 것, 없어서는 안 될 것, 그것이 족이다. 그것을 아는 것이 지족(知足)이요, 그것을 알아 그 자리에 머물 줄을 아는 것이 지지(知止)다. 지족하면 지지하게 된다. 그만둘 줄을 알고 머무를 줄을 안다.

지족(知足)은 필요한 것을 아는 것이다. 새가 산속에 둥지를 틀되 나뭇가지 하나만 취하는 것은 그것만이 필요한 것임을 알기 때문이요, 들소가 대하(大河)의 물을 마신다고 하나 배 하나 채우면 그만두는 것은 그것만이 필요한 것임을 알기 때문이다. 이것이 지족(知足)이라고 장자는 말하고 있다. 가지마다 둥지를 튼다면 지족이 아니요 대하의 물을 다 마시려고 한다면 지족이 아니요, 욕심이다. 사람만이 그 욕심을 부린다.

살아가는 데는 하루 세 끼 먹을 밥이 있으면 그만이요, 살을 가릴 옷 한 벌이면 그만이다. 필요한 것은 그것으로 족하고 그 이상의 것은 욕심이다. 재물을 탐하는 것은 물론이요, 명예를 탐하는 것도 욕심이다. 욕심은 마음을 병들게 하고 몸을 위태롭게 한다. 정말 필요한 것, 없어서는 안 될 것이 무엇인지를 아는 것이 지족이라면, 그 필요한 것만큼만을 취하고 그만둘 줄 아는 것이 지지라고 할 수 있다. 또는 어디가 머무를 곳인지를 아는 것이 지지(知止)라 해도 무방할 것이다.

그저 쉽게 말한다면 분수를 알아 욕심을 부리지 말고 살아가라는 것이 지족(知足)이요, 지지(知止)의 뜻이라고 해도 무방할 것이다.

> 무엇이 소중하고 무엇이 필요한 것인지를 알면 욕심 없이 살아갈 수 있다.
> 욕심이 없으면 더 가질 것도 더 잃을 것도 없다.

【제45장】

자연은 그저 자연일 뿐이다

크게 이루어진 것은 결함이 있는 것 같으나 그 작용은 허술함이 없고, 크게 채워진 것은 비어 있는 것 같으나 그 작용은 끝없이 이어진다. 크게 곧은 것은 구부러진 것 같고, 큰 재주는 서툰 것 같고, 훌륭한 말은 말재간이 없는 것 같다. 뛰어 움직이면 추위를 이길 수 있고, 가만히 있어 움직이지 않으면 더위를 이길 수 있다. 청정(淸淨)함이 천하의 으뜸이 된다.

大成若缺 其用不弊 大盈若沖 其用不窮 大直若屈 大巧若拙 大辯若訥 躁勝寒 靜勝熱 淸靜爲天下正.

누가 이 세상을 만들고 만물로 가득 채웠는가. 조물주여! 바다는 그 깊이를 알 수 없고 하늘은 그 높이를 알 수가 없구나! 산은 보아도 지루하지 않고, 물소리는 들어도 싫증나지 않는다. 나무가 있어 새가 깃들고 언덕이 있어 짐승들이 등을 비빈다. 하늘은 별들로 가득하고, 땅에는 어디를 가나 초목으로 가득하다. 누가 이 존재자들을 있게 하였는가. 너무 크게 채워져 오히려 한구석이 비어 있는 것 같고, 너무 크게 만들어져 재주가 서툰 듯도 하다. 계곡은 비어 있으나 물이 흐르고 온 생명이 그 안에서 살아간다. 바다는 가득 차 있으나 아무리 부어도 넘치지 않는다. 달이 일그러질 때에는 잘못 만든 것도 같고 표풍(飄風)이 몰아치고 취우(驟雨)가 내릴 때는 거칠게 만든 것도 같다. 만물은 구부러진 듯하나 생명은 곧게 곧게만 자라고, 나뭇잎 흔들리는 소리는 혼란스러운 듯하나 어울려 내는 천뢰악(天籟樂)의 연주는 위대하기만 하다.

누가 땅을 둥글다 하는가? 들어가고 나오고 각지고 모가 나 울퉁불퉁하기만 하다. 지구(地球)가 아니라 지방(地方)이라야 옳다. 둥근 것은 땅이 아니라 하늘이다. 해가 졌다가 다시 그 하늘에서 떠오르지 않는가. 그보다는 끝간 데 없이 무한하여 둥글다고 하는지도 모른다. 그야 어떻든지 천원지방(天圓地方)이라 해서 잘못될 것이 없다. 보이는 대로라면 천원지방이 더 옳은 것만 같다. 그러나 옳고 그름이 무슨 문제가 되겠는가. 하늘이 있고 땅이 있다는 사실만이 내 앞에 있는 것이다. 그리고 우리는 평평하고 치솟은 산과 깊은 계곡과 강이 있고 바다가 있는 땅에서 살고 있다는 사실이다. 땅이 둥글다고 하나 우리는 둥근 것에서 사는 것이 아니요, 모가 났다고 하나 모서리에서 사는 것이 아니다. 평평한 곳에다 집을 짓고 산다. 둥글고 모난 것은 삶의 밖에서 하는 소리들이다. 하늘과 땅은 직(直)하기도 하고 굴(屈)하기도 하고 영(盈)하기도 하고 허(虛)하기도 하다. 크면 직도 방도 없고 영도 허도 없다. 있는 것은 오직 땅과 하늘과 만물이 있을 뿐이다. 이 만물을 누가 만들었는가. 누가 있게 하였는가.

만물은 누가 있게 한 것도 아니요, 누구를 위해 있는 것도 아니다. 하늘은 그렇게 있고 땅도 그렇게 있다. 그렇게 있는 것이 자연(自然)이다. 자연에 무슨 크고 작은 것이 있고 영허(盈虛)가 있고 원방(圓方)·곡직(曲直)이 있겠는가. 자연은 그저 자연일 뿐이다. 있다면 물(物) 속에 있는 것이요, 하늘이나 땅에 있는 것이 아니다. 하늘과 땅이라 하는 것이 어떻게 물을 말함이겠는가. 하늘이 자연이요, 땅이 자연이다. 하늘은 하늘로서 있고 땅은 땅으로서 있는 것이 자연이다.

자연을 설명하고 알려고 하지 말라. 설명하면 크고 작음이 있게 되고, 앎의 세계로 끌어들이면 구실이 생기고 이유가 따라붙게 된다. 자연에 이유를 달고 설명을 붙이는 데서 우주의 질서는 무너지기 시작하였다. 봄이 아닌데도 꽃을 피게 하고, 겨울이 아닌데도 얼음을 얼게 한다. 이것은 자연이 아니다. 시켜서 피는 것이요, 억지로 어는 것이다. 산을 무너뜨려 바다를 메우고 물길을 막아 댐을 만든다. 이것은 자연이 아니다. 메우기 위해 산이 없어지는 것이요, 흐르지 못해 물이 고여 있는 것이다. 자연에 이유를 달고 해석을 붙여 이끌어 낸 것들이다. 이것을 과학이라고 한다. 자연을 앎의 세계로 끌어들이는 것을 과학(科學)이라고 한다. 과학은 있는 대로[自然]를 그냥 두지 않고 모든 존재하는 것에 간섭한다. 의학은 생명에 간섭하고 여타 과학은 물질에 간섭한다. 간섭하면 자연으로 존재하지 못하고 타연(他然)으로 존재한다. 자연은 스스로 존재하는 것이지만, 타연은 이유를 달고 존재하는 것이다. 이유를 달면 본래의 존재는 없어져 버린다. 댐을 막으면 본래의 강이 없어지고 산을 깎으면 본래의 산이 없어진다. 의학은 생명을 살린다고 하나 그 또한 본래의 생명은 없어지는 것이라고 할 수 있다. 금세기에 들어 생명공학이 생명의 신비까지를 벗겼다고 하나 그만큼 우려가 뒤따르고 있는 것이 그것이다. 본래의 생명이 문제가 되기 때문이다. 그렇게 본다면 의술의 발달은 결코 생명에 공헌해 온 것이 아니다. 모든 과학이 그렇다. 과학은 본래의 존재를 없애고 그 자리에 만들어진 타연(他然)의 존재만을 들어서게 하였을 뿐이다. 오늘의 인류가 안고 있는 문제는 바로 여기에서 비롯하는 것이라고 하지 않을 수 없다.

의학은 생명의 질서를 흩트려 놓았을 뿐이요, 과학은 우주의 질서에 혼란을 가져왔을 뿐이다.

자연이 하고 이루는 것은 그 함의 흔적이 없다.
아무것도 함이 없으나 이루지 않는 것이 없으니 이러한 자연의 작용을 무위라 한다.

【제46장】
가치와 필요를 혼동하지 말라

나라가 잘 다스려져 평화로워지면 군마가 농사일에 쓰이고, 나라가 혼란스러워지면 말들이 전쟁터에서 새끼를 낳는 지경에까지 이른다. 화는 분수를 모르는 것보다 더 큰 것이 없고, 허물은 욕심을 부리는 것보다 더 큰 것이 없다. 그러므로 분수를 지킬 줄 알면 늘 풍족할 것이다.

天下有道 却走馬以糞 天下無道 戎馬生於郊 禍莫大於不知足 咎莫大於欲得 故知足之足 常足矣.

인간의 욕심은 한이 없다. 하나를 가지면 둘을 가지고 싶어하고, 아홉을 가지면 하나를 더 채워 열을 가지고 싶어한다. 재물을 탐하는 욕심이 그렇고 권좌에 오르려는 욕심이 그렇고 명예에 매달리는 욕심이 그렇다. 이것이 화(禍)를 불러오고 허물을 남기게 한다. 욕심 앞에서는 부귀영화도 만족스럽지 못하고, 백 살을 살고도 더 살고 싶어 한을 남기고 죽는다. 그래서 인생은 고달프고 힘들기만 하다.

 욕심은 밑 빠진 독과 같다. 부어도 부어도 한이 없다. 그것은 필요한 것을 가지려는 데 있는 것이 아니라 필요하지 않은 것까지를 가지려는 데서 비롯한다. 필요한 것을 가지는 것은 욕심이 아니요, 필요하지도 않은 것을 필요한 것으로 우겨 대는 것이 욕심이다. 그러므로 욕심 앞에 마주 선 모든 것은 필요한 것처럼 보일 뿐, 실은 필요한 것이 아니다. 필요한 것처럼 위장을 하고 나서는 것을 일러 '가치(価値)'라고 한다. 수요공급의 원칙에 따라 필요에서 가치가 생긴다고들 말하고 있으며 경제학에서는 그럴지 모르나, 가치가 있다고 주장함으로써 필요한 것처럼 위장을 하고 나서는 것이 가치다. 다시 말해서 필요하지도 않은 것을 필요한 것처럼 위장을 하고 나섬으로써 욕심을 유발시키고 있는 것이 가치다. 가치는 필요에서 생기는 것이 아니라 욕심에서 생긴다. 그리고 그 욕심은 필요한 것을 가지려는 데서

212

가 아니라 가치 있는 것을 가지려는 데서 생기는 것이다. 가치 있는 것은 원래 필요한 것이 아니다. 필요한 것으로 위장하여 그 위장 속에서 살아가도록 하고 있는 것일 뿐이다. 모든 상품가치가 그렇고 매스컴을 통한 광고는 바로 이 점을 기반으로 하고 있는 것이다. 처음에는 필요하지도 않던 것이 필요한 것처럼 생각들게 하고, 결국에 가서는 필요한 것이 되어 그것 없이는 못 살 것 같은 생각 또는 생활로 접어들게 하고 있는 것이 광고다. 광고야말로 필요한 것으로 위장하여 가치를 만들고 그 가치로 하여금 욕심을 유발하게 하는 좋은 예가 아닐 수 없다. 이러한 광고적 효과에 의한 위장된 필요, 즉 가치 속에서 우리는 살아가고 있다. 이것이 인생을 고달프게 하고 힘들게 하고 있는 것이다. 그러나 이 모든 것은 가치와 필요의 혼동 또는 무지에서 오는 것이라고 노자는 말하고 있다. 그것이 다름 아닌 '지족(知足)'이다. 지족은 가치와 구별되는 필요를 알아야 한다는 뜻이다. 가치는 위장된 필요요, 참다운 필요가 아니라는 것이다. 참다운 필요는 가치를 지니지 않는다. 그리고 그것은 없어서는 안 될 것들이다. 공기나 물 같은 것을 누가 가치가 있다, 값이 있다고 하던가. 그러나 없어서는 안 될 것들이다. 그래서 누구나 그 필요한 것을 가지고 그 필요 속에서 살아가고 있는 것이다. 그러나 가치는 필요한 것이 아니요, 그러므로 없어도 살아갈 수 있는 것들이다. 금은보화는 가장 가치가 있고 값진 것들이다. 그러나 그러한 것들은 살아가는 데 필요한 것들이 아니다. 가지지 않아도 되는 것들이다. 만약 그러한 것들이 진정으로 필요한 것이요, 그것 없이는 살아갈 수 없는 것이라면 이 세상에 몇 사람이나 살아 생존할 수 있을 것인가. 그런데도 사람들은 그 위장된 필요, 즉 가치에 매달려 그것이 없이는 살아갈 수 없는 것처럼 소유하려 하고 있는 것이다. 그것이 다름 아닌 욕심이다. 욕심은 가치에 매달리는 것이요, 필요한 것에 매달리는 것이 아니다. 바로 이 욕심이 화(禍)를 불러온다. 그러므로 필요한 것을 모르고 가치에 매달리는 욕심보다 더 큰 화는 없으며[禍莫大於不知足], 그 욕심을 채워 나가는 것보다 더 큰 허물은 없다[咎莫大於欲得]고 노자는 말하고 있다.

인간에게 필요한 것이 무엇인가. 없어서는 안 될, 없어서는 살아갈 수 없는, 진정으로 필요한 것이 무엇인지를 알라는 것이 '지족(知足)'이요, 지족하면 머물 자리를 알아[知止] 누구나 다 항상 풍족해질 것이라는 것이 '상족(常足)'이다. 여기서 상족은 욕심을 채우는 풍족이 아님은 물론이다. 필요한 것이 구하지 않아도 항상 함께하고 있을 것이라는 뜻이다. 44장의 '지족지지(知足知止)' 이야기도 바로 그러한 내용이다.

이 가치의 굴레에서 벗어나지 못하고 살고 있는 세상을 무도(無道)한 세상이라 말하고, 그 굴레에서 벗어나 있는 세상을 유도(有道)한 세상이라고 한다. 무도한 세상에서는 전쟁이 끊일 날이 없고, 유도한 세상에서는 들판에 격양가 소리가 울려 퍼진다는 것이 이 장에서 말하고 있는 노자의 뜻이다.

화는 분수를 모르는 것보다 더 큰 것이 없고, 허물은 욕심을 부리는 것보다 더 큰 것이 없다.

【제47장】
세상 사는 일을 먼 곳에서 찾지 말라

문밖을 나서지 않아도 세상을 알 수 있고 창밖을 내다보지 않아도 하늘의 도를 알 수 있다. 멀리 나가면 나갈수록 아는 것은 적어진다. 그러므로 성인은 나다니지 않아도 알고, 보지 않아도 알고, 하지 않아도 이루어 낸다.

不出戶 知天下 不闚牖 見天道 其出彌遠 其知彌少 是以聖人不行而知 不見而名 無爲而成.

한 번 태어났다 가는 것이 인생이다. 영웅호걸도 왔다 가는 것이요, 산촌의 초부(樵夫)도 한 생을 살고는 가는 것이다. 이름을 남겨 천세를 두고 전한다고 하나 그 이름이 가는 사람에게 무슨 관계가 있으며, 촌부가 이름 없이 간다고 하나 가는 길에 무슨 방해가 있어 근심할 것인가. 올 때도 이름을 가지고 온 것이 아니요, 갈 때도 이름을 가지고 가는 것이 아니다. 하물며 재물이겠는가. 인생은 그저 왔다 가는 것일 뿐 오래 머문다 하여 세상이 자기 것이 되는 것이 아니요, 잠깐 살다 간다 하여 무엇을 뺏기고 가는 것이 아니다. 이름에 매달릴 것도 없고 재물을 좇아 분주하게 살 것도 없다.

　세상 사는 일이 이렇다. 빈손으로 왔다가 빈손으로 가는 것이다. 이것이 사람 사는 일이요, 인생이다. 누가 오고 싶어 이 세상에 오고 가고 싶어 이 세상을 떠나는 사람이 있던가. 그저 올 때가 되어 왔다가 갈 때가 되어 가는 것일 뿐이다. 이 오고 가는 일에 편안함을 장자는 '안시처순(安時處順)'이라고 하였다. 살 만큼 살다 가면 그것으로 그만이요, 필요한 만큼만 취하고 살다가 두고 가면 그만이다. 이것이 세상 사는 이치요, 인생을 온전히 하다 가는 일이다. 어떻게 문밖을 나와 부산하게 돌아다녀야 이것을 아는 것이랴. 문밖을 나서지 않아도 알 수 있다. 노자는 앞에서 지족(知足), 지지(知止)를 말하고 있다.

세상을 살아가는 데 필요한 것을 아는 것이 지족이요, 그 필요한 만큼을 취하고 멈출 줄 아는 것이 지지다. 그것을 장자는 또 다음과 같이 말했던 것이다. "산새가 수림 속에 둥지를 틀지만 나뭇가지 하나면 족하고, 들소가 큰 강의 물을 마시지만 배 하나 채우는 것으로 그만둔다." 이것이 삶의 지혜요, 세상 살아가는 이치라는 것이다.

    재물을 모으는 일과 이름을 드날리는 일은 문밖을 나서야 알 수 있을지 모르나, 세상 사는 이치를 알고 인생을 온전히 하는 삶의 지혜는 문밖을 나서지 않고도 알 수가 있다. 천도(天道)가 바로 그 세상 사는 이치요, 한 삶을 온전히 하는 인생의 길이다. 천도는 창문을 열고 하늘을 내다보지 않아도 알 수가 있다. 세상 사는 일을 먼 곳에서 찾지 말라. 문밖을 나서 먼 곳에서 찾을수록 인생은 고달픔만 더해갈 뿐, 삶의 지혜는 줄어들고 못다한 한(限)만을 남길 것이다. 나가지 않아도 알고 창밖을 내다보지 않아도 볼 수 있는 것이 하늘의 도니, 하늘의 도는 늘 나와 함께 있고 내 생활 속에서 이루어지고 있음을 왜 알지 못하는가. 마음이 항상 밖으로 나가 돌고 있기 때문이다. 송영자(宋榮子)라는 사람은 누가 칭찬을 해도 우쭐하지 않고 비난을 하여도 움츠러드는 일이 없었다. 마음이 밖에 나가 있지 않았기 때문이다. 그야말로 세상 사는 이치를 알고 삶의 지혜를 가지고 살아간 사람이라고 하지 않을 수 없다.

우리가 찾고자 하는 소중한 것들은 먼 곳에 있는 것이 아니라
우리 생활 속에 있다. 멀리서 찾을수록 그 앎은 진리와 멀어진다.

【제48장】
있는 대로를 그대로 두라

배운다는 것은 날로 앎을 늘려감이요, 도를 닦는다는 것은 날로 앎을 덜어내는 일이다. 덜어 내고 또 덜어 내어 더 덜어 낼 수 없는 데[無爲]까지 이르면, 하려고 하지 않아도 모든 것이 절로 이루어진다. 세상을 다스림을 항상 무위로서 해야 하나니 유위로 하게 되면 세상을 다스릴 수 없게 된다.

爲學日益 爲道日損 損之又損 以至於無爲 無爲而無不爲 取天下常以無事 及其有事 不足以取天下.

배우지 말라. 배우는 것은 앎을 늘려감이요, 앎은 비교 판단하고 조작함으로써 일을 만들어 내고 억지로 내닫게 한다. 이러한 앎에서 생겨나는 모든 것을 '유위(有爲)'라 하거니와, 여기서는 그 앎이 일을 벌이고 억지를 부리는 것이라 하여 '유사(有事)'라 하였다. 유사는 다름 아닌 유위다. 유위는 앎에서 오는 모든 행위를 말한다. 앎은 어느 것 하나 있는 대로를 그냥 두지 않고 변형하고 조작한다. 인간만이 그러한 것을 한다 하여 '인위(人爲)'라고도 한다. 인위는 다름 아닌 조작이요 억지다. 조작은 있는 대로를 그냥 두지 않는다는 것이요, 그렇게 그냥 두지 않는 것이 억지다. 이것이 유위다. 있는 대로를 자연이라 한다면 반자연(反自然)을 유위라 하고 억지라 한다 해도 무방할 것이다. 유위가 억지다.

인간만이 있는 대로를 그냥 두지 않는다. 강을 막아 물길을 돌리고, 산을 깎아 길을 낸다. 이것이 억지다. 불을 밝혀 어둠(밤)을 몰아내고 한겨울에 꽃을 피우는가 하면 채소를 심고 과일을 키워 먹는다. 우리 식탁에 제철음식이 얼마나 되던가. 이것이 반자연이요, 유위요, 억지다. 밤낮을 모르고 생활하게 하고 철을 모르고 살아가게 하고 있다. 어디 그뿐인가. 생명까지를 간섭하여 온갖 변종(變種)을 만들어 내어 생태계를 혼란시키고 있다. 안 만들어도 될 물건들을 만들어 내

공해를 유발하고, 안 가져도 될 상품을 만들어 사람의 마음을 혼란시키고, 안 해도 될 일을 하게 하고 안 가져도 될 것들에 매달려 살아가도록 욕심을 유발시킨다. 생활은 바빠지고 삶은 힘들어지고 영혼은 타락한다. 그리하여 살아가는 삶의 방향마저를 잃게 하고 있다. 이러한 모든 것들이 있는 대로를 그냥 두지 않는 유위와 억지에서 오는 것들이다. 앎이 그렇게 만들고 앎이 그러한 유위와 억지를 있게 한다는 것이다.

배우지 말라. 앎을 늘려 가지 말라. 그것은 사람으로 하여금 유위로 치닫게 할 뿐이요, 억지에 매달려 살게 할 뿐이다. 하는 일은 많아지고 근심이 많아지고 삶은 고달파진다. 모든 일을 그르치게 하고 인생을 그르치게 한다. "배움을 끊으라, 그리하면 근심이 없어질 것이다[絶學無憂]"라는 말도 그래서 한 말이다. '무우'의 '우(憂)'는 단순한 근심만을 말하는 것이 아니라 배움에서 오는 모든 문제들을 말한다. 유위에서 오는 모든 억지를 말한다. 있는 대로를 그냥 두지 않고 변형·조작하는 반자연에서 오는 문제의 모든 것을 말한다. 19장에서는 '절성기지(絶聖棄智)'라고도 하였다. 배우지 말고 앎을 버리라는 말이다. 성인(聖人)의 죄는 가르치려는 데 있고, 선비의 잘못은 배움에 매달리는 데 있다. 그런 것들을 하지 말라는 것이 '절성기지'다. 가르치지도 말고 배우려고도 하지 말라. 앎에 의존하지도 말고 앎에 매달리지도 말라. 그러면 조작하는 일도 그르치는 일도 없을 것이라는 말이다.

앎, 곧 지식에 의해 만들어지는 것을 과학 또는 문명이라고 한다.

그러나 그것은 모두 조작된 세계요, 그 조작된 세계인 과학과 문명이 오늘의 인간의 삶을 힘들게 하고 영혼을 병들게 하고 있다. 그것을 극복하기 위하여 또 만들고 조작하는 일을 계속한다. 이것이 과학의 길이요, 문명이 걸어가는 길이다. 그러나 과학과 문명은 그 문제를 해결하고 극복하기는커녕 더 많은 문제, 더 새로운 문제들을 불러오고 있다. 이것이 현대의 온 인류가 안고 있는 우환(憂患)이요, 치유할 수 없는 불치의 병이라고 할 수 있다. 자연을 살린다고 하나 오히려 자연을 죽이고, 공해를 줄인다고 하나 또 다른 공해를 유발시키고 있다. 문제의 해결은커녕 더 많은 문제들을 만들면서 살아가고 있다. 유위에서 오는 문제들을 유위로서 해결하려는 데서 오는 것이라고 하지 않을 수 없다. 이것은 수렁에 빠진 사람이 나오려고 허우적거릴수록 더 빠져 들어가는 것과도 같다고 할 수 있다.

알면 알수록 문제는 늘어나고 지혜가 나오면 나올수록 조작의 세계는 늘어난다. 노자가 18장에서 말하고 있는 '혜지출유대위(慧智出有大僞)'가 바로 그러한 말이요, 앎을 버리고[棄智] 배우는 일을 그만두라[絶學]는 말도 그래서 하는 말이라고 할 수 있다. 이 장에서, 배우면 날로 문제만을 키워 나갈 뿐이라는 '위학일익(爲學日益)'도 바로 그러한 뜻이다. 배우면 앎이 많아지고 앎이 늘어나면 늘어날수록 문제 해결은커녕 더 많은 문제를 만들어 내게 된다는 말이다. 그러므로 배우지 말라. 아는 것을 버려라. 그리하면 조작하는 유위의 세계가 줄어들 것이요, 줄어들고 줄어들어 억지가 없는 무위(無爲)의 세계에까지 들어가면 거기에서 모든 문제는 해결될 것이다. 이것을 말하고 있는 것이 다름 아닌 '위도일손(爲道日損)'이다. 여기서 위도일손의 '위도(爲道)'는 도를 닦는다는 말이요, 도를 닦는다는 것은 앎을 버리고 그 앎에 의한 조작[有爲]을 덜어내는 것[日損]이라고 노자는 말하고 있다. 덜어 내고 또 덜어 내어 더 덜어 낼 수 없는 경지[無爲]에까지 이르면 모든 억지(조작), 곧 유위의 세계를 벗어나 무위의 자연으로 돌아갈 수 있다. 이것이 다음 구절에 나오는 '무위이무불위(無爲而無不爲)'라는 말이다. 노자에게 있어 도를 닦는다는 것은 자연으로 돌아간다는 것이요, 그 자연으로 돌아가는 길은 덜어 내고 또 덜어 내는 데[損之又損]있는 것이라고 하였다. 무엇을 덜어 내는가. 앎에서 생겨나는 모든 것, 지식으로 얻어진 모든 것을 덜어 내는 것이다. 위학일익(爲學日益)의 '익(益)'에 해당하는 모든 것을 말한다고 할 수 있다.

 자연으로 돌아가라. 있는 대로를 그냥 두라. 이것이 노자사상의 핵심인 '무위자연(無爲自然)'이다. 도를 닦는다는 것은 바로 이 무위자연으로 돌아간다는 것을 말하고 있는 것이다. 있는 대로를 그냥 두지 않는 인간의 모든 행위를 그만두는 것이라고 해도 무방할 것이다.

> 앎은 거짓을 만들어 낸다. 배운다는 것은 그러한 앎을 늘려감이요,
> 도를 닦는다는 것은 그러한 앎을 덜어 가는 일이다.

【제49장】
마음을 머물게 하지 말라

성인은 마음이 살아 있어 한 가지 마음을 고집하지 않는다. 백성의 마음으로 마음을 삼는다. 선한 사람을 선하게 이끌고 불선한 사람도 선하게 이끈다. 이것은 사람의 본성이 원래 선하기 때문이다. 신실한 사람을 신실되게 이끌고 신실하지 않은 사람도 신실되게 이끈다. 이것은 사람의 본성이 신실하기 때문이다. 성인이 세상에 있으면 세상 사람들의 마음이 순화되어 순박해지나니 성인은 그들을 다 아기처럼 대한다.

聖人無常心 以百姓心爲心 善者吾善之 不善者吾亦善之 德善 信者吾信之 不信者吾亦信之 德信 聖人在天下歙歙焉 爲天下渾其心 聖人皆孩之.

마음을 머물게 하지 말라. 머물지 않는 마음이 성인의 마음이다. 마음이 머물면 선(善)에 들든가 불선(不善)에 들게 될 것이요, 선에 들면 불선을 용납하지 않을 것이요 불선에 들면 선을 미워하게 될 것이다. 불선을 용납하고 선을 미워하지 않는 것이 성인의 마음이다. 마음을 머물게 하지 않으면 그리할 수 있다.

마음은 원래 선한 것도 아니요 불선한 것도 아니건만, 머무는 데서 선이 생기고 불선이 생긴다. 생긴 것은 선과 불선이요, 마음이 아니다. 마음은 선도 불선도 없다. 마음은 흐르는 것이요, 머물러 있는 것이 아니기 때문이다. 머물러 있지 않는데 어떻게 선과 불선이 생겨날 수 있으며 신(信)과 불신(不信)이 끼어들 수 있겠는가. 마음을 흐르게 하라. 머무르게 하지 말라. 이것이 '무상심(無常心)'이요, 성인의 마음이다. 머물러 있는 마음은 죽은 마음이요 흐르는 마음은 살아 있는 마음이니, 죽은 마음이 상심(常心)이요 살아 있는 마음이 무상심(無常心)이다. 육조 혜능(慧能)은 금강경의 그 많은 말 가운데 "어디에도 그 마음을 머물게 하지 말고 살아 있게 하라[應無所住而生其心]"는 한 구절에서 대오(大悟)하고 홍인(弘忍)에게서 의발(衣鉢)을 받았다 하거니와, 무상심이 부처님의 마음이요, 살아 있는 마음이 선서(善逝)의 마음이다.

마음을 머물러 있게 하지 말라. 머물면 죽은 마음이니 죽은 마음에서 생겨나는 것이 선과 불선이다. 그러나 마음이 머물지 않고 살아 있고 보면 선도 선이 아니요 불선도 불선이 아니니, 선과 불선의 경계가 무너져 구별이 없어진다. 이것이 '덕선(德善)'이다. 신과 불신의 경계가 무너져 그 구별이 없어진다. 이것이 '덕신(德信)'이다. 덕선은 '득선(得善)'이라는 뜻이니 타고난 마음이라는 것이요, 덕신은 '득신(得信)'이라고도 하니 타고난 실(實)됨이라는 뜻이다. 타고난 마음은 선한 사람에게도 있는 것이요 불선한 사람에게도 있는 것이니 선과 불선이 마음에 있는 것이 아니요, 타고난 실됨은 신실한 사람에게도 있는 것이요 그렇지 못한 사람에게도 있는 것이니 신(信)과 불신(不信)은 마음에 있는 것이 아니다. 마음에는 선과 불선의 경계가 있는 것이 아니요 신과 불신의 구별이 있는 것이 아닌지라 세상 사람이 다 한 마음이니, 선하다고 하여 다가갈 것도 없고 불선하다고 하여 물러설 것도 없다. 선·불선의 경계를 없게 하여 천하를 다 한 마음으로 하는 것을 '혼기심(渾其心)'이라 하나니 어미가 아기를 대하듯이 함이 혼기심이요, 아기가 어미 품에 안기는 무구(無垢)한 마음이 또한 혼기심이다.

　모든 사람을 어린 아기로 대하라. 백성이 선·불선이 있으나 어미 마음이 선·불선이 없으니 그 마음으로 돌아올 것이요, 백성이 신·불신이 있으나 어미 마음에는 신·불신이 없으니 백성이 그 마음으로 돌아올 것이다. 이것이 다름 아닌 '무위자화(無爲自化)'요 '무위지치(無爲之治)'니, 무위자화는 하늘의 덕으로 만물이 절로 자람이요, 무위지치는 성인의 덕으로 백성이 절로 다스려짐을 말함이라. 옛날 요임금 시절의 백성은 임금이 있는 줄도 모르고 살았던 것이다.

성인은 마음이 살아 있어 한 가지 마음을 고집하지 않는다.
백성의 마음으로 마음을 삼는다.

【제50장】

인생(人生)은 아름답다

사람은 태어나서 살다가 죽는다. 생명에 집착하는 사람이 열에 셋이요, 집착하다 죽음을 자초하는 사람이 열에 셋이요, 살다가 중도에서 죽는 사람이 또한 열에 셋이다. 무엇 때문인가. 살려고만 하는 생명의 집착이 너무 크기 때문이다. 듣건대 섭생을 잘하는 사람은 길을 가도 맹수를 만나지 않으며 전쟁에서도 피해를 입지 않으며 코뿔소도 덤벼드는 일이 없고 호랑이도 달려드는 일이 없고 어떠한 무기도 그를 해치는 일이 없다고 한다. 무엇 때문인가. 죽을 자리에 들어서는 일은 없기 때문이다.

出生入死 生之徒十有三 死之徒十有三 人之生 動之死地 亦十有三 夫何故 以其生生之厚 蓋聞 善攝生者 陸行不遇兕虎 入軍不被甲兵 兕無所投其角 虎無所措其爪 兵無所用其刃 夫何故 以其無死地.

인생이란 무엇인가. 살다가 가는 것이 인생이다. 태어났다 죽는 것이 인생이다. 살기만 하고 가지 않는다면 인생이 아니요, 태어남만 있고 죽음이 없다면 그것은 인생이 아니다. 죽고 사는 것이 인생이다. 인생은 그래서 아름답다. 태어남이 있어 아름답고, 돌아감이 있어 아름답다. 조화(造花)처럼 한 번 피어나 지지 않는다면 그 꽃이 무엇이 아름다우며, 한 번 피어오른 뭉게구름이 흩어지지 않는다면 무엇이 아름다우랴. 죽음이 있어 인생은 아름답고, 살다 가는 아쉬움이 있어 인생은 아름답다. 그 아름다움을 일러 삶이라 하고 죽음이라 한다. 태어나는 것을 생(生)이라 하고, 돌아가는 것을 사(死)라 한다. 그것을 노자는 '출생입사(出生入死)'라고 하였다. 들어가고 나오는 것이 죽고 삶이다. 그것을 아름답게 말한 것이 생과 사요, 아쉬움으로 말하는 것이 인생이다. 그러므로 인생은 늘 아쉬움으로 남는다. 그러나 아쉬움은 살기만 하고 죽지 않으려는 욕심 때문이요, 그러한 욕심을 마음에서 버리고 나면 인생은 그저 들어가고 나오는 일만이 있을 뿐이다. 죽고 삶의 열오(悅惡)는 있는 것이 아니다. 살기만 하고 죽지 않으려는 열생오사(悅生惡死)의 감정은 인생을 아름답게 바라보지 못하게 하고, 여한과 아쉬움으로만 얼룩지게 한다. 태어난다는 것은 한 점 구름이 일어남이요, 죽는다는 것은 한 점 구름이 흩어짐[生也一片 浮雲起 死

也一片 浮雲滅]이라 하여 인생을 '부운(浮雲)'으로 말하기도 한다. 비 개인 날 한 점 떠가는 구름을 본 일이 있는가. 탐생(貪生)하는 사람에게는 그것이 허망할는지 모르지마는, 열생오사의 마음에서 떠나 있는 사람에게서는 그보다 더 아름다운 것이 없다. 부운을 인생의 허무함으로 보지 말라. 인생의 아름다움으로 보라. 떠가는 한 조각 구름보다 더 아름다운 것이 인생이다.

인생은 아름다운 것이다. 죽고 삶이 있어 아름답고, 희(喜)·노(怒)·애(哀)·락(樂)이 있어 아름답다. 그러나 살기만 하고 죽지 않으려 하는 사람에게는 인생은 허무하고 살다 가는 것이 허망하기만 하다.

 한 번 태어나 사는 사람이 열에 셋이라면 죽는 사람도 열에 셋이요, 살려고 하다가 죽음으로 내닫는 사람도 열에 셋이다. 그러면 나머지 열에 하나는 무엇인가. 열에 셋은 열생(悅生)하는 사람이요, 열에 셋은 오사(惡死)하는 사람이요, 열에 셋은 탐생(貪生)하는 사람이니 인생을 열로 나누어 아홉을 말하고 있다. 여기서 열에 아홉은 모두 생의 집착에서 오는 허망한 인생을 말하고 있는 것이라면, 나머지 열에 하나는 아름다운 인생이라고 할 수 있다. 죽고 사는 것을 아름답게 보는 인생이라고 할 수 있다. 올 때가 되어 왔다가 갈 때가 되어 가는 것이 인생이라 죽고 사는 일에 아쉬움이 없이 살다 가는 인생이 바로 그 하나라고 할 수 있다. 노자는 그 하나를 '섭생(攝生)'이라고 하였다. 섭생을 '양생(養生)'이라고도 하니, 양생은 오래 사는 것이 아니요 인생을 아름답게 사는 것이다. 장자는 인생을 선(善)과 악(惡)의 틈에, 생과 사의 틈에 두는 것을 양생이라 하였으나 선과 악에 무슨 틈이 있어 살아갈 수 있으며 생과 사 사이에 무슨 틈이 있어 몸을 맡기겠는가. 포정(庖丁)이 19년 동안 칼을 갈지 않은 것은 빈틈을 지나간 때문인지 알 수 없으나 인생은 빈틈을 지나가는 것이 아니요, 선과 악을 함께하고 생과 사를 함께 받아들이면서 하나를 좋아하고 하나를 싫어함이 없이 살아가는 것이 양생이다. 장자의 양생도 인생을 빈틈에 두라는 것이 아니라 가고 오는 일, 죽고 사는 일에서 자유로워지라는 것을 말한 것이라고 할 수 있다. 노담(老聃)이 죽었을 때 문상을 간 진일(秦佚)의 입을 빌려 안시처순(安時處順)을 말하고 현해(懸解)를 말하고 있는 것이 그것이 아니겠는가. '안시처순'은 죽고 사는 일에 평안하다는 것이요, '현해'는 생과 사로부터 자유로움을 말하고 있는 것이다. 죽고 사는 일에 자유로우면 인생을 아름답게 바라볼 수가 있는 것이다. 태어남도 아름답고 죽는 것도 아름답다. 죽고 사는 것이 인생이니 인생이 아름답다. 아름다운 인생을 열에 하나라고 할 수 있으니 그 하나가 노자가 말하는 섭생이요 양생이다.

섭생을 오래 사는 것으로 생각하지 말라. 오래 사는 것을 생각하는 것은 탐생이요, 섭생이 아니다. 양생을 죽지 않는 장생불사의 수련으로 생각하지 말라. 장생술(長生術)로 생각하면 그 또한 탐생이요, 양생이 아니다.

오래 살려고 하지 말라. 살기만 하고 죽지 않으려고 하지 말라. 그것은 탐생이니 탐생하면 두려움이 밀려올 것이요, 전쟁에 나가면 갑병(甲兵)이 무섭고 들에 나가면 시호(兕虎)의 해침이 무섭다. 그러나 죽고 사는 일에 편안하여 인생을 아름답게 보는 사람은 병장기가 무섭지 않고 코뿔소[兕]의 뿔과 호랑이[虎]의 발톱도 무섭지 않다. 죽고 사는 일이 다 인생이니 사지(死地)라 하여도 사지가 아닌 것이다. 이러한 인생이 열에 하나요, 그 하나가 다름 아닌 인생의 아름다움이다.

사람은 태어나서 살다가 죽는다. 살기만 하고 죽지 않으려 하는 것은 탐생(貪生)이다. 섭생을 잘하는 것은 탐생을 하지 않는 일이다.

【제51장】

모든 것을 그대로 두라

도는 만물을 생하고 덕은 만물을 기른다. 물마다 자기 형상을 가지게 하고 자기로서 있게 한다. 그러므로 만물은 도를 받들고 덕을 소중히 여긴다. 도를 받들고 덕을 소중히 여기는 것은 누가 시켜서가 아니라 만물 스스로가 그렇게 하는 것이다. 그러므로 도는 만물을 생하고, 덕은 그 생한 만물을 기르고 자라게 하며 키우고 성장하도록 보살핀다. 도는 만물을 생하고도 자기 것이라 여기지 않고, 덕은 키우고 기르면서도 자기 공이라 내세워 자랑하지 않는다. 도와 덕은 아무 것도 내세우고 간섭하지 않는다. 이를 현덕(玄德)이라 이른다.

道生之 德畜之 物形之 勢成之 是以萬物莫不尊道而貴德 道之尊 德之貴 夫莫之命而常自然 故道生之 德畜之 長之 育之 亭之 毒之 養之 覆之 生而不有 爲而不恃 長而不宰 是謂玄德.

풀 한 포기가 싹이 나고 잎이 돋아 자라다가 다 자라고 성(盛)하고는 쇠락(衰落)한다. 누가 시켜서 그러는 것이 아니요, 누구를 위해 그리하는 것이 아니다. 스스로 풀이 그러한 것이다. 꽃 한 송이가 누구를 위해 피는 것이 아니건만 벌이 날아와 꽃가루를 묻히고, 나무 한 그루가 누구를 위해 가지를 뻗고 있는 것이 아니건만 새가 깃들고 길손이 그늘에 앉아 땀을 식힌다. 벌이 자기를 위해 꽃이 있는 것이라는 생각을 하지 않으며, 길손이 자기를 위해 나무가 그늘을 드리우고 있는 것이라고 생각하지 않는다. 꽃이 있어 벌·나비가 꽃가루를 묻히고, 나무그늘이 있어 길손은 쉬어갈 뿐이다. 그저 그러할 뿐이요, 누가 시켜 베풀고 베풂 받는 일이 있는 것이 아니요, 무엇을 내세워 자랑하는 일도 고마워할 일도 있는 것이 아니다. 그저 스스로 벌은 벌대로 꽃가루를 묻히고 있는 것이요, 나무는 나무대로 가지를 드리우고 있는 것이다.

 모든 것이 다 그렇게 있고 만물이 다 그렇게 있다. 하늘은 하늘로서 있고 땅은 땅으로서 있고 풀은 풀로서 있고 나무는 나무로서 있다. 모든 존재하는 것이 스스로 자기로서 있다. "나는 스스로 있는 자니라." 그들은 저마다 이런 말을 하면서 존재하고 있다. 하나님이 그렇게 있는 것이라면 사물 하나하나가 모두 하나님으로 있다고 할 수 있다. 스스로 있는 자로서 있다. 이렇게 있는 것을 노자는 '자연(自然)'이라고 하였다. 그러므로 어느 것 하나 핑계를 달고 존재하는 것도 아니요, 구실을 내세워 존재하는 것도 아니다. 그저 스스로 자기로서 있다. 누구의 덕에 있는 것도 아니요, 누구를 위해 있는 것도 아니다. 그러므로 무엇을 고마워할 것도 없고 무엇을 내세워 공을 자랑할 것도 없다. 꽃이 벌·나비를 위해 피는 것도 아니요, 벌·나비가 꽃을 위해 꽃가루를 옮기고 있는 것이 아니다. 꽃이 피고지는 것은 꽃 스스로가 그렇게 있을 뿐이요, 벌이 꽃가루를 옮기는 것은 벌 스스로가 그렇게 하면서 살아가는 것일 뿐이다. 그렇게 스스로 있고 스스로 존재하는 것을 자연이라고 하는 것이다. 이것을 물(物)로서 말할 때 '생(生)한다' 하고 '휵(畜)한다' 하고 '형(形)한다' 하고 '성(成)한다' 하는 것이다. 물이 생겨나 자라고 형상을 이루어 성(盛)하고 쇠(衰)한다는 것이다. 그러나 생하는 것은 물이나 생하게 하는 것[生之]은 도(道)요, 자라는 것은 물이나 자라게 하는 것[畜之]은 덕(德)이니, 도와 덕이 만물을 형성하고 세(勢)를 이루어 간다. 그러므로 만물에 있어서 도와 덕은 부모라 할 수 있으니 아비는 낳고 어미는 기르는 것과 같다.

도와 덕은 아비와 어미와 같다. 아비가 아이를 낳고 어미가 아이를 기르듯이 도가 만물을 낳고 덕이 만물을 기른다. 그러나 아비가 어떻게 아이를 낳을 수 있겠는가? 낳는 것도 어미요, 기르는 것도 어미다. 아비는 다만 낳게 할 뿐이다. 도도 마찬가지다. 도는 만물을 낳게[生之] 할 뿐 기르고[畜之] 자라고[長之] 키우고[育之] 성숙하고[亭之] 영글게[毒之] 하여 만물을 양육하고[養之] 보호하는[覆之] 것은 모두 덕이 하는 일이다. 이러한 덕이 하는 모든 것을 일러 한마디로 '생(生)'이라 하는 것이니 생이 덕이요, 살아 있음의 존재[生命]가 덕이다. 덕은 얻는다는 '득(得)'의 의미를 가지는 것이니 생을 얻은 '생득(生得)'이 덕이요, 만물이 살아가는 생명의 발산이 덕이다. 아침이슬을 머금고 있는 풀잎을 보라. 한낮의 열기를 받으며 피어 있는 한 송이 꽃을 보라. 신비스럽지 않은가. 그 신비스럽게 있는 것이 생명이다. 풀잎 하나가 늘어져 있는 것이 생명이요, 꽃 한 송이가 피어나고 있는 것이 생명이다. 생명은 그렇게 있다. 신비스럽게 있다. 풀과 꽃만이 그렇게 있는 것이 아니라 살아 있는 모든 존재자들이 그렇게 있다. 그것을 생명으로 말하면 덕(德)이요, 스스로 있는 자를 말하면 자연(自然)이다.

　도는 만물을 낳고 덕은 만물을 기른다. 그러나 낳게 하는 것이 도요, 낳는 것은 도가 아니다. 아비가 낳게 할 뿐 아이를 낳는 것이 아닌 것과 같다. 만물은 태어나고 자라고 형상을 이루며 성하고 쇠한다. 도가 태어나게 한다고는 하나 만물 스스로가 태어나는 것이요, 덕이 기른다고 하나 만물 스스로가 자라고 크는 것이다. 그러므로 만물을 태어나게 하되 도는 그 태어난 것을 자기 것으로 소유하지 않으며, 만물을 다 길러내고 있으나 덕은 그 공을 내세워 자랑하지 않는다. 이것을 '생이불유(生而不有)'라 하고 '위이불시(爲而不恃)'라 하는 것이니, 아비가 아이를 태어나게 했으나 아이는 아비의 소유물이 아니요, 어미가 아이를 길러 냈으나 그 공을 아이에게 내세우지 않는 것과 같다. 만물을 태어나게 하는 것은 도일지 모르나 만물은 만물로서 있다는 것이 또한 '생이불유'요, 만물을 기르는 것은 덕일지 모르나 만물은 만물로서 스스로 자라고 크고 있다는 것이 '위이불시'다. 도와 덕은 간섭하지 않는다. 그것이 또한 '장이부재(長而不宰)'다. 하늘도 땅도 간섭하지 않는데(天地不仁) 하물며 도와 덕이 만물을 간섭하겠는가. 노자는 철저한 불간섭주의자다. 그 불간섭을 달리 말한 것이 무위(無爲)다.

모든 것을 간섭하지 말고 그대로 두라. 그러면 만물은 스스로 자라고 스스로 존재한다. 그것을 자연이라 하고 무위라 하고 현덕(玄德)이라 한다. 이 장에서 특별히 현덕이라 한 것은 생명적 존재를 두고 한 말이다. 그것은 또한 모든 존재자는 생명적 존재라는 말이기도 하다. 현빈(玄牝)이라고도 한다. 노자사상은 아비사상이라기보다는 어미사상이라고 할 수 있으니 도보다는 덕에 있다. 스스로 자라고 스스로 존재하는 생명이 덕(德)이다. 그 생명이 한없이 신비한 것이므로 현덕(玄德)이라고도 한다.

도는 만물을 생하고도 자기 것이라 여기지 않고,
덕은 기르면서도 자기 공이라 내세워 자랑하지 않는다.

【제52장】

시(始)와 종(終)을 알면 그르침이 없다

천하의 모든 사물은 그 생겨나는 처음이 있다. 그 처음이 사물의 근본이 된다. 그 근본을 알면 그 사물[子]을 알 수 있고, 그 사물을 알면 또한 근본[母]을 알 수 있다. 그렇게 되면 죽을 때까지 위태롭지 않을 것이다. 말하는 입을 막고 보고 듣는 귀와 눈을 닫으면 종신토록 근심하는 일이 없을 것이나, 입을 열고 일을 벌여 놓으면 끝내 구제받을 수 없을 것이다. 작은 것을 볼 줄 알면 밝은 사람이요, 부드러움을 지킬 줄 알면 강한 사람이다. 그 빛을 찾아 본래의 밝음으로 돌아가면 몸에 어떤 재앙도 닥쳐오지 않을 것이다. 이것을 늘상 지니는 지혜라 하는 것이다.

天下有始 以爲天下母 旣得其母 以知其子 旣知其子 復守其母 沒身不殆 塞其兌 閉其門 終身不勤 開其兌 濟其事 終身不救 見小曰明 守柔曰强 用其光 復歸其明 無遺身殃 是謂襲常.

세상에 존재하는 모든 것은 시(始)와 종(終)이 있고, 생겨났다 없어지는 생(生)과 멸(滅)이 있다. 시작과 끝, 시종은 물상(物象) 안에서 시간을 말하는 것이요, 생겨났다 없어지는 생멸은 시간상에서 물상을 말하는 것이다. 그러므로 시간이 없으면 시종도 생멸도 없고 물상만이 있을 것이다. 그러나 시종도 생멸도 없고 물상이 있을 수 있는 것인가. 있다면 그것은 물상이 아니요, 우리와 마주 서 있는 세계가 아니다. 그것을 노자는 자연이라 하고 도라고 하였다. 물상이 아니라 하여 '무물지상(無物之象)'이라 하고, 이름이 없다 하여 '무명(無名)'이라고 하였다. 도는 생하지도 않고 멸하지도 않으며 시도 종도 없다. 생멸과 시종은 우리와 마주 서 있는 물상의 세계에서만 있는 것이다. 그러므로 우리가 문제 삼는 것은 도의 세계가 아니요, 물상의 세계인 것이다. 도는 문제 삼을 수 없는 것이요, 그것은 언어(인식) 안으로 끌어들일 수 없기 때문이다. 언어의 세계야말로 우리가 문제 삼을 수 있는 모든 것의 세계요, 그것을 노자사상에서 물상의 세계라 하는 것이다.

　우리는 말을 하고 보고 들으면서 살아간다. 말을 하지 않으면 아무것도 문제 삼을 수가 없고, 보고 듣지 않고는 아무것도 마주 세울 수가 없다. 우리 앞에 마주 서는 것은 물상이요, 그 물상은 언어로서 만물로 드러난다. 1장에서 '언어는 만물의 어미[有名萬物之母]'라 한 것이 그것이다. 만물은 언어의 세계에서 되는 것이라는 말이다. 그러므로 언어 밖에 있는 것은 물이 아니니 그것을 '무명천지지시(無名天地之始)'라고 하였다. 여기서 천지는 물을 말하는 것이 아니다. 스스로 있는 자[自然]라는 뜻이요, 시(始)는 물의 시가 아니라 존재라는 말로 '천지지시'는 스스로 있는 자의 존재라는 뜻이다. 이 스스로 있는 자의 존재(자연)가 만물의 바탕이요, 그것이 언어의 세계에서 물상으로 만물이 된다는 것이 노자 1장의 무명(無名)과 유명(有名)이다. 언어 밖의 세계와 언어 안의 세계를 말하는 것이라고 할 수 있다. 그러나 결국은 언어 밖의 세계는 말할(문제 삼을) 수 없는 것인지라 언어로서 드러나는 물상의 세계를 말하고 있는 것이 노자 1장이라고 할 수 있다. 언어의 세계를 문제 삼고 있는 것이다.

언어의 세계는 곧 물상의 세계다. 물상의 세계에서는 시가 있고 종이 있으니 물의 시종을 알면 세상을 그르치지 않고 살 수 있으리라는 것이 이 장의 뜻이다. 『대학』에서 "물에는 본말이 있고 일에는 종시가 있으니 그것을 알면 세상을 그르치지 않게 살 수 있으리라[物有本末 事有終始 知所先後 則近道矣]"는 뜻과 같은 것이라고 할 수 있다. 노자는 그것을 종과 시라 하지 않고 모(母)와 자(子)라 하여 그 모를 알면 그 자를 알 수 있고, 그 자를 알면 그 모를 알 수 있어야 인생을 그르치지 않을 것이라고 하였다. 그러나 여기서 노자가 모와 자라고 말하고 있는 것은 단순한 물의 시종을 말하려는 데 있는 것이 아니라, 그 시종을 가지는 만물 또는 모든 존재 사실이 우리 앞에 어떻게 마주 서는가에 있다고 할 수 있으니, 그 자는 만물이요 모는 만물의 어미(근본)로서 그 어미는 다름 아닌 언어를 말하고 있다고 할 수 있다. 그러므로 '기득기모(旣得其母)'는 언어의 세계에 들어선다는 말이요, '지기자(知其子)'는 거기에서 만물이 드러난다는 것이다. 그리고 그 드러난 만물은 언어의 세계에서 문제가 된다는 것이 '기지기자 복수기모(旣知其子 復守其母)'라는 것이다. 우리 앞에 마주 서는 물상은 언어의 세계에서 문제되는 것이라는 것이다. 그러므로 입 막고[塞其兌] 눈과 귀를 막아[閉其門] 말과 경험적 감각에 빠져들지 않으면 문제가 없을 것이라는 것이 '종신불근(終身不勤)'이다. 그것을 조심하지 않으면 일을 그르치게 되는 것[開其兌 濟其事 終身不救]이다. 그러므로 본래의 밝음으로 돌아가 지혜롭게 대처하면[用其光 復歸其明] 물상으로 인해 재앙을 가져오지는 않을 것[無遺身殃]이라고 하였다. 바로 이러한 물의 시와 종을 알아 수기응물(隨機應物)하여 그르침이 없게 하는 것을 '습상(習常)'이라 한다. 습상의 '상(常)'은 날마다 물상과 마주 서는 일상을 말함이요, '습(習)'은 '습(襲)'이라고도 하니 그 마주 서는 물상과 응합(應合)하는 것을 말함이라 날마다 거듭 새로운 물상과 함께 살아가는 삶의 지혜를 의미한다고 볼 수 있다.

 습상을 도를 얻음, 또는 도를 계승함이라 하여 이 장을 도를 밝히는 것이라고도 하나 노자에게 있어 도는 알 수도 밝힐 수도 없는 것이고 보면 결국은 물상의 세계, 또는 현실을 문제 삼고 있는 것이라고 하지 않을 수 없다. 우리가 마주하고 있는 이 물상(또는 현실)을 옳게 알고 나면 우리의 삶은 그르치지 않을 수 있을 것이라는 뜻이다. 습상의 상을 일상(日常)이라 하고 천하유시(天下有始)의 시(始)를 도라고 보지 않은 까닭이 여기에 있다. 이 장에서 가장 문제가 되고 있는 모와 자가 다 물상을 말하는 것이요, 가볍게 말하면 사유종시(事有終始)의 종시와 같고, 1장과 관련하여 말하면 자는 물이요 모는 그 만물의 어미인 유명(有名)으로, 언어의 세계 속에서 드러나는 만물이 물상의 세계라는 것을 말하고 있는 것이라 하겠다.

모든 것은 그 생겨나는 처음과 끝이 있다. 그 처음과 끝을 알면 그르침이 없을 것이다.

【제53장】

나라를 말하고 국익을 내세우지 말라

나는 나름대로의 앎이 있어 도를 행하려 하나 시행하기가 심히 조심스럽다. 도는 평탄하고 쉬운 길이나 사람들은 험난한 지름길을 좋아한다. 궁궐은 화려하고 전답은 황폐하고 나라의 곳간은 비어 있는데도 화려한 옷을 입고 보검을 차고 배불리 먹으며 그러고도 재물이 남아 돌아가니 이는 도적질하는 것이요, 도가 아니다.

使我介然有知 行於大道 唯施是畏 大道甚夷 而民好徑 朝甚除 田甚蕪 倉甚虛 服文綵 帶利劍 厭飮食 財貨有餘 是爲盜夸 非道也哉.

나라를 다스리는 일을 정치라 한다. 나라의 실체는 백성이다. 백성을 살피고 걱정하는 일이 정치다. 백성을 살리는 일이 정치다. 그러나 나라를 다스린다는 사람들은 백성이 곧 나라라는 것을 알지 못하고 백성 없이도 나라가 있는 것으로 생각한다. 그리하여 백성을 죽이고 나라만을 살리려고 한다. 백성을 죽이는 것이 나라를 살리는 것이라고 생각한다. 그러나 백성들에게 나라는 있는 것이 아니요, 있는 것은 묵어나는 전답만이 있을 뿐이요, 생업에 종사하는 일만이 눈앞에 있을 뿐이다. 백성에게 무슨 나라가 있을 것이랴. 나라는 입은 옷을 벗겨가고 먹을 곡식을 빼앗아가는 관리들에게나 있는 것이요, 그들에게는 나라보다 더 좋은 구실은 없는 것이니, 백성에게는 나라보다 더 무서운 이름은 없는 것이다. 그러므로 나라를 내세우는 사람이 많을수록 백성은 굶주리고 헐벗게 되니, 이것은 정치를 한다는 사람들이 나라를 위한다는 것이 백성을 위한다는 것인 줄을 모르기 때문이다. 나라와 백성이 따로 있는 줄로 알기 때문이다. 나라를 살리기 위해 백성을 죽이는 일을 정치로 알고 있기 때문이다. 나라는 빈 이름이요, 실체는 백성이다. 그 빈 이름을 위해 실체의 무한한 희생을 요구하는 것이 정치하는 사람들의 짓거리다.

  논밭은 묵어나 전원은 황폐해 가는데 대궐의 처마는 높아만 가고 궁궐은 화려하고 사치스럽다. 백성의 곳간은 비어 헐벗고 굶주리는데 조정의 관리들은 화려한 옷을 입고 값비싼 장식을 달고 먹을 것은 싫증이 나도록 배를 불리고 재물이 넘쳐난다. 노자는 이러한 것을 '도과(盜夸)'라 하였으니, 도과는 도둑질한 물건을 자랑하는 것이요 도둑질을 자랑스럽게 여기는 것이니, 정치는 다름 아닌 도둑질이요 정치하는 사람은 도둑놈이라는 말이다. 나라를 입에 담는 사람은 다 도둑이요, 국가를 위한다는 것은 다 도둑질 행위이다. 이것은 나라와 국가가 백성을 위해 있는 것이 아니요, 백성이 나라·국가를 위해 있는 것이라는 생각 때문이다. 백성이 있고 나라가 있는 것이 아니라, 나라가 있고 백성이 있는 것이라는 생각 때문이다. 그러나 나라는 있는 것이 아니요 오직 백성의 삶만이 있는 것이니, 백성의 삶이 곧 나라의 삶이라는 것을 알지 못하면 정치는 도둑질이요, 정치하는 사람은 다 도둑일 수밖에 없는 것이다.

나라를 말하지 말라. 국가를 내세우지 말라. 그것은 도둑질을 하겠다는 선포요 도둑일을 자랑하는 도과니, 백성을 죽이는 일이요 정치를 하는 것이 아니다. 노자는 정치를 무위(無違)로 한다 하였으니, 무위는 나라를 생각하는 정치가 아니라 백성을 생각하는 정치라는 말이다. 요임금이 들에서 격양가(擊壤歌)를 부르며 평화스럽게 살아가는 백성들에게로 다가가니, 그들은 임금이 누구인 줄도 모르고 나라가 무엇인지도 모른 채 살아가는 삶이 그저 즐겁기만 했다고 하니, 나라는 이렇게 다스려지는 것이요 그렇게 다스려지는 세상을 도가 행해지는 세상이라고 하는 것이다.

도는 평탄하고 쉬운 길이나 사람들은 그 길을 두고 험난하고 어려운 길을 가려 한다.

【제54장】
생명이 발산하는 존재의 빛깔이 우주다

굳건히 잘 세운 나라는 넘어지지 않고, 백성을 보살핀 나라는 그르치는 일이 없다. 백성들은 자손이 대대로 이어져 제사가 단절되는 일이 없다. 몸을 닦으면 덕이 진실되고, 집안을 보살피면 여유롭고, 마을을 보살피면 그 덕이 오래가고, 나라를 보살피면 그 덕이 충만해지고, 천하를 보살피면 그 덕이 모두를 덮는다. 그러므로 내 몸을 살피듯이 가정을 살피고 마을을 살피고 나라를 살피고 천하를 살펴나간다. 어떻게 세상이 그리됨을 알겠는가, 덕이 그러하기 때문이다.

善建者不拔 善抱者不脫 子孫以祭祀不輟 修之於身 其德乃眞 修之於家 其德乃餘 修之於鄕 其德乃長 修之於國 其德乃豊 修之於天下 其德乃普 故以身觀身 以家觀家 以鄕觀鄕 以國觀國 以天下觀天下 吾何以知天下然哉 以此.

아비가 아들을 낳고 아들이 손자를 낳고 손자가 또 아들을 낳아 무한히 이어가는 생명을 '덕'이라 한다. 덕은 개체에서는 살아 있는 생명이요, 전체로서 보면 한없이 이어지는 끊임없는 생명이다. 그 생명을 온전히 하여 살아감을 '덕을 닦는다' 하는 것이다. 내 몸에서 덕을 닦으면 내가 곧 진리임을 알게 될 것이니, 보고 듣는 것이 진리 아님이 없고 오고 가는 일이 충만 속에 이루어지지 않는 것이 없다. 예수가 "나는 길이요, 진리요, 생명이니라" 했다 하거니와 나의 온전한 삶이 진리요, 생명이다. 그 온전한 삶으로 존재하는 것이 덕이다. 내 몸에서 덕을 닦으면 내가 곧 진리요, 가정에서 덕을 닦으면 그 덕이 가족에 미칠 것이요, 마을에서 덕을 닦으면 그 덕이 마을에 퍼질 것이요, 나라에서 덕을 닦으면 그 덕이 나라에 풍성할 것이요, 천하에서 덕을 닦으면 그 덕이 천하를 두루 덮을 것이다.

　내가 근원이요, 내가 진리요, 내가 생명이요, 내가 길이다. 이러한 나의 존재가 살아 있는 삶으로 이어지는 생명을 덕이라 한다. 풀은 씨앗을 맺어 생명으로 이어지고, 벌·나비는 알을 낳아 생명을 이어간다. 자자손손 이어지는 생명이 덕이다. 이것은 삶을 온전히 하는 데서 이루어진다. 벌레가 그 삶을 온전히 하지 않으면 알을 낳을 수 없을 것이요, 풀 한 포기가 그 삶을 온전히 하지 않으면 꽃을 피워 씨앗을 맺지 못할 것이다. 삶을 온전히 하는 것, 이것을 '덕'이라 하거니와 그 덕을 세움이 '건덕(健德)'이요, 그 덕을 안아 지켜감을 '선포(善抱)'라 하는 것이다. 건덕자는 그 삶이 자자손손 이어질 것이요 선포자는 그 생명이 끊이지 않을 것이니, 그렇게 생명이 이어지는 것이 '제사(祭祀)'요 제사가 끊어지지 않는 것이 '불철(不輟)'이다. 온전한 생명으로 존재하라. 온전한 삶으로 돌아가라. 그것이 내 몸에서는 수신(修身)이요, 가정에서는 제가(齊家)요, 나라에서는 치국(治國)이요, 세상에서는 평천하(平天下)다. 수신이 근본이 되는 까닭이 여기에 있다. 수신을 노자는 덕을 닦는 것이라 하였고 덕은 이어받고 이어가는 생명이니 생명으로 가득한 존재를 '자연'이라 하는 것이다. 노자에게 있어 자연은 온전한 생명이요, 생명은 존재자가 발산하는 존재의 빛이다. 그 빛이 햇살처럼 퍼져나가는 것이 우주다. 존재의 빛깔이 우주다. 질서다. 그 우주의 질서가 내게서 시작한다. 그러므로 나로 하여금 우주질서가 있게 되는 것이니 나를 알면 우주질서를 알게 된다.

> 덕으로 세운 나라는 넘어지지 않고, 덕으로 보살피는 나라는 그 백성이 잘못되는 일이 없다.

【제55장】

아기의 마음으로 돌아가라

큰 덕을 지닌 사람은 갓난아이에 비교할 수 있다. 갓난아이는 벌이나 전갈, 뱀 같은 독충들도 쏘거나 물지를 않고 맹수도 달려들지 않고 독수리 같은 사나운 새도 할퀴지 않는다. 어린아이의 몸은 뼈가 연약하고 근육은 부드러우나 주먹을 움켜쥐면 단단해 펼 수가 없다. 아직 남녀의 교합을 알지 못하는데도 고추(생식기)가 늘 빳빳하게 서 있다. 그것은 정기가 뭉쳐 있기 때문이다. 아기는 온종일 울어도 목이 쉬는 일이 없다. 그것은 화기(和氣)로 충만해 있기 때문이다. 화기를 아는 것을 상(常)이라 하고 상을 아는 것을 명(明)이라 한다. 더 살려고 하면 재앙을 불러오고 마음을 심하게 부리면 억지가 생겨나게 된다. 무엇이나 억지로 성하게 하면 쇠하게 되는 것이다. 이러한 것을 도가 아니라 하니 도 아닌 것으로 하면 오래가지 못한다.

含德之厚 比於赤子 蜂蠆虺蛇不螫 猛獸不據 攫鳥不搏 骨弱筋柔而握固 未知牝牡之合而全作 精之至也 終日號而不嗄 和之至也 知和曰常 知常曰明 益生曰祥 心使氣曰强 物壯則老 是謂不道 不道早已.

갓난아이[赤子]는 아무도 해치지 않는다. 벌레와 뱀 같은 독충들도 다가와 물지 않으며, 맹수·독수리 같은 사나운 짐승들도 와서 할퀴거나 해치지 않는다. 아기는 완전함으로 존재하기 때문이다. 완전함으로 있는 존재, 그것을 '자연'이라고 한다. 아기는 자연으로 존재한다. 자연은 밖으로의 어떠한 요인으로 있는 것이 아니요, 아무런 영향도 받지 않고 있는 존재다. 장자는 이러한 존재를 신선(神仙)에 견주어 말하기도 하였다. 막고야(藐姑射)산에 있는 신선은 하늘에 닿을 만큼 큰 물도 그를 빠뜨리지 못하고, 산을 태우고 바위를 녹이는 열기도 그를 해치지 못한다고 하였다. 그러한 신선처럼 있는 것이 아기다. 자연으로 있는 것이 아기다. 외물(外物)에 일렁임이 없이 존재함이 아기다. 아기의 몸은 한없이 부드럽고 연약하나 떨어져도 다치는 일이 없고 불끈 쥔 주먹은 펼 수 없도록 단단하다. 남녀의 정을 알지 못하는데도 어린아이의 자지[峻]는 언제나 빳빳하게 일어나 있고, 온종일을 울어도 목이 쉬는 일이 없다. 무엇 때문에 그러한가, 무엇이 그렇게 하는가. 조화의 덩어리[和之至]이기 때문에 그러하다. 아기로 돌아가라[復歸於嬰兒]. 아기로 돌아가 아기처럼 존재하는 사람을 덕 있는 사람이라고 하는 것이다. 덕을 지닌다는 것은 다름 아닌 자연으로 돌아가 아기처럼 있는 것을 말하고 있는 것이다. 그렇게 있는 것을 '화

(和)'라고 하니 화는 곧 아기요, 자연이요, 순수함의 존재다. 그러한 존재의 모습, 아기처럼 있는 존재의 모습을 '박(樸)'이라 하거니와 여기서는 그것을 '상(常)'이라 하였다[知和曰常]. 그리고 그것을 아는 것을 덕 있는 사람의 지혜라 하였다[知常曰明].

   자연으로 돌아가라. 아기처럼 살아가라. 억지를 부리지 말고 하고자 하는 마음[慾]을 가지지 말라. 생명을 늘려 더 살려고 하면 재앙이 이를 것이요, 마음을 심하게 부려 이루려고 하면 억지가 생겨날 것이다. 세상 모든 일은 억지로 하면 쉬이 쇠하는 것이라 제 길을 걷지 않음이라 하니, 제 길을 걷지 않으면 오래가지 못하고 곧 무너지게 되는 것이다. 덕을 지닌다 함은 바로 이 제 길을 걸어감이요, 제 길을 걸어간다 함은 조화를 알고 순수함을 알아 자연으로 돌아가 사는 삶이라 할 수 있다. 아기의 마음으로 돌아가 사는 삶이 그러한 삶이다.

어린아이와 같이 무심으로 살아가면
모든 일에 억지를 부리는 일이 없을 것이다.

【제56장】

말에 갇히지 말라

참 아는 사람은 말에 갇히지 않고, 말에 갇힌 사람은 참 앎으로 들어가지 못한다. 입을 막아 말을 조심하고 귀와 눈을 막아 보고 듣는 것을 조심하라. 날카로움을 나타내지 말고 엉켜들지 말며, 드러나지 않고 세속과 함께하라. 이렇게 함을 현동(玄同)이라 한다. 그러므로 가까이할 수도 없고 멀리할 수도 없고, 이롭게 할 수도 없고 해롭게 할 수도 없고, 귀하게 여길 수도 없고 천하게 여길 수도 없다. 그래서 존귀하다고 하는 것이다.

知者不言 言者不知 塞其兌 閉其門 挫其銳 解其紛 和其光 同其塵 是謂玄同
故不可得而親 不可得而疎 不可得而利 不可得而害 不可得而貴 不可得而賤
故爲天下貴.

사람은 말을 하며 살아간다. 새도 말을 하고 개나 소, 말 모든 짐승들도 말을 한다고 할지 모르나 그것은 말이 아니요, 소리이다. 말은 소리가 아니다. 새소리·바람소리·물소리, 그것은 말이 아니다. 말은 반드시 지시하는 대상을 가져야 한다. 그것을 의미라 하고 의미체로서 존재하는 말을 개념이라고도 한다. 개념은 의미체로서 존재하는 말이라는 뜻이다. 그러나 소리는 의미체로서 존재하는 것이 아니다. 개념으로서 존재하는 것이 아니다. 새소리·바람소리·물소리는 어떤 일정한 대상을 지시하고 있는 소리가 아니라 스스로 절로 나는 소리다. 그러한 소리를 자연의 소리라고 한다.
 자연의 소리는 말이 아니다. 그 소리는 어떠한 대상을 지시하고 있는 소리가 아니요, 지시하려고 내는 소리가 아니다. 의미체가 아니라는 말이요, 개념으로서 존재하는 것이 아니라는 말이다. 말이 아니라 소리라는 말이다. 말이 아닌 말이라고 할 수도 있을 것이다. 이 말이 아닌 말, 소리가 말이기 위해서는 개념의 세계로 들어와야 한다. 새소리를 노래라 한다든지 바람소리를 비애라 한다든지 물소리를 통곡이라 한다든지 그 소리를 의미의 세계로 끌어들일 때에만 그 소리는 말이 되는 것이다. 그러나 그것은 그리 생각하는 인간에게서나 말이요, 저들에게서는 말이 아니다. 그러한 의미로서 내는 소리가 아니다. 이것은 말이란 인간에게만 해당된다는 것이요, 인간세계에서만 문제되는 것이라는 의미이다. 인간을 정의하는 말 가운데 "사람은 언어를 사용하는 동물이다"라고 하는 것이 있는 것은 그 때문이다. 인간만이 말을 가지고 있는 존재라는 뜻이다. 그러므로 새나 짐승, 그밖에 내는 모든 소리는 말이 아니라 그저 소리일 뿐이다. 장자가 "말은 단순한 소리가 아니다. 말은 반드시 의미가 있어야 한다[夫言非吹也言者有言]"고 하는 것도 그러한 뜻에서 한 말이라고 할 수 있다. 그러므로 말이 아닌 소리를 말의 세계로 끌어들여 새의 말, 바람의 말, 물의 말이라고 하여 문제 삼는 것은 인간의 말을 문제 삼는 것이요, 저들이 하는 말을 문제 삼고 있는 것이 아니다. 저들은 말을 하고 있는 것이 아니다. 그저 소리를 내고 있을 뿐이다. 그러한 소리를 말의 세계로 끌어들여 이해하려고 하는 것은 바로 종족의 우상(偶像)에서 오는 앎의 오류를 범하고 있는 것이라고 할 수도 있으리라.

　새소리·바람소리·물소리, 그것은 말이 아니다. 그저 소리일 뿐이다. 장자는 그와 같은 소리를 구음(𪛊音)이라 하였다. 그러므로 새소리는 새소리로 들을 것이요, 바람소리는 바람소리로 듣고 물소리는 물소리로 들을 것이요, 그 소리에 어떤 의미를 부여하거나 그 소리에서 의미를 찾으려 하지 말라. 찾으면 말이 될 것이요, 무엇(대상)인가를 지시하는 의미가 들어갈 것이요, 소리는 소리로서의 자리를 떠나 의미체로서의 개념이 될 것이다.

　자연을 개념으로 끌어들이지 말라. 개념 속에서 자연을 이해하려고 하지 말라. 새소리는 새소리로 듣고 바람소리는 바람소리로 듣고 물소리는 물소리로 들으라. 자연의 소리를 자연의 소리로 들으라. 그러면 그것으로 족할 것이다. 그렇지 않으면 그르치게 될 것이요, 새소리는 새소리가 아니게 될 것이요, 바람소리는 바람소리가 아니게 될 것이요, 물소리는 물소리가 아니게 될 것이다.

노자는 말, 곧 언어의 문제를 바로 이 자연과의 관계에서 살피고 있다고 할 수 있다. 자연의 세계와 언어의 세계는 다르며, 사실의 세계와 개념의 세계는 별개로 있다. 말, 즉 개념이 어떤 일정한 존재(대상)를 지시하는 의미체로서 소리와는 다르다고 하나, 그 다른 의미체임으로 해서 현실적인 실재의 사실이 아니다. 가령 '꽃'이라는 개념은 의미체일 뿐, 사실의 꽃은 아니다. 개념으로서의 꽃은 고정불변의 동일성(同一性)으로 있으나 사실의 꽃은 시시각각으로 변하면서 있다. 말하자면 개념은 시간과 공간의 제약을 받지 않고 있으나, 사실은 시간과 공간 속에 존재한다. 바로 여기에서 개념의 세계와 사실의 세계는 별개로 있으며, 그러므로 개념 속에서 사실을 찾을 수 없다.

말에서 사실을 찾지 말라. 개념 속에서 현실을 찾지 말라. 사실은 개념 속에 있는 것이 아니다. 노자의 언어문제는 바로 여기에 있다. 그 언어를 문제 삼으면서 시작하는 것이 다름 아닌 노자 1장이다. 여기서도 바로 그 언어, 즉 개념을 문제 삼고 있다. "참 아는 사람은 말, 즉 개념에 갇히지 않으며[知者不言], 말(개념)에 갇힌 사람은 참 앎으로 들어가지 못한다[言者不知]"고 함이 바로 그것이다. 개념(말) 속에서 사실을 찾지 말라는 말이다. 사실은 개념 속에 있는 것이 아니라는 말이기도 하다.

말·개념의 세계에 갇히지 말고 현실로 내려와 실질적인 사실의 세계와 마주 서라. 그것을 바로 '현동(玄同)'이라 한다. '현동'을 언어(말)의 굴레에서 풀려남이라 해도 무방할 것이다. 참 앎의 세계로 내려와 앉는 것이 '현동'이다. 그리고 그 말(언어)에 갇히지 말라는 것이 "색기태(塞其兌) 폐기문(閉其門)이요 좌기예(挫其銳) 해기분(解其紛)"이라면, 그 갇힌 데서 풀려나 사실세계로 내려오라는 것이 "화기광(和其光) 동기진(同其塵)"이다. '현동'이 다름 아닌 그 "화기광 동기진"이다. 화광동진(和光同塵)이 바로 현동이다.

인간은 언어적 동물이라고 한다. 이것은 말을 하지 않고는 살 수 없는 존재라는 말이기도 하다. 인간은 말을 하지 않고 살 수 없다. 그러므로 '지자불언(知者不言)'의 '불언'은 말을 하지 말라는 것이 아니라 말을 하되 말에 갇히지 말며 말의 세계와 사실의 세계가 다르다는 것을 알면 갇히지 않을 수 있다는 뜻이다. 곧 언어는 일정한 존재를 지시하는 의미체인 만큼 말은 말(의미)로서 이해할 것이요, 말 속에서 사실을 찾지 말라는 것을 밝히고 있는 것이라고 할 수 있다.

> 지혜로운 사람은 말에 갇히지 않고, 말에 갇히는 사람은 지혜롭지 못하다.

【제57장】

간섭하지 말라

나라를 바른 것으로 다스리고 전쟁을 기략으로서 치르려고 하나 무사(無事)로서 세상을 다스려야 한다. 무엇 때문에 그러한가. 다음과 같은 사실로 그것을 알 수 있다. 세상에 금기하는 것이 많아지면 백성들은 살기가 어려워지고, 백성들이 편리한 기계에만 매달려 사는 일이 많아지면 나라는 한층 어려워지고, 사람들이 기교가 많아지면 기이한 일들이 생겨난다. 법령이 번거롭고 많아지면 도둑이 많아진다. 그러므로 성인이 말하기를 무위로서 하면 백성은 스스로 교화되고, 조용함을 즐기게 하면 백성은 절로 바르게 되고, 일을 벌여놓지 않으면 백성은 절로 풍요롭게 되고, 욕심을 없게 하면 백성은 절로 순박해진다고 하였다.

以正治國 以奇用兵 以無事取天下 吾何以知其然哉 以此 天下多忌諱 而民彌貧 民多利器 國家滋昏 人多伎巧 奇物滋起 法令滋彰 盜賊多有 故聖人云 我無爲而民自化 我好靜而民自正 我無事而民自富 我無欲而民自樸.

번거롭게 하지 말고 간섭하지 말라. 나라를 다스리고 세상을 이끌어 나가려거든 백성을 간섭하고 일을 벌여 힘들게 하지 말라. 억지로 하지 말고 무위로 하라. 그리하면 백성들은 절로 교화될 것이요, 절로 바르게 살아갈 것이요, 절로 풍요롭게 살아갈 것이다. 욕심을 내는 일이 없게 하면 백성들은 절로 순박해질 것이다. 간섭하여 금하는 일이 많고 못하게 하는 일이 많아지면 백성들은 살아가기 힘들어지고, 편리함만을 찾아 기계에만 의존하려는 사람이 많아지면 국가는 허약해지고 혼란에 빠져들고, 재주를 부리고 기술이 많아지면 기이한 물건과 일들이 많이 생겨난다. 그리고 백성들을 간섭하는 법령이 많아지면 도둑이 들끓게 되고 법을 피해가려는 사람만 많아진다. 그러고 어찌 나라가 잘 다스려지기를 바라겠는가.

　간섭하지 말라. 일을 벌여 백성을 들볶지 말라. 나라를 다스린다는 것이 나라를 그르치게 되고 백성을 위한다는 것이 백성을 오히려 힘들게 한다. 백성을 위한다고 하지 말라. 나라를 다스린다고 하지 말라. 그것은 간섭에서 오는 핑계요 구실일 뿐이다.

　노자가 말하는 무위의 정치는 간섭하지 않는 다스림이다. 만물이 생겨나 자라고 살아가는 데 천지가 무슨 간섭을 하던가. 절로 자라고 절로 꽃피고 절로 열매를 맺는다. 나라를 다스림도 그렇게 하라. 백성을 간섭하지 말고 스스로 절로 살아가게 하라. 법령이 많으면 간섭이 많아질 것이요, 재주와 기술이 늘어나면 기이한 물건과 일들이 생겨나고, 편리한 기계[利器]에 매달리면 스스로 아무것도 하지 않으려는 마음의 타락을 가져오게 된다. 장자는 이러한 마음을 '기심(機心)'이라고 하였다. 기심은 기계에만 의존하려는 마음이니 그것이 다름 아닌 요령과 기회만을 노리는 사특한 마음, 영혼의 타락이라는 것이다. 어떻게 백성들을 이러한 마음으로 몰고 가 본래의 삶으로 돌아가 살도록 하겠는가.

　간섭하지 말라, 그러면 백성들은 스스로 살아갈 것이요. 일을 벌이거나 재주와 기술에 매달리게 하지 말라, 그러면 백성들은 순박하게 본래의 삶을 살아갈 수 있을 것이다. 노자의 '무위(無爲)'는 간섭하지 않음이요, 순박한 마음을 잃지 않게 함이다.

무위로써 나라를 다스려 나가면, 백성이 절로 바르게 되고 절로 다스려진다.

【제58장】

가는 복(福)을 붙들려 하지 말라

정치가 무관심한 듯 간섭하지 않으면 백성은 순박해지고, 정치가 시시콜콜 간섭을 하게 되면 백성은 불안하고 영악해진다. 화는 복에 기대어 있고 복은 그 속에 화가 엎드려 있다. 누가 그것을 알겠는가. 무엇이나 한 상태로만 있는 것이 없다. 바른 것이 다시 기이해지고 선한 것이 다시 사특한 것이 되거늘 사람들이 어리석어 그것을 모름이 실로 오래되었도다. 그러므로 성인은 방정하되 모가 나지 않고, 청렴하되 상하게 하는 일이 없고, 강직하되 방자하지 않으며, 지혜가 있어도 겉으로 드러내지 않는다.

其政悶悶 其民淳淳 其政察察 其民缺缺 禍兮福之所倚 福兮禍之所伏 孰知其極 其無正 正復爲奇 善復爲妖 人之迷 其日固久 是以聖人方而不割 廉而不劌 直而不肆 光而不耀.

오는 화(재앙)를 피하려 하지도 말고 가는 복(행복)을 붙들려 하지도 말라. 화는 복에 기대어 오는 것이요[禍兮福之所倚], 복은 그 안에 화를 숨기고 있는 것[福兮禍之所伏]이다. 오는 화를 피하면 오는 복을 물리치는 것이요, 가는 복을 붙잡으면 가는 화를 불러들이는 것이다.

 화와 복은 함께 있는 것이니 가는 복을 붙들려 하지도 말고 오는 화를 피하려 하지도 말라. 오는 대로 맞이하고 가는 대로 내버려 두라. 오고 가는 데 관여하지 않는다면 화복에 무슨 마음 쓸 일이 있으랴! 복을 좇는 사람은 그 속에 화가 엎드려 있는 줄을 알지 못하기 때문이요, 화를 피하려 하는 사람은 복이 이미 와 기대고 있는 줄을 알지 못하기 때문이다.

 우환거리라면 화도 복도 모두 우환거리요, 좋은 일이라면 화와 복이 모두 좋은 일일 수도 있다. 화는 복이 다가왔다고 알려 줌이요, 복은 화가 이미 코앞에 미쳤다는 것을 미리 알려 줌이라 복이 왔다고 좋아할 일도 아니요, 화가 미쳤다고 싫어할 일도 아니다. 화와 복은 그저 군더더기일 뿐이다. 좋은 일이 생기면 이것은 또 무슨 재앙이 오려고 이러는가 생각하고 나쁜 일이 닥치면 이것은 또 무슨 요행이 오려고 이러는가[寵辱若驚]를 생각하라. 복을 좇으려 하지도 말고 화를 피하려 하지도 말라. 누가 그러한 것을 알고 그러한 줄을 알겠는가.

　바른 것은 다시 바르지 않은 기괴함으로 바뀌고 선한 것은 다시 선하지 않은 사특함으로 바뀐다. 모든 것은 한 가지 옳음만으로 있는 것이 아니요, 그름만으로 있는 것이 아니다. 어느 한 가지도 머물러 고정된 것이 없다[其極 其無正]. 사람들은 그것을 알지 못하고 살아가니 그 어리석음이 실로 오래다. 성인만이 그 어리석음에서 벗어나 있다. 그러므로 성인은 하는 일이 방정하면서도 모가 나지 않으며, 마음이 청렴하면서도 남을 상하게 하는 일이 없으며, 성격이 강직하면서도 방자함이 없다. 그리고 드러내지 않는다. 드러남이 없다. 지혜가 있어도 드러나지 않고 덕이 있어도 드러나지 않는다. 그러므로 모든 사람과 함께할 수 있다. 이러한 것을 노자는 '화광동진(和光同塵)'이라고도 하고 '현동(玄同)'이라고도 했던 것이다. 드러나지 않음이 화광(和光)이요, 함께하는 것이 동진이요 현동이라고 하는 것이다.

화는 복에 기대어서 오고, 복은 화가 그 속에 엎드리고 있다.

【제59장】

농사는 하늘을 섬기는 일이다

사람을 다스리고 하늘을 섬기는 일은 농사일과 같다. 농사짓는 일이 야말로 근본에 바탕을 두고 있는 것[早服]이다. 근본에 바탕을 두고 하는 일을 덕을 쌓아 가는 것이라 한다. 덕을 거듭 쌓아 나가면 못할 일이 없게 된다. 못 이룰 것이 없게 되어 그 하는 일의 끝이 없게 된다. 그 하는 일의 끝이 없는 사람만이 나라를 맡을 수 있다. 나라를 다스리는 근본이 있으면 오래갈 수 있다. 이것을 일러 뿌리가 깊고 받침이 단단하다 하고 장구하게 오래가는 도라고 하는 것이다.

治人事天 莫若嗇 夫唯嗇 是以早服 早服謂之重積德 重積德則無不克 無不克 則莫之其極 莫之其極 可以有國 有國之母 可以長久 是謂深根固柢 長生久視 之道.

농사를 지어 본 일이 있는가. 농부가 되어 본 일이 있는가. 농사짓는 일을 구경이라도 해 본 일이 있는가. 그러한 사람은 농사가 무엇인지를 알 것이다. 농사는 하늘을 섬기는 일이요, 농부는 하늘을 섬기는 사람임을 알 것이다.

농사는 생명을 심는 일이다. 생명을 가꾸고 기르는 일이다. 그리고 생명을 거두고 간직하는 일이다. 씨를 뿌리고 김을 매고 거둬들이는 일이 농사다. 이것이 하늘을 섬기는 일이다. 하늘을 섬기지 않고 어떻게 씨를 뿌리며 하늘을 받들지 않고 어떻게 김을 맬 수 있으며 거둬들여 간직할 수 있으랴. 씨를 뿌릴 때 씨를 뿌리고 김을 맬 때 김을 매고 거둬들일 때 거두어들이는 일이 농사다. 그 '때[時]'가 바로 하늘이요, 그 때를 놓치지 않는 것이 다름 아닌 하늘 섬김[事天]이다. 이 하늘 섬김 없이 어떻게 농사를 지을 수 있으랴. 하늘 섬김을 자연을 따름이라 해도 무방할 것이다.

농부가 그 하늘을 섬기는 사람이다. 하늘을 섬기지 않고 자연을 받들지 않으면 땅은 생명을 거부하고 흙은 농부의 손길을 뿌리친다. 어떻게 하늘을 섬기지 않고 땅을 보듬고 흙을 만질 수 있으랴. 농부의 마음은 하늘 섬기는 마음으로 가득하고 농부의 손길은 자연(생명)을 보듬는 손길로 투박하다. 농사는 하늘을 섬기는 일이요, 농부는 하늘을 섬기는 사람이다. 농사일보다 하늘을 더 잘 섬기는 일은 없을 것[事天 莫若嗇]이다.

하늘 섬김으로 이루어지는 농사를 '근본에 바탕을 두고 있음[早服]'이라 하고, 근본에 바탕을 두고 하는 일을 '덕을 쌓아 감[積德]'이라 이른다. 덕을 많이 쌓으면 이루지 못할 것이 없고, 이루지 못할 것이 없으면 무궁하여 그 이룸의 한계를 알 수 없게 된다[莫知其極]. 그 한계를 알 수 없는 사람이라야 나라를 맡아 다스릴 수가 있다. 그리고 나라의 기반이 장구할 수가 있다. 이러한 나라의 기반을 뿌리가 깊고 밑줄기가 튼튼하다고 하는 것이요, 그것이 나라가 궤멸하지 않고 오래갈 수 있는 길[長生久視之道]을 걷게 하는 것이다.

농사가 하늘을 섬기고 자연을 거스르지 않아야 이루어질 수 있듯이 나라를 다스리는 일도 그리해야만 영구히 보전할 수 있음을 말한 것이라고 할 수 있다. 무위(無爲)로서 나라를 다스려야 함을 말하고 있는 것이다.

백성을 다스리는 것은 농부가 하늘을 섬기는 일과 같다.

【제60장】

백성을 함부로 다루지 말라

큰 나라를 다스리는 일은 작은 생선을 굽는 일과 같다. 도로써 나라에 임하면 귀신도 신이 아니고 만다. 귀신이 신이 아닌 것이 아니라 그 신도 사람을 간섭하지 못한다. 신만이 사람을 간섭하지 못하는 것이 아니라 성인도 사람을 간섭하지 못한다. 귀신과 성인도 간섭하지 않는지라 그 덕이 다 도로 모아진다.

治大國若烹小鮮 以道莅天下 其鬼不神 非其鬼不神 其神不傷人 非其神不傷人 聖人亦不傷人 夫兩不相傷 故德交歸焉.

숯불에 석쇠를 올려놓고 작은 생선을 구울 때 여간 조심스럽게 다루지 않으면 생선이 석쇠에 달라붙거나 살이 뭉그러져 고기가 먹을 것이 없게 된다. 숯불이 너무 세도 안 되고 너무 뒤척여 자주 뒤집어도 안 된다. 생선을 상하지 않고 온전하게 굽는 것은 여간 어려운 일이 아니다.
　노자는 나라 다스리는 일을 이 생선 굽는 일과 같다고 하였다. 생선을 아무렇게나 다루면 속살이 뭉그러지고 흩어져 먹을 것이 없게 구워지듯이, 나라를 함부로 다루면 백성은 흩어져 제 집을 떠나 유랑하게 된다. 가혹한 정치는 백성의 삶을 힘들게 하고, 많은 법령을 만들어 지나친 간섭을 하면 백성은 불안해지고 안정을 잃게 된다. 포학으로 다스리면 백성들도 포학해지고, 공포로서 다스리게 되면 백성들은 죽음도 두려워하지 않게 되어 나라는 더욱 혼란스럽고 위태로워진다. 이러한 다스림을 억지로 나라를 이끌어 가려는 유위(有爲)의 정치라고 한다. 유위는 무위 또는 자연의 반대로 억지로 이루려 함을 말한다. 이 억지로 하는 정치가 나라를 잘 다스릴 수는 없다.
　노자는 무위(無爲)의 정치를 말한다. 무위로서 하면 백성들은 나라에 다스리는 사람이 있는 줄도 알지 못한다. 요임금이 민정을 살피러 궁 밖을 나갔을 때, 백성들이 자기 나라에 임금이 있는 줄도 모르고 살고 있는 것을 보고 돌아와 흡족했다고 한다. 이러한 정치를 무위의 정치라고 한다. 무위로서 나라를 다스려 나간다고 하는 것이다. 또 도로써 다스리는 것이라고도 한다. 도로써 천하를 다스리게 되면 귀신도 신령스러움을 잃게 된다[其鬼不神]고 하였다. 귀신이 신령스러움을 잃게 된다는 것은 신의 능력을 잃게 된다는 것이 아니라, 신도 간섭할 일이 없어진다는 것이다. 사람들에게 복을 주거나 화를 내리는 일이 없어진다는 것이다. 그것이 '기신불상인(其神不傷人)'이라는 말이다. 백성들이 모두 제자리에서 잘 살아가고 있는데 신이 무슨 할 일이 있으랴. 사람들이 더 바라는 것이 없고 빌 일이 없는데 신이 무슨 간섭을 하랴. 신만이 간섭하지 않는 것이 아니라 나라를 다스리는 사람[聖人]도 백성을 간섭하지 않는다. 사람을 다치게 하지 않는다는 '불상인(不傷人)'은 간섭을 하지 않는다는 말이다. 간섭을 하고 사람을 다치게 하지 않을 수는 없다. 유위로서 하는 정치는 백성을 다치게 하지 않을 수 없다는 말이다.

   무위로서 하는 정치라야만 백성은 상처를 받지 않을 수 있다. 다치지 않을 수 있다. 무위는 다름 아닌 간섭하지 않음이다. 귀신도 간섭하지 않고 다스리는 사람도 간섭하지 않으면 천하는 덕으로 돌아가 백성들은 모두 평화롭게 살아갈 것이다. 본래의 자기 삶으로 돌아가 모든 것이 스스로 절로 이루어지고 절로 살아지는 것으로 알고 살아갈 것이다. 무위로서 정치를 하면 그렇게 된다는 것이다. 도로써 나라를 다스리면 백성들이 그렇게 살아가게 된다는 것이다.

나라를 다스리는 일은 석쇠에 작은 생선을 올려놓고 굽는 것처럼
백성을 조심스럽게 다루어야 한다

【제61장】

큰 나라와 작은 나라가 서로를 섬겨야 한다

큰 나라는 물이 아래로 흘러 모이는 바다와 같다. 천하가 모두 그리로 모여드니 큰 나라는 천하의 암컷이라 할 수 있다. 암컷은 고요히 조용하게 있으나 수컷이 모여든다. 조용히 겸허하게 아래에 있을 뿐이다. 큰 나라가 겸허하게 낮은 자리에 있으면 작은 나라의 신뢰를 얻을 수 있고, 작은 나라가 큰 나라에 겸허하게 낮은 자리에 있으면 큰 나라의 신임을 얻을 수 있다. 그러므로 하나는 겸허함으로 신뢰를 얻게 되고, 하나는 겸허함으로 신임을 얻게 된다. 큰 나라는 작은 나라를 겸허하게 보살피는 데서 넘어서면 안 되고, 작은 나라는 큰 나라를 맞아 섬기는 데서 넘어서서는 안 된다. 그리하면 큰 나라와 작은 나라가 모두 각기 원하는 것을 얻을 수 있게 된다. 큰 나라는 마땅히 바다처럼 아래에 있어야 한다.

大國者下流 天下之交 天下之牝 牝常以靜勝牡 以靜爲下 故大國以下小國 則取小國 小國以下大國 則取大國 故或下以取 或下而取 大國不過欲兼畜人 小國不過欲入事人 夫兩者各得所欲 大者宜爲下.

모든 물은 흘러서 바다로 들어간다. 바다는 모든 물을 받아들인다. 그것은 바다가 모든 물의 가장 낮은 자리에 있기 때문이다.

큰 나라는 바다와 같아야 한다. 가장 낮은 자리에 처해 있어야 한다. 힘을 자랑하지 않고 조용하게 겸허한 자세로 있어야 한다는 말이다. 그리해야만 천하가 모두 그리로 모여든다. 강물이 모두 바다로 모여들듯이 모든 작은 나라가 다 그 나라로 모여든다. 바다가 모든 강물이 모여드는 곳이듯이 큰 나라는 천하의 모든 나라가 모여드는 곳이어야 한다. 천하의 암컷이 되어야 한다. 암컷은 조용하게 가만히 있어도 수컷이 모여든다. 그래서 가만히 조용히 있을 뿐이다. 큰 나라 대국은 바로 이 암컷의 자세로 있어야 한다. 가만히 조용히 있어도 수컷이 모여들듯이 힘을 드러내지 않고 겸허한 자세로 자리를 지키고 있어야 작은 나라들을 품을 수 있다. 국력을 과시하고 큰 나라임을 드러내려고 힘을 자랑하고 오만하면 작은 나라들은 등을 돌리게 된다. 품을 수 없게 된다. 작은 나라 또한 큰 나라를 겸허하게 대하고 섬길 수 있어야만 대국의 신임을 받아 평화롭게 지낼 수가 있다.

큰 나라는 작은 나라 사람들을 품어 보살피는 이상의 욕심을 내어서는 안 되고, 작은 나라는 큰 나라를 맞아 겸허히 섬기는 이상의 다른 욕심과 마음을 가져서는 안 된다. 큰 나라와 작은 나라가 모두 지켜야 할 자기 도리를 넘어서서는 안 된다는 말이다. 그렇지 않으면 큰 나라는 힘을 내세워 작은 나라를 위협하는 무서운 나라가 될 것이요, 작은 나라는 섬김이 지나쳐 큰 나라에 예속되는 나라가 되고 말 것이다. 큰 나라는 작은 나라를 품되 힘으로 하지 않는 것이 지켜야 할 도리고, 작은 나라는 큰 나라를 섬기되 지나치게 하지 않는 것이 지켜야 할 도리다. 그래야만 큰 나라나 작은 나라가 모두 각기 원하는 바를 얻어 평화롭게 공존할 수가 있는 것이다. 대국하소국(大國下小國)은 큰 나라가 지켜야 할 그 도리를 말하고 있는 것이요, 소국하대국(小國下大國)은 작은 나라가 지켜야 할 그 도리를 말하고 있는 것이다. 큰 나라는 오만하지 않고 작은 나라는 비굴하지 않아야 한다는 말이다. 나라와 나라의 관계가 힘으로써가 아니라 덕으로써 이루어져야 한다는 뜻이기도 하다.

　강물이 바다로 들어가되 들어오는 강물을 바다는 거절하지 않으며, 바다는 강물을 받아들이되 흐르는 강물까지를 바다로 만들지는 않는다. 그래서 언제나 바다는 바다로서 있고 강은 강물로서 흐르고 있는 것이라고 할 수 있다. 이것이 바로 자연으로 존재하는 천하만물의 이치요, 사람이 살아가는 세상의 삶의 이치라고 할 수 있다.

　노자는 이러한 이치를 자연이라 하였고, 정치로서는 덕으로써 하는 무위의 정치라 하고 삶으로서는 무위의 삶이라고 하였다.

큰 나라는 작은 나라에 겸허해야 하고, 작은 나라는 큰 나라에 신심으로 임해야 한다.

【제62장】

천하에서 귀한 존재는 도다

도는 만물이 가지고 있는 오묘한 것으로 선한 사람에게는 보배요, 선하지 않은 사람에게도 간직하고 있어야 하는 것이다. 좋은 말은 거리의 사람을 감동시킬 수 있고 훌륭한 행동은 멀리 있는 사람까지 감화시킬 수 있다. 사람이 불선하다 하여 어찌 버리는 일이 있겠는가. 그러므로 천자가 되어 삼공을 두고 비록 큰 마차를 앞세워 값진 구슬을 바친다 하더라도, 도로 나아가 있음만 같지 못하다. 옛날부터 도를 귀히 여기는 까닭은 무엇인가. 도를 구해 얻으면 죄가 있더라도 면할 수 있다고 말하지 않던가. 그러므로 천하에서 도를 가장 귀하게 여기는 것이다.

道者萬物之奧 善人之寶 不善人之所保 美言可以市 尊行可以加人 人之不善 何棄之有 故立天子 置三公 雖有拱璧以先駟馬 不如坐進此道 古之所以貴此道者何 不曰以求得 有罪以免邪 故爲天下貴.

'도'란 무엇인가. 알 수 없는 오묘한 존재다. 만물이 도로 인해 생겨나고 하늘이 도로 인해 푸르고 땅이 도로 인해 저토록 두텁다. 산 위에 떠가는 한 점 구름도 도로 인해 그러할 수 있고 강물도 도로 인해 저토록 끊임없이 흐른다. 어느 것 하나 도에 의해 존재하지 않는 것이 없으며 도로 인해 일어나지 않는 현상이 없다. 그래서 존귀한 것이다. 천자로 세워지는 것보다도 존귀하고 삼공의 높은 벼슬보다도 존귀하다. 세상에서 도보다 더 존귀한 것은 없다. 그러므로 도는 모든 사람에게 누구에게나 존귀한 것이다. 선한 사람에게는 보배가 되는 것이요, 선하지 않은 사람에게는 온전한 사람으로 돌아올 수 있게 하는 보배다. 도로서 하는 말[美言]은 저잣거리의 사람을 얻을 수 있게 하고, 도로서 하는 행동[尊行]은 멀리 있는 사람까지도 얻을 수 있게 한다. 사람이 선하지 않다고 하여 어찌 버릴 수 있겠는가. 한 수레의 값진 보물[拱璧]을 받는다 해도 도를 지니는 것보다 더 값지고 귀한 것은 없을 것이다.

　옛날부터 도를 귀하게 여기는 까닭이 무엇인가. 도 안에서 모든 것이 이루어지며 도 안에서 모든 매듭이 풀어지며 도 안에서 모든 문제가 소멸되어 순조로운 삶, 온전한 삶을 살 수 있기 때문이다. 도를 구해서 얻게 되면 지은 죄마저도 면할 수 있다고 하는 것은 그래서 하는 말이 아니겠는가. 지은 죄도 면할 수 있다[有罪以免邪] 함은 인간의 모든 허물이 도 앞에서 소멸되어 정화된다는 말일 것이다. 천하에서 도가 제일 귀한 까닭이 여기에 있다고 노자는 말하고 있다.

도는 귀중한 것이다. 선한 사람에게 보배일 뿐만 아니라
불선한 사람에게는 보호해 주는 보배다.

【제63장】

하려고 하지도 말고 일을 벌여 놓지도 말라

함은 억지로 함이 없어야 하고, 일은 벌여 놓는 것이 없어야 하고, 맛은 담박하여 아무 맛도 없어야 한다. 작은 것을 크게 생각하고, 적은 것을 많게 여기고, 원한은 덕으로 갚아야 한다. 쉬운 일을 어렵게 생각해야 하고, 사소한 일을 큰 일로 여겨야 한다. 세상의 어려운 일은 쉬운 일에서 생겨나고, 세상의 큰 일은 사소한 일에서 생겨난다. 그러므로 성인은 언제나 큰 일을 생각하지 않는다. 그래서 큰 일을 이룰 수 있는 것이다. 가볍게 응낙하는 말은 미덥지가 않고, 쉽다고 여기는 일이 많아지면 어려움이 많아진다. 그러므로 성인은 모든 것을 어렵게 여기는지라 언제나 어려움이 없게 되는 것이다.

爲無爲 事無事 味無味 大小多少 報怨以德 圖難於其易 爲大於其細 天下難事 必作於易 天下大事 必作於細 是以聖人終不爲大 故能成其大 夫輕諾必寡信 多易必多難 是以聖人猶難之 故終無難矣.

큰 나무는 작은 나무가 자라서 크게 되고, 큰 강은 실개천이 흘러 큰 물이 된다. 작은 것이 큰 것이 되고, 적은 것이 많은 것이 된다. 절로 그렇게 된다. 이렇게 되는 것이 자연이다. 자연으로 이루어지는 것이 만물의 존재현상이다. 아름드리 나무가 하루아침에 우뚝 서 있는 것이 아니요, 큰 물이 하루아침에 모여 강을 이루는 것이 아니다. 사람이 살아가는 인간사도 그렇다. 어려운 일이 쉬운 것에서 비롯하고, 큰 사건은 사소한 것에서 시작한다. 그러므로 성인은 어려운 것을 쉬운 것으로부터 풀어 가고 큰 일은 사소한 것으로부터 이루어 간다. 결코 하루아침에 해결하고 하루아침에 이루려고 하지 않는다. 그것을 '불위기대(不爲其大)'라고 한다. 억지로 하지 않는다는 뜻이다. 억지로 하지 않는지라 어려운 것도 어렵지 않은 쉬운 것으로 풀어 가고, 사소한 일도 사소한 일로 생각지 않아 큰 일을 이루어 갈 수 있는 것이다. 어려운 것을 쉬운 데서 도모하고, 큰 일을 작은 일에서 이루어 간다[圖難於其易 爲大於其細]는 말이 바로 그러한 말이다. 그러므로 쉬운 것을 쉽다고 여기지 않고 어렵게 생각하는 것이요, 사소한 일이라고 사소하게 여기지 않고 큰 일로 생각하는 것이다. 사소한 일이라고 가볍게 생각하면[夫輕諾] 아무 일도 이루지 못할 것이요, 쉽다고 쉽게만 생각하면 더욱 어려워질 것[多易多難]이다. 그러므로 성인은 모든 것을 다 어렵게 생각한다. 그래서 어려움이 없는 것이다. 사소한 것을 사소한 것으로만 알고 쉬운 것을 쉬운 것으로만 아는 것은, 큰 나무가 작은 나무가 자라서 되는 줄 알지 못하고 작은 물이 모여서 큰 강이 된다는 것을 알지 못하는 데서 오는 것이라고 할 수 있다. 그것을 모르는 데서 무리하게 억지를 부리게 된다. 무리하게 이루려는 그 억지를 '유위(有爲)'라고 한다. 논에 난 벼를 크게 자라게 하려고 나오는 이삭을 뽑아놓는 것이 억지요, 학의 다리를 잘라 오리와 같게 하려는 것이 억지다. 맹자는 이것을 '조장(助長)'이라고 했으며, 장자는 '인위(人爲)'라고 했다. 모두 자연에 반하여 무언가를 이루려고 하는 데서 오는 억지라고 하지 않을 수 없다. 인간만이 그런 억지를 부린다고 하여 '인위'라고 한다.

   자연은 억지가 없다. 억지는 하려고 하고 그 하려는 일을 벌여 놓으나, 자연은 하려고 해서 하는 일도 없고 하려고 벌여 놓는 일도 없다. 그저 절로 이루는 것만이 있을 뿐이다. 하려고 하는 것이 아닌 것, 즉 억지로 하는 것이 아닌 것을 '위무위(爲無爲)'라 한다. 그리고 그 하려는 일을 벌여 놓지 않고 절로 이루어지는 일을 '사무사(事無事)'라고 한다. 나무를 보고 물어보라, 자라려고 자라는 것이 아니요, 그저 자라는 것이다. 꽃을 보고 물어보라, 피우려고 피는 것이 아니요, 절로 피는 것이다. 그러나 나무는 자라 큰 나무를 이루고 꽃은 피어 열매를 맺는다. 그렇게 자라는 것이 위무위요, 그렇게 이루어 가는 자연의 역사(役事)가 사무사다. 위무위가 자연이요, 사무사가 다름 아닌 자연이 이루어 가는 일이다. 그렇게 하고 그렇게 이루면서 존재하는 것을 노자는 '무위자연(無爲自然)'이라고 하였다. 그러한 무위자연에 따라 사는 인간의 삶을 또한 '무위의 삶'이라고 하였다. 일을 벌이지 말고 무엇을 이루려고 하지도 말고, 자연 속에 자연과 함께 살라는 말이라고 할 수 있다.

쉬운 일도 어렵게 생각하고 작은 일도 큰 일로 생각하면 그르침이 없을 것이다.

【제64장】

모든 일에 억지를 부리지 말라

마음이 평온할 때는 지키는 일이 쉽고, 아직 아무런 조짐이 없을 때는 도모하기가 쉽다. 처음 연약할 때는 막아 없애기 쉽고, 미미할 때는 흩트려 무산시키기 쉽다. 모든 일은 아직 생기기 전에 처리해야 하고 혼란스러워지기 전에 다스려야 한다. 아름드리 나무는 어린 나무가 생겨나 자라는 것이요, 9층 높은 탑은 한줌 흙으로부터 쌓아 이루어지며, 천 리 길은 한 걸음으로 시작한다. 무리하게 억지로 하는 사람은 실패하고, 고집스레 얻으려 하는 사람은 잃게 된다. 그러므로 성인은 억지로 하는 일이 없으므로 실패하는 일이 없고, 고집스레 얻으려 하지 않으므로 잃는 것이 없다. 그러나 사람들이 일을 하고 살아가는 것을 보면 이루는 것 같다가도 모두 실패한다. 마지막을 처음과 같이 조심한다면 실패하는 일이 없을 것이다. 그러므로 성인은 무리한 욕심을 내지 않고 얻기 힘든 재물을 귀하게 여기지 않으며, 배움도 지식을 쌓아 가는 배움을 하지 않아 모든 사람의 허물을 돌려놓는다. 만물은 자연을 따라할 뿐, 억지를 부리지 않는다.

其安易持 其未兆易謀 其脆易泮 其微易散 爲之於未有 治之於未亂 合抱之木 生於毫末 九層之臺 起於累土 千里之行 始於足下 爲者敗之 執者失之 是以 聖人無爲故無敗 無執故無失 民之從事 常於幾成而敗之 愼終如始 則無敗事 是以聖人欲不欲 不貴難得之貨 學不學 復衆人之所過 以輔萬物之自然而不 敢爲..

 자연은 억지가 없다. 억지는 어떤 의도와 목적을 가지고 무리하게 그 것을 이루려고 하는 것을 말한다. 안 되는 것을 되게 하는 것이 억지 요, 하지 말아야 할 것을 하려는 것이 억지다. 자연은 그런 억지가 없 다. 안 되는 것을 되게 하려는 일도 없고, 하지 말아야 할 것을 하는 일도 없다. 마음먹고 하려는 억지가 없다.
 풀 한 포기가 자라고 나무 한 그루가 크고 있는 것을 보라. 거기에 무슨 억지가 있던가. 흐르는 강물을 보고 치솟은 산을 바라보라. 거기 에 무슨 억지가 있던가. 하늘에 구름 한 점이 떠 있는 것도 억지로 떠 있는 것이 아니요, 산자락에 나무 한 그루가 서 있는 것도 억지로 서 있는 것이 아니다. 꽃이 피면 벌·나비가 날아드는 것도 그렇고 새가 나뭇가지에 둥지를 틀고 새끼를 까는 것도 그렇다. 억지가 없다. 모든 사물이 존재하는 것, 모든 생명이 살아가는 존재현상이 그렇다. 억지가 없다. 자연으로 존재하고 자연에 따라 살아가는 것이다. 그러한 것을 '무위(無爲)'라고 한다. 무위는 억지없음이다. 자연에는 억지가 없다. 그 억지는 인간에게만 있는 것이다. 그 억지를 '인위(人爲)'라 하는 까닭이 여기에 있다. 인위적으로 하지 말라는 말은 억지로 하지 말고 자연에 따라 하라는 뜻이다. 그 억지가 인간의 삶을 그르치게 하는 것이다.

그러므로 삶을 그르치지 않고 본래의 삶으로 돌아가기 위해서는 그 억지를 버려야 한다. 억지로 하는 일이 없어야 한다. 버리기에 앞서 아예 그러한 것이 생겨나지 않도록 하는 것이 중요하다. 그것이 다름 아닌 '위지어미유(爲之於未有)'라는 말이요, '치지어미란(治之於未亂)'이라는 말이다. 억지가 생겨나기 전[未有]에, 억지가 생겨나 일을 그르치기 전[未亂]에 조심하고 다스려야 한다는 뜻이다. 그러나 그 생겨나는 초기에 미약할 때 없애고 무너뜨려야 쉽게 그 억지의 그르침에서 벗어날 수 있다. 이미 그르치고 난 다음에 본래의 자리로 돌아가기는 힘들다. 그것을 노자는 아름드리 큰 나무가 어린 나무에서 생겨나고, 9층 높은 탑도 한 줌 흙에서 이루어지고, 천 리 먼 길도 한 걸음부터 시작하는 것이라 하여, 무엇이나 그 처음이 중요하다는 것을 밝히고 있다. 그렇지 않고 억지로 이루려고 하면 패(敗)하게 되고 억지로 얻으려고 하면 잃게 되는 것이라고 하였다. 그러므로 성인(聖人)은 무엇이나 억지로 하지 않고 무위(자연)로 함으로써 실패하는 일이 없고, 억지로 얻으려고 하지 않으므로 잃는 것이 없다.

그러나 세상 사람들은 억지에 매달려 모든 것을 무리하게 이루려 하고 얻으려고 한다. 그러므로 하는 일이 이루어지는 것 같다가도 모두 실패한다. 모든 일을 처음처럼 생각하고 처음부터 그 그르침이 일어나지 않도록 한다면 실패하는 일이 없을 것이다.

성인은 하고자 하는 일에 아무런 욕심이 없다. 아무리 얻기 힘든 값진 보물[難得之貨]이라도 관심이 없으며, 배우는 일도 경쟁으로 치닫게 하는 지식 또는 억지를 만들어 내는 그런 배움을 하지 않는다. 그러므로 모든 사람의 허물까지도 탓하지 않게 된다. 그것은 만물이 자연으로 있고 자연으로 살아가는 그런 자연을 따를 뿐, 억지로 치닫게 하는 유위의 일을 하지 않기 때문이다.

유위, 즉 억지를 부리지 말고 자연으로 돌아가 사는 것이 인간의 참다운 삶이요 본래의 삶이라는 것을 말하고 있는 것이라고 할 수 있다. 그것을 노자는 '무위의 삶'이라고 하였다.

> 억지로 하는 일이 없으면 실패하는 일이 없고,
> 고집스레 얻으려 하지 않으면 잃는 것이 없다.

【제65장】
안다는 것이 무엇인가

옛날 도를 잘 터득한 사람은 백성을 지혜롭게 하지 않고 어리석게 하였다. 백성을 다스리기 어려운 것은 지혜를 많게 하기 때문이다. 그러므로 지혜로써 나라를 다스리는 것은 나라의 화(禍)가 되는 것이요, 지혜로써 다스리지 않으면 나라의 복이 된다. 이 두 가지를 아는 것은 곧 나라를 다스리는 원칙을 아는 것이니, 이 나라를 다스리는 원칙을 아는 것을 일러 현덕(玄德)이라 한다. 현덕은 깊고도 깊어 사물과는 다르게 있는 것이니, 그것을 안 연후라야 큰 다스림에 이를 수 있는 것이다.

古之善爲道者 非以明民 將以愚之 民之難治 以其智多 故以智治國 國之賊 不以智治國 國之福 知此兩者 亦稽式 常知稽式 是謂玄德 玄德深矣 遠矣 與物反矣 然後乃至大順.

앎이란 무엇인가. 지식이란 무엇인가. 고기는 나무에 올라가지 않고 새는 물 속에 둥지를 틀지 않는다. 이것은 새가 물을 알기 때문이요, 고기가 나무는 물 밖에 있는 줄을 알기 때문이다. 개는 낯선 사람을 보면 컹컹 짖다가도 주인이 돌아오면 꼬리를 흔든다. 이것은 개가 낯선 사람과 주인을 알아보기 때문이다. 풀과 나뭇가지가 새순을 내미는 것은 겨울이 가고 봄이 돌아왔음을 알기 때문이요, 꽃에 벌·나비가 와 앉는 것은 꽃이 피었음을 알기 때문이다. 이러한 앎을 앎이라 하는 것인가. 그러나 그것은 앎이 아니라 그냥 생존하는 생명의 지혜다. 인간이 문제 삼고 있는 앎은 그러한 앎을 말하고 있는 것이 아니다. 만들고 가꾸고 변형하고 새로운 방법을 찾아 한없이 무엇인가를 조작해 나가는 지혜의 기능을 말한다. 이것을 사고, 곧 생각이라 해도 무방할 것이다. 사고를 바탕으로 하는 인간의 앎은 있는 대로 그냥 두고 받아들이려고 하지 않는다. 모든 것을 변형하고 조작하려고 한다. 물 위를 걸어가지 못함을 알자 배를 만들고 다리를 놓고, 하늘을 날지 못함을 알게 되자 비행기를 만들어 오른다. 이것은 인간만이 하는 일이요, 인간만이 가지는 앎이라고 할 수 있다.

　인간의 앎은 앎의 대상을 가만두지 않는다. 변형하고 바꾸고 조작한다. 이러한 앎이 만들어 내는 것을 노자는 '인위'라 하고 '유위(有

爲)'라 하였다. 인위와 유위는 인간만이 만들어 내고 있는 것이라는 말이다. 그렇게 만들어져 있는 것을 거짓됨[僞]이라고 한다. 거짓됨은 사람[人]이 하는 일[爲], 곧 인위(人爲)라는 뜻이며 인위는 거짓[僞]이라는 뜻이다. 그러므로 노자는 지혜가 나오면 나올수록, 앎이 많아지면 많아질수록 거짓을 쌓아 갈 뿐[智慧出有大僞]이라고 말하기도 하였다.

지식은 그 거짓을 더욱 크게 만든다. 거짓[僞]이란 자연으로 있는 것이 아닌, 사람이 만들어 있게 되는 세계라는 뜻이다. 그렇게 만들어져 있는 세계를 유위의 세계라고 한다. 유위는 자연을 있는 그대로 두지 않고, 변형하고 파괴하고 무너뜨리는 데서 오는 앎이 만들어 내는 것을 말한다. 그러한 유위로서는 나라를 다스리고 백성을 제대로 이끌어 갈 수 없다는 것이 노자의 생각이다. 백성을 지혜롭게 하는 것이 아니라 어리석게 해야 한다[非以明民 將以愚之]는 것은 그래서 하는 말이다. 나라를 유위로서 이끌고 갈 것이 아니라 무위로서 다스려 나가야 한다는 말이다. 백성을 지혜[有爲] 속에 살게 하는 것이 아니라 자연[無爲] 속에 살게 한다는 뜻이다. 백성을 어리석게 한다는 '우지(愚之)'는 바로 자연으로 돌아가 순박하게 살게 한다는 말이다.

지혜가 많아져 아는 것이 많으면 많을수록 다스리는 일은 어려워진다. 그러므로 지(知)로서 다스리는 것은 나라에 해가 될 뿐이요, 지를 버리고 자연으로 다스리는 것만이 나라의 복이 된다고 하였다. 바로 이러한 것을 아는 사람, 즉 지(知)와 무지(無知), 유위(有爲)와 무위(無爲), 인위와 자연을 아는 사람은 다스림의 원리를 터득했다 할 것이니, 이 다스림의 원리[稽式] 터득에 들어가 있음을 '현덕(玄德)'이라고 하는 것이다. 이러한 오묘한 덕, 현덕은 깊고도 깊어 눈앞에 마주서는 사물을 아는 것과는 다른 것이다. 이러한 현덕을 터득한 연후라야 자연과 하나가 되는 큰 다스림[大順]에 이를 수 있는 것이다.

나라 다스림을 앎에 의거하지 말라. 앎은 유위로 치닫게 하는 것이요, 유위는 자연에서 이탈하는 것이다. 자연을 이탈하고 옳은 삶이 되게 할 수는 없다. 노자의 무위의 다스림은 바로 이러한 뜻이라고 할 수 있다.

> 지혜로써 백성을 다스리게 되면 나라에 화가 되고,
> 지 아닌 질박함으로 다스리게 되면 나라에 복이 된다.

【제66장】

낮은 자세로 살라

강과 바다가 모든 개울의 왕이 될 수 있는 것은 낮은 데 처해 있기 때문이다. 그래서 모든 개울의 왕이 될 수 있다. 백성의 위에 있으려면 반드시 말을 겸손하게 해야 하고, 백성들 앞에 서려면 반드시 그 몸을 낮추어 뒤로 해야 한다. 그러므로 성인은 위에 있어도 백성들은 부담스럽게 여기지 않으며, 앞에 있다 하더라도 백성들은 방해된다고 여기지 않는다. 그러므로 세상은 다 그를 받들기를 좋아하고 싫어하지 않는다. 성인은 누구와도 경쟁하는 일이 없으므로 세상 어느 누구도 그와 경쟁하려고 하지 않는다.

江海所以能爲百谷王者 以其善下之 故能爲百谷王 是以欲上民 必以言下之 欲先民 必以身後之 是以聖人處上而民不重 處前而民不害 是以天下樂推而不厭 以其不爭 故天下莫能與之爭.

모든 개울물은 강으로 흐르고, 강물은 바다로 흐른다. 모든 물이 바다로 흘러가 모인다. 그러므로 바다를 모든 계곡의 왕이라고 한다. 모든 물[百谷]의 왕이 되는 것이다. 그것은 바다가 가장 낮은 자리에 처해 있기 때문이다.

    사람도 마찬가지다. 다른 사람의 위에 서려면 말부터 오만하지 않고 겸손해야 하고, 다른 사람보다 앞서려면 몸을 낮추고 뒤로 물러설 줄을 알아야 한다. 그러므로 성인은 위에 있어도 사람들이 그를 부담스럽게 여기지 않으며, 앞에 있어도 그를 방해하는 존재로 여기지 않는다. 그러므로 세상 모든 사람들이 그를 기꺼이 추대하여 받들고 싫어하는 일이 없다. 성인은 누구와 경쟁하고 다투는 일이 없는지라 세상에는 그와 다투거나 경쟁하는 사람이 없는 것이다. 노자는 사람이 살아가는 일을 물과 같이 하라고 한다. '상선약수(上善若水)'라는 말이 그러한 말이다. 가장 바람직한 삶은 물과 같이 살아가는 것이라는 말이다. 물은 나서지 않고 언제나 낮은 곳으로 내려가 앉는다. 거스르는 일도 없고 맞서 경쟁하는 일도 없다. 흐르다가 웅덩이가 있으면 머물렀다 가고, 가로막는 바위가 있으면 돌아서 간다. 아예 자기라고 내세우는 것이 없다. 둥근 그릇에 담기면 둥글어지고 모난 그릇에 담으면 모난 모습으로 있다. 억지로 하려는 작위가 없다. 그러므로 무위(無

爲)를 물같이 흐르는 것이라고도 하고, 자연을 물같이 있는 것이라고도 한다. 도에 비유하기도 한다.

물같이 살라. 억지를 부리지 말고 물 흐르는 것같이 살라고 한다. 이것은 욕심을 가지지 말라는 말이기도 하고, 자기를 내세우지 말라는 말이기도 하고, 경쟁을 하지 말라는 말이기도 하다. 유위를 버리고 무위로 살아가라는 말이다.

여기서는 그러한 낮은 자세로 나라를 다스리고 백성을 이끌어 가라는 것을 물에 비유해 말한 것이라고 하겠다. 무위의 다스림을 물에서 그 지혜를 얻으라는 것이라고 할 수 있다.

> 모든 강물이 바다로 흐르는 것은 바다가 낮은 데 처해 있기 때문이다.
> 왕도 낮은 자세로 겸손하게 처해야 백성들이 따르게 된다.

【제67장】

세상에는 지녀야 할 세 가지 보배가 있다

세상 사람들이 내가 말하는 도는 너무 커서 보잘 것 없는 것처럼 이야기한다. 참으로 크기 때문에 초라한 것처럼 보일 것이다. 만약 정말 초라한 것이었다면 오래전에 버려졌을 것이다. 내게는 세 가지 보물이 있어 그것을 소중하게 간직하고 있다. 첫째가 사랑이요, 둘째가 검소함이요, 셋째가 세상에 나서지 않음이다. 사랑이 있으므로 용감할 수가 있고, 겸손함이 있으므로 세상을 감쌀 수 있고, 세상에 나서지 않음이 있으므로 모든 것의 우두머리가 될 수 있다. 지금 사람들은 사랑을 버리고 용감하려고만 하고, 검소함을 버리고 다 품으려 하고, 뒤로 물러섬이 없으면서 앞서려고만 하니 위태로울 뿐이다. 사랑으로 전쟁을 하면 이기게 되고, 사랑으로 지키면 견고할 수 있다. 하늘이 만물을 구하는 것도 이 사랑으로서 하는 것이다.

天下皆謂我道大 似不肖 夫唯大 故似不肖 若肖 久矣其細也夫 我有三寶 持而保之 一曰慈 二曰儉 三曰不敢爲天下先 慈故能勇 儉故能廣 不敢爲天下先 故能成器長 今舍慈且勇 舍儉且廣 舍後且先 死矣 夫慈以戰則勝 以守則固 天將救之 以慈衛之.

세상에는 세 가지 보배가 있으니 늘 그것을 간직하고 살아가야 한다고 하였다. 그 하나는 사랑[慈]이요, 둘은 검소함이요, 셋은 세상에 앞서려고 나서지 않는 것이다. 사랑이 있으면 용감할 수 있고, 검소함으로 살아가면 모든 것을 품을 수 있고, 세상 앞에 나서려고 하지 않는다면 오히려 모든 것의 우두머리가 될 수 있다. 그런데 사람들은 그 사랑을 버리고 용감하려고 하고, 검소함을 버리고 모든 것을 품으려고 하고, 뒤로 물러설 줄을 아는 겸양을 버리고 앞서려고만 하니 슬픈 일이 아닐 수 없다. 사랑하는 마음을 가지고 전쟁에 임하면 이길 수가 있고, 사랑하는 마음으로 나라를 지킨다면 견고하게 방어할 수가 있다. 하늘이 만물을 구하는 것도 이 사랑으로서 보살피고 있는 것이다.

　세상 사람들은 이러한 것을 알지 못하고, 내가 말하고 있는 도를 초라하고 보잘 것 없는 것이라고들 말하고 있는 것이다. 노자가 간직하고 소중하게 여기는 세 가지 보물은 모두 드러나지 않게 하는 것들이다. 드러나지 않으니 사람들이 어떻게 알겠는가. 이 드러나지 않게 하는 것이 노자가 말하는 '무위(無爲)'다. 무위는 하는 줄도 모르게 하는 것이요, 이루는 줄도 모르게 이루는 것이다. 하려고 해서 하는 것이 아니요, 이루려고 해서 이루는 것이 아니라는 말이다. 봄이 되어 꽃이 피는 것이 피우려고 해서 피는 것이 아니요, 가을이 되어 열매가 영글어 가는 것이 영글려고 해서 영글어 가는 것이 아니다. 꽃은 절로 피고 곡식은 절로 영글어 가는 것이다. 그렇게 되고 그렇게 이루어지는 것을 '무위자연(無爲自然)'이라고 한다. 이 무위자연의 도를 세상 사람들이 어떻게 쉽게 알 수 있겠는가.

하늘이 하는 것을 보라. 자연이 이루는 것을 보라. 풀 한 포기가 자라고 꽃 한 송이가 피는 것을 보라. 여기서 세상을 살아가는 지혜를 얻을 것이다. 무위자연이 무엇인지를 알 수 있을 것이다.

> 세상에는 지녀야 할 세 가지 보배가 있으니, 하나는 사랑이요, 하나는 검소함이요, 또 하나는 남 앞에 나서려 하지 않음이다.

【제68장】

드러나지 않게 하라

훌륭한 무사는 위용을 드러내지 않고, 잘 싸우는 사람은 화를 내지 않으며, 잘 이기는 사람은 함부로 겨루지 않으며, 사람을 잘 쓰는 사람은 낮은 자세로 겸허하게 처한다. 이것을 싸우지 않는 덕이라 하고 사람을 다루는 힘이라 하고 하늘과 함께하는 것이라 한다. 이것이 옛날의 지극한 도이다.

善爲士者不武 善戰者不怒 善勝敵者不與 善用人者爲之下 是謂不爭之德 是謂用人之力 是謂配天古之極.

사랑하라. 검소하라. 나서지 말라. 이것은 노자가 소중하게 간직하고 있는 세 가지 보물이다. 이 보물이 무위(無爲)의 바탕이 되고 있다. 무위는 함이 없으면서도 이루지 않음이 없는[無爲而無不爲] 만물의 존재 현상으로, 자연을 뜻한다. 이 자연을 이탈하고 있는 인간에게 그 자연으로 돌아가는 방법론을 제시하고 있는 것이라고 할 수 있다. 이것이 바로 다름 아닌 노자가 말하고 있는 삼보(三寶)다. 자연에 있어서 무위는 자라는 모습을 보이지 않으나 나무는 자라서 성목(成木)을 이루고 있고, 꽃이 피는 모습은 보이지 않으나 꽃은 피어 열매를 맺는 것, 그러한 것이 무위다. 만물이 다 그렇게 이루어지고 그렇게 존재한다. 그러한 만물의 존재현상을 자연이라고 한다.

 그러나 인간은 그렇게 존재하는 것이 아니라, 즉 자연으로 존재하고 있는 것이 아니라, 무엇인가를 만들고 변형하고 조작하면서 살아간다. 그러한 것을 인위(人爲)라고 한다. 인간에게 있어 무위는 그 인위를 제거함으로써 자연으로 돌아가 삶 본래의 자세를 회복하게 하는 데 있다. 여기서 노자는 그것을 두 가지로 말하고 있다고 할 수 있다. 하나는 내보이지 않아 드러나지 않도록 하는 것이요, 또 다른 하나는 물러나 부딪히지 않도록 하는 것이라고 할 수 있다. 그것을 이렇게 말하고 있다. 훌륭한 무사는 위용(威勇)을 내보이지 않아 드러나지 않고, 훌륭한 싸움은 마음의 분노를 내보이지 않아 드러나지 않고, 상대[敵]를 잘 이기는 일은 물러나 맞서 대결하지 않음이다. 그리고 사람을 잘 다루는 일은 뒤로 물러나 낮은 자세로 그들을 대하는 데서 이루어질 수 있다. 이것을 노자는 나서서 대결하지 않는 부쟁(不爭)의 덕이라 하였고, 사람을 다루는[用力] 힘이라고 하였고, 자연과 함께 하여 그 짝이 되는 배천(配天)이라고 하였다. 유위에서 벗어나 무위로 들어가는 방법을 말하고 있는 것이라고 할 수 있다. 유위가 내보이고 드러나게 하는 것이라면, 무위는 물러나고 드러나지 않게 함이라 할 수 있다. 그리하면 나무는 자라려고 하지 않아도 절로 자라고 꽃은 피우려고 하지 않아도 절로 피는 것과 같이, 함이 없어도 이루지 않는 것이 없는 데까지 이를 수 있다는 것이다.

훌륭한 무사는 위용을 드러내지 않고
사람을 잘 부리는 사람은 낮은 자세로 겸허하게 처한다.

【제69장】

전쟁은 슬퍼하는 쪽이 이긴다

군사를 움직이는 용병에 이런 말이 있다. "싸움에서 주인이 되려고 하지 말고 나그네가 되라. 한 발짝 앞으로 나아가기보다는 몇 발짝 뒤로 물러나도록 하라." 이러한 것을 일러 행하되 행함이 없는 것 같으며, 팔을 걷어붙이되 팔이 없는 것 같으며, 무기를 가지고 있으나 병장기가 없는 것 같다고 하는 것이다. 전쟁에서 적을 가볍게 여기는 것보다 더 큰 화는 없다. 적을 가볍게 여기는 것은 노자가 말하는 보배를 잃는 것이다. 그러므로 서로 항거하여 싸우게 되면 전쟁을 슬퍼하는 쪽이 이기게 된다.

用兵有言 吾不敢爲主而爲客 不敢進寸而退尺 是謂行無行 攘無臂 扔無敵 執無兵 禍莫大於輕敵 輕敵幾喪吾寶 故抗兵相加 哀者勝矣.

전쟁을 하지 말라. 부득이해 전쟁에 나가 싸우더라도 전쟁을 하지 않는 것처럼 하라. 이것이 노자가 바라보는 전쟁관이라고 할 수 있다.
　전쟁에 관하여 다음과 같은 말이 있다. "주인이 되려고 하지 말고 객이 되도록 하라. 한 치를 진격하려고 하지 말고 한 자를 물러서도록 하라"고 한 말이 그것이다. 전쟁은 하지 않는 것이 좋은 일이나 부득이해서 하는 경우가 있을지라도 앞에 나서서 주관하지 말고 마지못해 응하는 자세로 임할 것이며, 앞으로 공격해 나아가는 것보다는 뒤로 물러섬으로써 희생을 줄이도록 해야 한다는 말이다. 전쟁을 하지 않을 수 없어 부득이해 하는 일이나 희생이 없도록 한다는 것이다. 이렇게 하는 것을 일러 '행무행(行無行)'이라고 한다. 전쟁을 하지 않는 것처럼 전쟁을 치른다는 말이다. 또한 팔을 걷어붙이나 팔이 없는 것처럼 하고, 맞붙어 싸우나 대적하지 않는 것처럼 하며, 손에 무기를 들었으나 아무런 병장기를 들지 않은 것처럼 해야 한다. 이것이 행무행이요, 전쟁을 하지 않는 것처럼 하는 것이다. 이쪽도 상대방도 다치지 않고 희생이 적도록 해야 한다는 말이라고 할 수 있다.
　전쟁에 있어서 적을 가볍게 여기고 물러설 줄 모르고 나아가 살상만을 일삼는 것보다 더 큰 화(禍)는 없다. 적을 살상의 대상으로만 보고 함부로 다루는 것은 물러서는 것이 오히려 나아가는 것이요, 비록 전쟁이라 하더라도 살상을 줄이고 피해를 입지 않도록 하는 것이 이기는 쪽이라는 큰 지혜를 모르기 때문이다. 나서지 않고 물러설 줄 아는 지혜가 무엇인지를 모르는 데서 오는 것이라는 말이다. 그러므로 살상을 일삼게 되는 경적(輕敵)은 자기가 보배로 여기고 있는 '나서지 않음[不敢爲天下先]'을 잃게 되는 것이라고 노자는 말하고 있다. 전쟁은 부득이해서 마지못해 하는 것이라 맞서 싸우되 공격하기보다는 응하는 자세로 임해야 할 것이요, 인명의 살상을 가져오는 전쟁을 슬퍼하는 쪽이 이기게 된다고 말하고 있다. 비록 이겼더라도 군례(軍禮)를 상례(喪禮)로 하는 까닭이 여기에 있다고 할 것이다.

> 전쟁에서는 적을 가볍게 여기는 것보다 더 큰 화가 없다.
> 싸움에서는 주인이 되지 말고, 객이 되도록 하라.

【제70장】

값지고 소중한 것은 생활 속에 있다

내가 하는 말은 알기 쉽고 행하기도 쉽다. 그러나 사람들이 알지 못하고 행하지도 못한다. 말에는 핵심이 있고 일에는 근본이 있다. 단지 그것을 알지 못하기 때문에 나를 모르는 것이다. 나를 아는 사람이 없으니 나는 귀한 존재다. 그러므로 성인은 거친 베옷을 겉에 입고 있으나 그 안에 옥을 품고 있다고 하는 것이다.

吾言甚易知 甚易行 天下莫能知 莫能行 言有宗 事有君 夫唯無知 是以不我知 知我者希 則我者貴 是以聖人被褐懷玉.

"진리는 멀리 있는 것이 아니다. 멀리 있다면 그것은 진리가 아니다 [道不遠人 遠人非道也]"라고 공자는 말하고 있다. 노자도 여기서 그것을 말하고 있는 것이라고 할 수 있다.

우리가 소중하게 여기고 필요하고 없어서는 안 될 가장 소중한 것들은 멀리 있는 것이 아니라 가장 가까운 우리의 주변, 매일매일 살아가고 있는 생활 속에 있다. 노자가 말하고 있는 것은 모두 그러한 것들이요, 어느 것 하나 생활을 벗어나 이야기한 것이 없다. 날마다 마주하고 있는 사실, 그리고 그 속에서 살아나가는 생활과 삶을 벗어나 이야기한 것이 없다. 도가 그렇고 자연이 그렇고 무위가 그렇다. 노자가 말하고 있는 삼보(三寶)는 더욱 그렇다. 삼보란 무엇인가. 사랑[慈]이요, 검소함[儉]이요, 남 앞에 나서지 않음[不敢爲天下先]이다. 그가 말하는 것들은 모두 참으로 알기 쉽고 행하기 쉬운 것들이다. 주변에 있는 것을 말하고 있는지라 알기 쉽고, 생활 속에 있는 것인지라 행하기 쉬운 것들이다. 그런데도 세상 사람들은 그의 말을 알 수 없는 것이라 하고 행할 수 없는 것이라고 한다. 무엇 때문인가. 가장 소중한 것은 우리 생활 속에 가까이 있는 줄을 알지 못하고 멀리 있는 것으로 생각하고 있기 때문이다.

인간이 살아가는 데 가장 소중하고 필요한 것들은 멀리 있는 것이 아니다. 가장 가까운 우리 생활, 나의 생활 속에 알기 쉽고 행하기 쉬운 것으로 있다. 멀리 있는 것은 소중한 것이 아니요, 알 수 없는 것, 행하기 어려운 것은 알지 않아도 될 것들이요, 행하지 않아도 될 것들이다.

　우리에게 소중하고 필요한 것은 우리 주변, 우리 생활 속에 있다. 알기 쉽고 행하기 쉬운 것으로 있다. 노자가 말하고 있는 것들이 모두 그러한 것들이다. 그러한데도 사람들이 그것을 알지 못하고 살아가는 것은 무지(無知) 때문이라고 노자는 말하고 있다. 가까이 있다는 것을 알지 못하는 무지요, 쉽다는 것을 알지 못하는 무지요, 행할 수 있는 것을 행할 수 없다고 생각하는 무지다. 그 무지로 하여 쉬운 말을 하건만 사람들은 그것을 모르고 있다고 노자는 토로하고 있다. "참으로 내가 하는 말을 아는 사람이 드물구나"라고 한탄하기도 한다. 쉬운 말 속에 소중함이 있고 살아가는 생활 주변 가까운 곳에 모든 필요한 것들이 있음을 왜 모르는가. 그래서 성인을 알아보는 사람이 없다고 하는 것인가. 성인은 거친 베옷을 겉에 입고 있지만 그 속에 값진 보물을 품고 있다[聖人被褐懷玉]고 한다. 값지고 소중한 것은 드러나게 있는 것이 아니라 가까운 우리의 주변 생활 속에 있음을 말함이라 하겠다. 거친 베옷 속에 옥이 감추어져 있다는 '피갈회옥(被褐懷玉)'은 우리가 찾고자 하는 값지고 소중한 것은 일상 속에 있으니 멀리서 찾으려는 무지를 떠나면 가까운 생활주변, 평범한 나의 생활 속에서 삶의 지혜를 찾을 수 있다는 것을 뜻하고 있는 말이라고 할 수 있다. 성인은 바로 그렇게 살아가고 있는 사람이라는 말이다.

성인은 어려운 말을 한 것이 아니다. 알기 쉽고 행하기 쉬운 것을 말한 것이다. 그런데도 사람들이 알지 못하고 행하지 못하는 것은, 그것을 멀리서 생활 밖에서 찾으려는 무지(無知) 때문이라고 노자는 말하고 있다.

성인은 귀한 것을 거친 옷 속에 품고, 겉으로 드러내지 않는다.

【제71장】

앎은 살아있어야 한다

알지 못하는 것이 있음을 아는 것은 참 앎이요, 앎의 한계가 있음을 알지 못하는 것은 병이다. 병을 병으로 여길 줄 알면 병에서 벗어날 수 있다. 성인이 병에서 벗어나 있는 것은 병을 병인 줄 알기 때문이다. 그러므로 병에 걸리지 않는 것이다.

知不知上 不知知病 夫唯病病 是以不病 聖人不病 以其病病 是以不病.

안다는 것은 무엇인가. 우리는 무엇을 얼마나 어떻게 알고 있는 것인가? 무수히 많은 존재자들 가운데 아는 것이 얼마나 된다는 것인가. 그리고 그 알고 있는 존재자에 있어서는 무엇을 어떻게 알고 있다는 것인가. 아는 것은 모르는 것에 비해 지극히 적다. 그것은 드넓은 사막에서 모래알 하나를 집어든 데 불과하다. 만물의 수많은 존재현상에서도 그렇고 사물 하나의 개체 현상에서도 그렇다. 가령 꽃 한 송이를 바라본다고 하더라도 그 바라보는 조건 속에 허용되는 사실(모습)만을 알 뿐이다. 그 밖의 것은 아무것도 알지 못한다. 어떻게 꽃이 보이는 사실만으로 있는 것이겠는가. 시각에 들어오지 않는 색깔·모양도 있을 것이요, 그 조건에서 벗어나 있는 존재현상은 무수히 많을 것이다. 아침에 보는 것이 다르고 저녁에 보는 것이 다르고 햇빛에 보는 것이 다르고 그늘에서 보는 것이 다르다. 어찌 그뿐이겠는가. 보는 사람의 시력에 따라 다르고 거리에 따라 다르고 보는 시각에 따라 다르다. 그 무수히 많은 모습 가운데 주어진 조건 속에서의 어떤 한 모습만을 보고 알 뿐이다. 우리가 안다는 존재현상은 모두가 그렇게 알고 있는 것이다. 어느 존재현상도 아는 것보다 모르고 있는 존재현상이 무량으로 존재하고 있다는 말이다. "하나의 티끌도 무량세계다[一微塵含十方世界]"라는 말도 그러한 뜻이라고 할 수 있다. 어떤 존재사물도 아는 것은 지극히 일부분이요, 모르는 것이 무량으로 존재하고 있다는 말이다. 풀 한 포기를 아는데도 그렇고 꽃 한 송이를 아는데도 그렇다. 그러므로 무엇을 하나 알았다 하더라도 그 밖에 모르는 세계가 무량으로 있다는 것을 알아야 한다. 그래야 그 앎은 하나에서 머물지 않고 무한히 확장되는 살아 있는 앎이 되는 것이다. 모르고 있는 것이 있음을 알아야 한다는 노자의 '지부지상(知不知上)'은 바로 그러한 말이다. 그리고 앎, 그것은 모두 지극히 일부분을 알고 있을 뿐이라는 사실을 알지 못하면 그 앎은 죽은 앎이 된다는 것이, 앎을 알지 못하면 병이 된다는 '부지지병(不知知病)'이다.

살아 있는 앎과 죽어 있는 앎, 하나의 앎에 머물러 있는 것은 죽은 앎이요, 무한히 새로운 앎으로 옮겨 가는 것은 살아 있는 앎이다. 하나의 앎에 머물러 있는 것, 그것은 죽은 앎이요 그 죽어 있는 앎에 매달려 있는 것을 병이라 하는 것이요, 무한히 새로운 앎으로 옮겨 가는 것, 그것이 살아 있는 앎이니 그 살아 있는 앎에 이르는 것을 불병(不病)이라 하는 것이다. 병은 죽어 있는 앎에 빠져드는 것이요, 불병은 그 죽어 있는 앎에서 빠져나오는 것이다. 죽어 있는 앎임을 알면 그 죽어 있는 앎에서 빠져나올 수 있는 것[夫唯病病]이요, 빠져나오면 새로운 앎, 즉 살아 있는 앎으로 들어설 수가[不病] 있게 되는 것이다. 성인의 앎이 죽은 앎이 아니라 늘 현실 속에서 살아 있는 앎으로 있게 되는 것[聖人不病]은, 죽어 있는 앎임을 알아[其病病] 그 죽어 있는 앎으로부터 빠져나오고 있기 때문이다.

앎은 언제나 현실 속에서 새롭게 이루어지면서 있는 것이요, 한

번의 앎, 어느 한 가지의 앎으로 머물러 있는 것이 아니다. 하나의 앎으로 머물러 있다면 다른 새로운 앎의 세계로는 들어갈 수 없을 것이다. 아침에 피는 꽃을 보고 꽃의 모습이라고 머물러 있으면 저녁에 지는 꽃은 꽃의 모습이 아니라 할 것이요, 강북 종로에서 바라본 남산의 모습으로 굳어진 사람은 강남에서 보는 남산의 모습을 인정하지 않을 것이다.

앎은 무한히 새롭게 주어지는 조건(현실) 속에서 무량으로 있는 미지[未知―不知]의 세계를 향해 끊임없이 새롭게 형성되면서 있는 것이요, 어느 하나의 앎으로 머물러 있는 것이 아니다. 여기에서 앎의 세계는 또한 무한히 전개되는 것이다. 장자가 앎의 세계는 무한하다[知者無涯]라 한 것도 그런 뜻에서 한 말이라고 할 수 있다.

노자가 말하고 있는 앎의 세계도 그렇다. 앎은 현실 속에서 항상 새롭게 이루어지면서 살아 있는 것이어야 한다는 것을 말하고 있는 것이라고 할 수 있다. 현실은 살아 있는 것이기 때문이다. 그러한 앎을 살아 있는 앎이라 해도 무방할 것이다. 앞의 56장에서 언어와 관련하여 앎의 문제를 말하고 있는 것도[知者不言 言者不知] 이러한 살아 있는 앎을 말하고 있는 것이라고 할 수 있다.

> 앎의 한계를 아는 사람은 앎에 갇히지 않아 그르침이 없으나,
> 앎의 한계를 모르는 사람은 앎에 갇혀 그르침이 있게 된다.

【제72장】

버릴 것은 버리고 취할 것은 취하라

사람이 하늘의 경고를 두려워하지 않으면 큰 재앙이 이르게 된다. 그 살아가는 생활을 압박하는 일이 없어야 하고, 생명을 해치는 일이 없어야 한다. 해치는 일이 없으면 해를 입는 일이 없다. 그러므로 성인은 스스로를 알 뿐 자신을 드러내는 일이 없으며, 스스로를 아낄 뿐 자신을 귀하다고 여기지 않는다. 그러므로 버릴 것은 버리고 취할 것만 취한다.

民不畏威 則大威至 無狎其所居 無厭其所生 夫唯不厭 是以不厭 是以聖人自知 不自見 自愛 不自貴 故去彼取此.

사람이 바르게 살고 온전하게 살기 위하여서는 버릴 것은 버리고 가질 것은 가지고 있어야 한다고 노자는 말하고 있다. 그것이 '거피취차(去彼取此)'다. 여기서 그 버릴 것이라는 거피(去彼)의 '피(彼)'는 스스로를 드러내는 자현(自見)과 자기를 귀하다 여기는 자귀(自貴)를 말하고, 취할 것이라는 취차(取此)의 '차(此)'는 스스로를 아는 자지(自知)와 스스로를 아끼는 자애(自愛)라 할 수 있겠으나, 노자에게 있어서 버릴 것은 인위(人爲)요, 취할 것은 다름 아닌 자연(自然)이다. 그러므로 버릴 것은 버리고 취할 것은 취하라는 '거피취차(去彼取此)'는 인위를 버리고 자연으로 돌아가라는 말이라고 할 수 있다. 있는 대로를 그대로 두는 것이 자연이요, 그것을 방해하고 조작하는 것이 인위다. 인위는 사람[人]만이 하는[爲] 것이다. 그것이 인위(人爲)다. 유위(有爲)라고도 한다. 사람은 있는 대로 그냥 두지 않는다. 변형하고 조작하면서 살아간다. 그것은 인간이 문자와 수(數)를 만들어 사용하게 됨으로부터 비롯하였다고 할 수 있다. 문자가 없었다면 문화도 역사도 없었을 것이요, 수가 없었다면 과학도 문명도 가져오지 않았을 것이다. 역사와 문화, 과학과 문명, 이러한 것은 인간에게만 있는 것이다. 인간 이외의 다른 동물에게 그러한 것이 있던가. 역사와 문화가 있으며 과학과 문명이 있던가. 인간에게만 있는 것이다. 이러한 인간에게만 있는 것을 만들어 내는 모든 행위를 조작이라고 한다. 사람만이 한다고 하여 인위(人爲)라고도 한다. 사람은 있는 대로[自然]를 가만두지 않는다. 전기를 만들어 밤을 낮으로 만들고, 물길을 막아 댐을 만들고 강물을 돌려놓는다. 인간이 하는 일이요, 조작이다. 조작은 어느 것 하나 그냥 두지 않는다. 변형하고 부수고 파괴한다. 그리고 조작하여 없던 것을 만들어 그것에만 의존하여 살려는 것이 인간이다. 그러고 온전한 삶이 되기는 어렵다. 하늘이 그것을 경고하고 있으나 사람들은 두려워하지 않고 조작만을 일삼아 오늘과 같은 문명의 큰 재앙을 몰고 온 것이다. 공해와 기계문명이 가져오는 피해가 그것이다. 그러한 재앙을 몰고 오는 조작을 노자는 인위 또는 유위라고 하였다. 그러한 인위·조작에 매달리는 마음을 장자는 '기심(機心)'이라고 하였다. 기심은 기계에만 의존해 편하게 살려는 마음을 말한다. 그것을 인위의 마음이라 할 수도 있을 것이다. 인위로 생활을 그르치게 하는 일을 없게 하라. 삶을 해치는 일을 없게 하라. 인위를 버리고 자연으로 돌아가게 하라. 이것이 노자가 말하려는 거피취차(去彼取此)의 본래 뜻이라고 할 수 있다. 저것을 버리라는 저것[彼]은 다름 아닌 인위요, 이것을 취하라는 이것[此]은 다름 아닌 자연이라고 할 수 있을 것이다.

여기서는 정치와 관련하여 유위의 정치를 버리고 무위의 정치를 하라는 것으로 보아도 무방할 것이나 유위와 무위는 노자에게 있어 인간과 자연의 문제를 다루고 있는 것이다.

> 하늘의 경고를 두려워하면 재앙에 이르지 않을 것이다

[제73장]
하늘그물은 성글기 그지없으나

무모함에 용감하면 죽게 되고, 무모하지 않음에 용감하면 살게 된다. 그러나 이 두 가지는 어떤 때는 이롭기도 하고 어떤 때는 해롭기도 하다. 하늘이 싫어하는 것이야 그 까닭을 누가 알겠는가. 그러므로 성인도 그것을 어렵게 여긴다. 하늘의 도는 다투지 않아도 이기고, 말하지 않아도 응하고, 부르지 않아도 스스로 오고, 이루려고 하지 않는데도 잘 이루어 간다. 하늘그물은 넓고도 넓어 성긴 듯하나 어느 무엇 하나 빠뜨리는 것이 없다.

勇於敢則殺 勇於不敢則活 此兩者 或利或害 天之所惡 孰知其故 是以聖人猶難之 天之道 不爭而善勝 不言而善應 不召而自來 繟然而善謨 天網恢恢 疎而不失.

사람이 죽고 사는 것은 하늘에 달려 있다고 한다. 사람이 어쩌지 못한다는 말이다. 선한 사람이 일찍 죽는가 하면 악한 사람이 오래 살기도 한다. 무모한 일에 뛰어드는 사람이 사는가 하면 그렇지 않은 사람이 죽기도 한다. 어떻게 그러한가. 죽고 사는 일은 인간이 하는 것이 아니라 하늘이 하기 때문이다. 그 하늘의 뜻을 사람이 어찌 알겠는가.

하늘의 뜻은 알 수가 없다. 착한 사람을 죽이기도 하고 나쁜 사람을 살리기도 한다. 비가 와서 온 들판을 생명으로 넘실거리게 하는가 하면 가뭄이 들어 산천을 말려 죽이기도 한다. 그러한 하늘의 뜻은 성인도 오히려 알기가 힘들거늘, 하물며 성인이 아닌 사람이야 어떻게 그것을 알 수 있으랴! 하늘그물은 너무나 크고 넓어서 성글고 엉성한 듯하나 어느 것 하나 빠뜨리는 것이 없다[天網恢恢 疎而不失]고 한다. 하늘의 뜻은 무엇 하나 그냥 넘기는 일이 없다는 말이다. 모든 것은 하늘이 하는 일이요, 인간이 어쩔 수 있는 것이 아니라는 말이다. 죽고 사는 일은 물론이요, 행·불행도 요행으로 얻어지는 것이 아니요, 인간의 뜻에 따라 이루어지는 것이 아니라는 말이다. 그러나 하늘의 뜻은 알 수가 없다. 알 수 없다고 하여 가볍게 아무렇게나 살아갈 수 있겠는가. 알 수 없기 때문에 더욱 조심해 살아가야 하는 것이 인간의 삶이다.

 하늘은 말이 없다. 하늘은 일을 내세우고 드러내는 일도 없다. 봄이 와서 동토를 녹이는 것도, 꽃이 피고 열매를 맺는 것도, 오라고 하여 봄이 오는 것도, 피라고 하여 꽃이 피는 것도 아니다. 새가 하늘을 날고 고기가 물 속을 자맥질하는 것도 그렇다. 누가 시켜서 그러는 것도 아니요, 하려고 해서 그러는 것도 아니다. 절로 그렇게 한다. 절로 그렇게 하면서도 그렇게 하는지도 알지 못한다. 하는 일을 내세우는 일도 없고 드러내는 일도 없다. 하늘의 뜻은 그렇게 있는 것이다. 그렇게 있는 것을 알지 못한다고 하여 어떻게 함부로 살아갈 수 있겠는가. 만물은 알지 못하면서도 함부로 살지 않으며, 스스로 제 삶을 살아가면서도 살아가는 줄도 모르고 살아간다. 그러나 인간은 함부로 살아가면서 제 삶을 그르친다. 어쩌면 만물은 하늘의 뜻을 알고 그리 살아가고 있는데 사람만이 하늘의 뜻을 모르고 그리 살아가고 있는지도 모를 일이다. 그러나 만물도 안다고 말하지 않고 그것을 내세우지 않고 살아가고 있으니, 만물이 그대로 하늘의 뜻인지도 모를 일이다.

 하늘의 뜻은 너무나 커서 그 하늘 일을 알 수가 없으나, 그렇다고 소홀히 하여 함부로 살아갈 수 있겠는가. 한겨울 개울물을 건너듯이 조심하고 또 조심하며 살아가야 할 것이다. 성인의 천명에 대한 가르침도 여기에 있다고 할 수 있다.

하늘그물은 넓어 성긴 것 같으나 어느 한 가지라도 빠뜨리는 것이 없다.

【제74장】
죽는 일이 무섭지 않게 되면 못하는 일이 없게 된다

백성들이 죽는 것을 두려워하지 않는다면 어찌 죽이는 것으로 두렵게 할 수 있겠는가. 백성들이 죽는 것을 두려워하게 했는데도 혼란을 일삼는 사람이 있다면, 내가 그를 잡아다 죽일 것이다. 그렇게 한다면 누가 감히 그런 짓을 하겠는가. 그러나 언제나 죽일 권리를 가진 사람이 죽여야 할 것이다. 누가 죽일 권리를 가진 사람을 대신하여 죽이는 일을 한다면 그것은 목수가 아닌 사람이 목수를 대신하여 나무를 깎는 것이 될 것이다. 목수를 대신하여 나무를 깎는 사람은 손을 다치지 않을 수가 없는 것이다.

民不畏死 奈何以死懼之 若使民常畏死而爲奇者 吾得執而殺之 孰敢 常有司殺者殺 夫代司殺者殺 是謂代大匠斲 夫代大匠斲者 希有不傷其手矣.

나라를 맡아 통치하는 사람은 백성을 잘 살게 하고 안락하게 살아갈 수 있도록 보살펴야 할 책임이 있다. 그리하면 범죄를 저지르는 일도 없고 잘못하는 일도 없게 될 것이다. 살아가는 일이 즐겁고 사는 보람과 살아 있다는 생명의 소중함도 알게 될 것이다. 그러나 포악한 정치를 하게 되면, 백성은 살아가는 일이 힘들어지고 걱정과 불안과 공포 속에 하루하루를 지내면서 절망과 좌절 속에 살게 된다. 그렇게 되면 죽는 일도 무섭지 않아 못하는 일이 없게 된다. 이런 백성을 무엇으로 다스리겠는가. 모진 형벌도 소용없고, 잡아다 죽여도 무서워하지 않는다. 그러나 백성들이 평안하고 불편함이 없이 살게 되었는데도 기괴한 범죄를 저지르고 혼란하게 하는 사람이 있다면 형벌을 가하고 잡아다 죽여야 할 것이다. 그리한다면 누가 감히 그런 짓을 범하는 일이 있을 것인가. 그때 사람들은 나라에 법이 있는 줄 알고 생명이 소중하고 죽음이 두렵다는 것을 알아 범법하는 사람이 없게 될 것이다. 그러나 사람을 죽이는 것은 하늘이 벌을 내려 죽이는 것이요, 통치자가 죽이는 것이어서는 안 된다. 죽고 사는 생명을 관장하는 것은 오직 하늘에 있는 것이요, 사람에게 있는 것이 아니다. 그러므로 죽이는 것도 하늘이 맡아 죽이는 것이요, 통치자, 곧 사람이 죽이는 것이 되어서는 안 된다. 바로 이러한 하늘의 뜻을 어기고 통치자가 하늘을 대신하여 죽인다면[代司殺者殺], 그것은 마치 목수 아닌 사람이 목수를 대신하여 나무를 자르고 깎는 것과 같다고 할 수 있다. 목수가 아닌 사람이 목수를 대신해 나무를 깎다가 손을 다치지 않는 사람은 없다. 천명을 받지 않은 제왕이 천명을 대신하여 사람을 죽이는 것은 목수가 아닌 사람이 목수를 대신하여 일을 하는 것과 같다고 할 수 있다.

예부터 백성의 마음[民心]이 곧 하늘의 마음이라 했거니와 그 하늘의 마음을 헤아려 정치를 해야 한다는 것을 말함이라 하겠다. 그 하늘마음, 천심[天心]을 헤아리는 것은 곧 백성의 마음, 민심[民心]을 헤아리는 데 있다. "하늘마음을 보려거든 백성의 마음을 볼 것이요, 하늘의 소리를 들으려거든 백성의 소리를 들으면 될 것이다[天視自我民視 天聽自我民聽]"라고 한 『서경』에서의 말도 바로 그것을 뜻하고 있는 것이라고 할 수 있다.

목수가 아닌 사람이 목수를 대신하여 나무를 깎으려 한다면 손을 다치게 될 것이다.

【제75장】

정치는 간섭하지 않는 일이다

백성이 굶주리는 것은 윗사람이 세금으로 많은 것을 빼앗아 가기 때문에 굶주리는 것이요, 백성을 다스리기 어려운 것은 윗사람이 억지로 끌고 가려 하므로 다스리기 어려운 것이다. 백성이 죽음을 가볍게 여기는 것은 윗사람이 자기 삶만을 생각하기 때문에 그리 되는 것이다. 가진 것 없이 생을 소박하게 살아가는 사람은 많은 것을 가지고 생을 귀하게 여기며 살아가는 사람보다 훌륭하다.

民之饑 以其上食稅之多 是以饑 民之難治 以其上之有爲 是以難治 民之輕死 以其上求生之厚 是以輕死 夫唯無以生爲者 是賢於貴生.

"왕은 바람이요, 백성은 풀[王風民草]"이라는 말이 있다. 바람에 따라 풀이 쏠리듯이 통치자에 따라 백성들이 평화스럽게 잘 살게도 되고 굶주리고 고달프게 살아가는 삶이 되기도 한다. 통치자가 포악하게 다루면 백성들도 포악해지고, 사랑으로 이끌어 가면 백성들도 인자해진다[率天下以暴 而民從之 率天下以仁 而民從之 —『大學』—].

정치는 백성을 살리는 일이다. 보살피는 일이다. 굶주림이 없도록 보살피고 근심 걱정이 없도록 보살피고 하는 일에 보람이 있고 사는 일이 즐겁도록 보살피는 데 있다. 그것이 정치다. 통치자가 해야 할 일이다. 굶주리는 것은 세금을 과다하게 물려 백성들의 먹을 것까지를 빼앗아 가기 때문이요, 근심 걱정으로 고달프게 살아가는 것은 쓸데없는 일을 벌여 수시로 백성을 동원해 농사지을 때를 놓치게 하고, 일할 시간을 빼앗아 가기 때문이다. 그리하고 나라가 잘 다스려질 수는 없다. 굶주리고 힘들고 고달파 아무데서도 사는 보람을 찾을 수 없는데 이러한 백성들이 무슨 짓을 못하겠는가. 나라의 법도 무섭지 않고, 죽음마저도 두렵지 않게 된다. 백성들이 이렇게 되는 것은 통치자가 백성을 돌보지 않고 윗사람이 백성들의 모든 것을 빼앗아 자기들만을 위해 정치를 하고 있기 때문이다. 이것은 정치가 아니라 백성들을 상대로 도둑질하는 일이다. 백성을 살리는 것이 아니라 죽이는 일이다.

    정치는 백성을 살리는 일이다. 그러기 위하여서는 우선 간섭을 하지 말아야 한다. 간섭을 하지 않아야 백성들은 마음 놓고 생업에 종사할 수가 있다. 법령은 번다하지 않아 금하는 일이 적어야 한다. 법령이 번다하여 금하는 일이 많아지면 백성들은 무엇 하나 마음 놓고 일을 할 수가 없게 된다. 법령을 많이 만들어 백성을 얽어매는 것을 맹자는 그물로 백성을 잡아들이는 '망민(罔民)'이라 하였다. 이러한 온갖 법령과 간섭으로 백성을 억지로 다스리려 하는 것을 노자는 유위(有爲)의 정치라고 하였다.

    간섭하지 말라. 억지로 백성을 끌고 가려고 하지 말라. 그리하면 백성들은 스스로 살아가게 되고, 나라는 저절로 다스려진다. 만물이 자라는데 하늘이 무슨 간섭을 하던가. 5장에서 "천지는 만물을 간섭하지 않고[天地不仁], 성인은 백성을 간섭을 하지 않는다[聖人不仁]."라 함도 바로 그러한 말이다.

세금을 많이 걷어 가면 백성은 굶주리게 될 것이요,
위협으로 억지로 끌고 가면 다스리기 힘들어질 것이다.

【제76장】

약한 것이 강한 것을 이긴다

사람이 살아 있을 때는 그 몸이 부드럽고, 죽으면 그 몸이 굳고 딱딱하다. 만물과 초목이 살아 있을 때는 가지와 줄기가 부드럽고 연약하나, 죽으면 그 가지와 줄기가 말라 굳어지고 딱딱하다. 그러므로 굳고 딱딱한 것은 죽어 있는 것에 속하고, 부드럽고 유연한 것은 살아 있는 것에 속한다. 그러므로 전쟁에서 병사들이 강함을 내세우면 이기지 못하게 되고, 나무가 강하면 꺾어지게 된다. 나무가 강하고 굵은 것은 밑동으로 아래에 있고, 부드럽고 약한 가지가 위에 있는 것은 그 때문이다.

人之生也柔弱 其死也堅强 萬物草木之生也柔脆 其死也枯槁 故堅强者死之徒 柔弱者生之徒 是以兵强則不勝 木强則折 强大處下 柔弱處上.

강풍에 아름드리 나무는 뽑히고 부러지나 갈대는 꺾이지 않고 그대로 살아남는다. 큰 나무가 꺾이고 부러지는 것은 강하고 굳센 때문이요, 갈대와 풀잎이 꺾이지 않고 부러지지 않는 것은 부드럽고 유연하기 때문이다. 강한 것이 결코 좋은 것이 아니요, 유약한 것이 결코 나쁜 것이 아니다. 노자는 유약함이 강건함보다 더 좋은 것이라고 하였다. 강한 것이 부드러운 것을 이기지 못하나, 부드러운 것은 강한 것을 이긴다[柔勝强]고도 하였다. 강한 것은 물러나고 구부릴 줄을 모른다. 큰 나무가 부러지는 것은 그 때문이다. 부드러운 것은 물러나고 구부릴 줄을 안다. 갈대가 부러지지 않는 것은 그 때문이다. 강한 것은 부러지나 유약한 것은 부러지지 않는다.

  노자에게 있어서 유약함은 물러남이요, 나서지 않음이요, 다투지 않음이요, 경쟁하지 않음이다. 그것이 강함을 이긴다고 하였다. 물러서면 나갈 수 있고, 나서지 않으면 앞설 수 있고, 다투지 않으면 이길 수 있고, 경쟁하지 않으면 얻을 수 있다는 것이 그것이다. 전쟁에서도 병사의 강함만을 믿고 물러설 줄 모르면 이기지 못한다고 하였다. 여기서는 그 유약함을 생명과 관련하여 살아 있는 것은 부드럽고, 죽은 것은 딱딱하고 굳다는 것으로 유약과 강함을 말하고 있다. 사람도 살아 있을 때는 몸과 살갗이 부드럽지만 죽은 시체는 몸과 살이 굳고 뻣뻣하고, 나무도 살아 있는 가지는 유연하고 부드러워 구부러지고 꺾어지지 않지만 죽은 가지는 굳고 딱딱하여 구부러지고 휘어질 줄을 모르고 부러지고 꺾어진다고 하였다. 약한 것은 강한 것의 위에 있다고도 하였다. 나무밑동이 아래 있고 가지가 위에 있는 것은 그 때문이라고 하였다. 유약함과 강함을 생사와 관련하여 설명하는 것도, 유연하고 부드럽고 물러남의 덕을 말함에 있다고 하겠다.

> 강하고 굳세어지려고 하지 말라. 굳고 딱딱한 것은 죽음의 세계에 속해 있는 것이요, 부드럽고 유연한 것은 삶의 세계에 속해 있는 것이다.

【제77장】

남는 것을 덜어 부족한 것을 보태 주라

하늘의 도는 마치 활줄을 당겨 활을 쏘는 것과 같다. 높으면 낮추고 낮으면 들어올린다. 활줄을 너무 당겼으면 늦추고 덜 당겼으면 더 당겨 알맞게 한다. 하늘의 도는 남는 것을 덜어 부족한 것에 보태 주는데 사람이 하는 일은 그렇지 않다. 오히려 부족한 것을 덜어 남는 것에 더 보태 주려고 한다. 누가 남는 것을 덜어 세상 사람들의 부족함을 채워줄 수 있겠는가. 오직 깨달은 사람이라야 그리할 수 있다. 그러므로 성인은 그런 일을 하면서도 내세워 자랑하려고 하지 않으며, 공을 이루어도 그 자리에 머물려고 하지 않으며, 자신의 현명함을 드러내려고도 하지 않는다.

天之道 其猶張弓與 高者抑之 下者擧之 有餘者損之 不足者補之 天之道 損有餘而補不足 人之道 則不然 損不足而奉有餘 孰能有餘以奉天下 唯有道者 是以聖人爲而不恃 功成而不處 其不欲見賢.

가장 좋은 것은 물과 같이 사는 것[上善若水]이라고 한다. 그것을 도에 가까운 것[幾於道]이라고도 한다. 물은 많으면 넘쳐흘러 낮은 곳으로 들어가 자기와 같이 만든다. 이것을 수준(水準)이라 하고 수평(水平)이라고 한다. 이것을 모든 것의 표준으로 삼는다.

　활줄을 당겨 활을 쏘는 사람은 과녁을 향해 높이 들었으면 아래로 낮추고, 낮게 들었으면 치켜들어 과녁에 맞춘다. 그리고 활줄을 너무 세게 당겼으면 늦추어 주고, 느슨하면 더 당겨 알맞게 활줄을 당겨야 한다. 이것을 남는 것, 넘치는 것을 덜어 모자라는 것, 부족한 것을 채워 주는 것[損有餘而補不足]이라고 하는 것이다. 바로 이 남는 것을 덜어 모자라는 것을 채워 주는 것이 물이요, 그것이 자연의 이치요, 하늘의 도라고 하는 것이다. 만물이 그러한 이치에 따라 살아가는 존재현상을 자연이라고 한다. 그러나 사람만이 그 이치를 따르지 않고 부족한 것을 빼앗아 더 가지려고 한다. 아흔아홉 마리의 양을 가진 사람이 한 마리 가진 사람의 양을 더 가지고 싶어한다는 말도 있지 않은가. 이것을 욕심이라 하거니와 이러한 욕심은 인간에게만 있는 것이다. 많아도 많은 것을 알지 못하고, 남아도 남는 것을 알지 못한다. 그리하여 더 가지려고 하고 더 많이 차지하려고 한다. 이러한 욕심으로 생겨나는 인간의 모든 행위를 '유위(有爲)'라고 한다. 그리고 그 유위를 버리는 것을 '무위(無爲)'라고 하는 것이다. 자연에 따라 살지 않는 것이 유위요, 자연에 따라 사는 것이 무위다. 모든 유위는 욕심에서 비롯하는 것이다. 그리고 그 욕심은 필요한 것을 모르는 데서 오는 것이요, 자연이 무엇인지를 모르는 데서 기인하는 것이다.

만물이 살아가고 생존하는 모습을 보라. 새가 둥지를 트는 데는 나뭇가지 하나면 되고, 들쥐가 물을 마시는 데는 자기 배 하나 채우는 것으로 그만둔다[鷦鷯巢於深林 不過一枝 偃鼠飮河 不過滿腹─『莊子』─]. 이것은 그들이 자기에게 필요한 것이 무엇이요, 어느 만큼인지를 알기 때문이다. 필요한 만큼만 가지고 더 이상은 가지려 하지 않는다. 그것을 노자는 '지족지지(知足知止)'라고 하였다. 정말 필요한 것이 무엇인지를 알아 그 필요한 것만큼만 차지하고 그만둘 줄을 알아야 한다는 말이다. 그리하면 언제나 누구에게나 남아돌아 감도 부족함의 모자람도 없게 된다. 바로 이것이 자연을 따라 살아가고 생존하는 삶의 이치다. 만물이 모두 그렇게 살아가는데 인간만이 그것을 모르고 살아간다. 더 가지려고 하고 더 많이 차지하려고 한다. 남는 것을 덜어 낼 줄 모르고 부족한 사람에게 채워 줄 줄도 알지 못한다. 이것이 자연을 모르고 자연을 이탈해 살아가는 인간의 삶의 모습이다.

누가 정말 필요한 것을 알아 그 필요한 만큼만 가지고 남는 것을 부족하고 모자라는 사람에게 채워 주고 보태 줄 수 있겠는가. 깨달은 사람이라야 그리할 수 있는 것이라고 노자는 말하고 있다. 그 깨달은 사람이 성인이요, 성인은 자연에 따라 사는지라 하는 일을 내세워 자랑하는 일도 없고, 공을 이루어도 그 공을 차지하려고도 아니하고, 현명함이 있어 그리하여도 그 현명함을 드러내려 하지 않는다고 노자는 말하고 있다.

하늘의 도는 남는 것을 덜어 부족한 것을 채워 준다.
사람은 오히려 그 반대로 하고 있다.

【제78장】

세상에서 물보다 부드럽고 유연한 것은 없다

세상에 물보다 더 유연하고 약한 것은 없다. 그러나 굳고 강한 것을 이기는 데는 물보다 더 나은 것이 없다. 그 물의 힘을 바꾸어 대신할 어떤 물건도 없다. 약한 것이 강한 것을 이기고 부드러운 것이 굳센 것을 이긴다는 것을 천하가 다 알고 있지만 그것을 행하는 사람은 없다. 그러므로 성인은 말하기를 나라의 허물을 다 떠맡을 수 있는 사람이라야 사직의 주인이 될 수 있고, 나라의 재앙을 다 떠맡을 사람이라야 천하의 왕이 될 수 있다고 이르고 있으니 옳은 말은 반대로 말해지는 듯하다.

天下莫柔弱於水 而攻堅强者莫之能勝 以其無以易之 弱之勝强 柔之勝剛 天下莫不知 莫能行 是以聖人云 受國之垢 是謂社稷主 受國不祥 是謂天下王 正言若反.

천하에 물보다 부드럽고 연약한 것은 없다. 그러나 그러한 물이 계곡을 흐르면서 바위를 깎고, 처마에서 떨어지는 물방울이 주춧돌을 뚫는다. 물은 유약하기 이를 데 없지만, 어떠한 강함도 그 물을 이기지 못한다. 그 물을 대신해 바꿀 것은 어디에도 없다[其無以易之]. 물보다 더 유약한 것은 어디에도 없고, 물을 이기는 것은 어디에도 없다는 말이다. 연약함이 강함을 이기고[弱勝强], 부드러움이 굳센 것을 이긴다[柔勝剛]는 것도 바로 그러한 말이다. 세상 사람들은 그것을 알면서도 물처럼 살아가는 사람이 없다.

    노자에게서 유약함은 물러섬[後其身]이요, 나서지 않음[不敢爲先]이요, 다투고 경쟁하지 않음[不爭]이다. 한마디로 말하면 겸양이라 해도 무방할 것이다. 그것을 노자는 물로서 말하고 있는 것이다.

    물이 흐르는 것을 보라. 웅덩이가 있으면 머물렀다 가고 바위가 있어 가로막으면 돌아서 간다. 그리고 빈자리가 있으면 채워 자기와 같게 하여 수평을 이룬다. 또한 만물의 가장 낮은 자리에서 모든 것을 받아들이고 녹이고 풀어 버린다. 어떻게 물에서 사는 방법을 본받지 않고 자연의 지혜를 얻어 가지지 않을 수 있으랴. 가장 좋은 것은 물과 같이 사는 것[上善若水]이라는 것도 그래서 하는 말이다.

    나라를 다스리는 사람도 그와 같아야 한다. 물이 가장 낮은 자리에 있어 모든 것을 받아들이듯이 나라를 맡은 사람은 백성들의 모든 허물과 잘못을 다 받아들여 녹이고 풀어야 하고, 나라에서 일어나는 모든 재앙을 맡아 자신의 허물인 양 백성들을 위로하고 다독여야 한다. 그래야 나라의 주인일 수가 있고 천하의 왕일 수가 있는 것이다. 나라의 주인이나 왕은 높은 자리에서 군림하는 것이 아니라 백성보다 낮은 자리에서 백성들의 허물과 잘못, 그리고 나라에 닥치는 모든 재앙을 맡아 처리함으로써, 섬김을 받는 것이 아니라 오히려 백성을 섬기는 사람이다. 정치를 이와 같이 물의 흐름과 같이 또는 물의 유연함과 같이 해야 한다는 말이라고 할 수 있다. 무위자연의 정치를 물의 유약함에서 찾고 있는 것이라고 할 수 있다.

세상에 물보다 더 부드럽고 유약한 것은 없다.
그 약한 것이 강한 것을 이기고 부드러운 것이 굳센 것을 이긴다

【제79장】

원한을 사지 말고 살라

큰 원한은 풀어도 반드시 남는 원한이 있게 마련이니 어찌 잘하는 것이라고 할 수 있겠는가. 그러므로 성인은 약속한 징표[左契]를 가지고 있으나, 그 징표를 근거로 사람에게 채근하지 않는다. 덕이 있는 사람은 약속의 징표만을 맡고 있을 뿐이요, 덕 없는 사람은 그 징표를 빌미로 세리가 세금을 독촉하듯 한다. 천도는 친한 사람이 따로 없고 언제나 착한 사람과 함께할 뿐이다.

和大怨 必有餘怨 安可以爲善 是以聖人執左契 而不責於人 有德司契 無德司徹 天道無親 常與善人.

원한을 맺지 말라. 사소한 원한은 풀어 화해할 수 있으나 큰 원한을 사게 되면 비록 화해했다 하더라도 항상 그 남은 원한이 있게 마련이다. 없어지지 않는다는 말이다. 어찌 만나서 서로 화해했다고 잘된 일이라고 할 수 있겠는가. 그러므로 어떤 물건이나 금전을 빌려 준다 하더라도 돌려받을 생각을 하지 않는 것이 좋고, 은혜를 베풀더라도 보답을 바라지 않고 베풀어야 한다. 설사 돌려준다는 약속을 하고 보답을 한다는 약속의 징표[左契]를 받는다 하더라도 그 징표는 징표로서 끝나게 하라. 그러면 원한을 맺을 일도 없을 것이요, 만나 화해하고 풀어야 할 일도 없을 것이다. 그러므로 성인은 비록 그 약속의 징표를 받는다 하더라도 그 징표를 가지는 데 그칠 뿐 그 징표를 빌미로 사람을 독촉하거나 어떠한 부담을 주지 않는다. 덕이 있는 사람이라야 그리할 수 있고, 덕이 없는 사람은 그리하지 못한다. 원한을 사지 않고 사는 일이 쉽지 않다는 말이다. 그러므로 그러한 사람은 하늘이 늘 함께하는 사람이라고 하였다. 하늘과 함께하는 사람은 누구도 원망하지 않고 늘 마음이 평안하다는 말이다. 원한을 맺지 않고 살면 그리할 수 있다.

원한을 풀어도 그 원한이 다 없어지지 않는다. 덕이 있는 사람은 원한 살 일을 하지 않는다.

【제80장】
이상국가를 말하다

나라가 작고 사는 백성이 적어야 한다. 여러 가지 많은 도구와 기계가 있어도 쓸 일이 없다. 죽음을 소중히 여겨 멀리 옮겨 가는 일도 없다. 배와 수레가 있어도 탈 일이 없고, 병장기가 있어도 사용할 일이 없다. 사람들은 글자를 몰라 옛날처럼 노끈을 묶는 것으로 살아가나 불편함이 없으며, 오감이 상하지 않아 먹는 것은 늘 달고, 입는 것은 꾸미지 않아도 아름답다. 생활은 평안하고 사는 일은 늘 즐겁다. 이웃 나라를 가까이 서로 마주 바라보고 닭 우는 소리, 개 짖는 소리를 들으며 살아도 늙어 죽을 때까지 서로 오고 갈 일이 없다.

小國寡民 使有什伯之器而不用 使民重死而不遠徙 雖有舟輿 無所乘之 雖有甲兵 無所陳之 使民復結繩而用之 甘其食 美其服 安其居 樂其俗 隣國相望 鷄犬之聲相聞 民至老死 不相往來.

노자는 사람들이 자연으로 돌아가 무위(無爲)로 살아가는 이상국가 (理想國家)를 생각해 본다. 그러기 위하여서는 나라가 작고 인구가 적어야 한다고 보았다. 나라가 작고 사는 사람이 적으면 다스리는 사람이 없어도 평화로울 수 있다. 먹을 것은 풍요롭고 할 일은 적어 욕심 없이 한가롭게 자연과 함께 질박하게 살아갈 수가 있다. 더 가지려는 마음이 없는지라 서둘러 할 일도 없고, 힘든 일을 억지로 할 일도 없는지라 여러 가지 도구가 있고 기계가 있어도 쓸 일이 없다. 사는 곳이 평안한지라 달리 자리를 옮겨 이사 갈 일도 없다. 달리 구할 것이 없어 멀리 갈 일이 없으니 배와 수레가 있어도 탈 일이 없고, 병장기가 있어도 사용할 일이 없다. 문자를 사용하지 않고 결승(結繩)으로 생활하여도 살아가는 데 아무런 불편함이 없다. 오감을 상하게 하는 일이 없는지라 먹는 것은 늘 입에 달고, 입는 옷은 꾸미지 않아도 아름답다. 지내는 거처가 편안하고 살아가는 생활이 즐겁기만 하다. 이웃나라가 가까이 있어 서로를 바라보고 닭 우는 소리, 개 짖는 소리가 들려오지만 궁금한 일이 없고, 바라고 원하는 것이 없는지라 늙어 죽을 때까지 오고 갈 일이 없다.

이것이 노자가 생각하는 이상국가의 모습이다. 자연으로 돌아가 무위로 살아가는 인간의 참 삶의 모습이라고 할 수 있다. 욕심을 다 떨어버리고 마음의 경계마저 헐어 버리고 아무런 소유함도 없이 무위로 살아가는 인간의 세상을 장자는 '무하유지향(無何有之鄕)'이라고 하였다.

그러나 인간이 어떻게 그렇게 살아갈 수가 있으랴. 문자가 있는데 어떻게 문자를 사용하지 않고 살아갈 수 있으며, 기계가 있는데 그 편리한 기계를 사용하지 않고 살아갈 수가 있으랴. 노자·장자가 살아가던 그 이천여 년 전에도 그러하였는데 오늘에 와서 어떻게 문명을 벗어나 인간이 살아갈 수 있으랴. 그러나 생각해 볼 수는 있으리라. 문명이 인간에게 무엇인가를 생각해 볼 수는 있으리라. 이상(理想)이 현실은 아니다. 그러나 이상은 현실 속에 있는 것이다. 어떻게 이상을 필요 없는 것이라고 할 수 있겠는가. 이상은 인간이 살아가는 삶의 궁극적인 목표인 것이다. 이상이 없다면 어떻게 이 현실을 살아가고 현실을 말할 수 있겠는가.

이상국가는 욕심을 버리고 소박하게 자연과 함께 살아가는 사회다.
욕심이 없으면 불편함이 없고 부족함이 없다.
나라가 작고 사는 사람이 적으면 그리할 수 있다.

【제81장】

말은 사실을 표현하는 것이나, 말이 사실은 아니다

진실된 말은 꾸미지 않고, 꾸미는 말은 진실되지 않다. 참다운 사람은 말을 늘어놓지 않고, 말을 늘어놓는 사람은 참답지 않다. 아는 사람은 넓게 벌여 놓지 않고, 넓게 벌여 놓는 사람은 알지 못한다. 성인은 마음에 쌓아 두는 것이 없는지라 남을 위하고 베푸는 것일수록 자기에게 베푸는 것도 많아진다. 하늘의 도는 만물을 이롭게 할 뿐 해롭게 하지 않으며, 성인의 도는 자연에 따라 하는지라 다투는 일이 없다.

信言不美 美言不信 善者不辯 辯者不善 知者不博 博者不知 聖人不積 旣以爲人己愈有 旣以與人己愈多 天之道 利而不害 聖人之道 爲而不爭.

말은 사실을 표현하는 것이나 그 표현된 것이 그대로 사실은 아니다. 그러므로 말을 수식하고 꾸미는 것은 사실 아닌 것을 늘리는 일이라 오히려 사실에서는 멀어진다. 말은 사실이 아닌지라[道可道 非常道] 말을 하지 않는 것이 좋은 일이나, 말을 하지 않을 수는 없는 것이라 부득이해서 하는 것이어야 한다. 그리고 그나마도 그 말에 갇히지 않아야 한다. 그래야 그 말의 기능을 다할 수가 있게 된다. 수식이 많아지고 꾸밈이 많아지면 말은 그 기능을 잃게 된다. 말을 하면 할수록 그르침이 많아지고, 꾸밈이 많아지면 많아질수록 그 기능을 잃는다[愈語愈謬 愈解愈失]는 것도 그래서 하는 말이다. 이러한 말의 한계와 그 기능을 알게 되면 말을 늘어놓지 않게 되고 꾸미지 않게 되고 넓게 많은 것을 벌여 놓지 않게 된다. 그리고 말에 갇히는 일도 없게 된다. 그러므로 참 아는 사람은 말을 마지못해 하는 것이요, 그나마도 갇히지도 않는 것이나, 말을 번다하게 하고 그나마도 말에 갇히는 사람은 아무것도 알지 못한다[知者不言 言者不知]고 하는 것이다.

　성인은 마음에 담아 두는 것이 아무것도 없는지라 남을 위해 하는 것이 오히려 자기를 위해 하는 것이 되고, 남에게 베푸는 일이 자기에게 베푸는 일이 된다. 하늘의 도는 만물을 이롭게 할 뿐 해를 끼치는 일이 없고, 성인은 모든 것을 자연에 따라 하는지라 다투거나 경쟁하는 일이 없다. 이 마지막 부분은 앞의 언어와는 상관없는 것으로 천도와 성인을 이야기한 것이라고 하겠다.

> 말은 사실을 표현하는 것이나 말 속에 사실이 있는 것은 아니다.
> 그러므로 말은 꾸밀수록 진실에서는 멀어진다.

    노자의 사상을 한마디로 말할 때 무위자연(無爲自然) 사상이라고 한다. 그것이 철학적 과제로 들어왔을 때 문제의 핵심은 언어와 실상[自然]에 있는 것이며, 현실로서 무위가 문제되는 것이라고 할 수 있다. 노자가 처음 수장(首章)을 언어로 시작하고 마지막 장을 언어로 매듭 지은 것은 실로 까닭이 있는 것이라고 하지 않을 수 없다.

지은이 · 송항룡宋恒龍

지금 경기도 가평군 설악면 사룡리 산촌에서 살고 있는 필자는 1938년 평안북도 박천에서 태어났다. 해방된 해 경북 풍기로 내려와 소년시절을 서당에서 보내다가 6·25때 서울로 올라왔다. 성균관대학교에서 동양철학을 전공하여 철학박사가 된 후, 서강대학교, 서울대학교, 한국학중앙연구원(옛 정신문화연구원) 등에서 강의했다. 또 워싱턴주립대학에서 1년간 연구교수로 지내기도 했다. 동양철학회장, 도가철학회장 등을 역임했으며, 단국대학교 교수를 거쳐 성균관대학교에서 정년을 맞았다.
지은 책으로『한국도교철학사』『동양철학의 문제들』『동양인의 철학적 사고와 그 삶의 세계』『장자의 사유와 수필 세계』『맹랑선생전』『남화원의 향연―이야기 장자 철학』『시간과 공간 그리고 지금 바로 여기』등이 있다.

동양 고전 다시 읽기 01
노자를 이렇게 읽었다

1판 1쇄 인쇄 2012년 11월 30일
1판 1쇄 발행 2012년 12월 10일

지은이 | 송항룡
펴낸이 | 김준영
출판부장 | 박광민
편집 | 신철호 · 현상철 · 구남희
디자인 | 이민영
마케팅 | 박정수 · 유인근
관리 | 조승현 · 김지현
외주디자인 | 김상보
용지 | 화인페이퍼
출력 | 아이앤지프로세스
인쇄제책 | 영신사

펴낸곳 | 사람의무늬 · 성균관대학교 출판부
등록 | 1975년 5월 21일 제1975-9호
주소 | 110-745 서울특별시 종로구 성균관로 25-2
전화 | 02)760-1252~4 팩스 | 02)762-7452
홈페이지 | http://press.skku.edu

ISBN 978-89-7986-950-7 04100 978-89-7986-949-1 (세트)
값 15,000원

＊ 사람의무늬는 성균관대학교 출판부의 인문·교양·대중 지향 브랜드의 새 이름입니다.
＊ 잘못된 책은 구입한 곳에서 교환해 드립니다.